SURPREENDIDO
pelo **PODER** *do*
ESPÍRITO

Copyright © 2022 por Jack Deere

Título do original em inglês: *Surprised by the Power of the Spirit*, Zondervan Publishing House, Grand Rapids, Michigan

Primeira edição em inglês: 1993

Todos os direitos desta publicação reservados à Maquinaria Sankto Editora e Distribuidora LTDA. Este livro segue o Novo Acordo Ortográfico de 1990.

É vedada a reprodução total ou parcial desta obra sem a prévia autorização, salvo como referência de pesquisa ou citação acompanhada da respectiva indicação. A violação dos direitos autorais é crime estabelecido na Lei n.9.610/98 e punido pelo artigo 194 do Código Penal.

Este texto é de responsabilidade do autor e não reflete necessariamente a opinião da Maquinaria Sankto Editora e Distribuidora LTDA.

Diretor Executivo
Guther Faggion

Diretor de Operações
Jardel Nascimento

Diretor Financeiro
Nilson Roberto da Silva

Editora Executiva
Renata Sturm

Editora
Gabriela Castro

Tradução
João Marques Bentes

Revisão
Laura Folgueira, Vanessa Nagayoshi

Direção de Arte
Rafael Bersi, Matheus Costa

DADOS INTERNACIONAIS DE CATALOGAÇÃO NA PUBLICAÇÃO (CIP)
ANGÉLICA ILACQUA – CRB-8/7057

DEERE, Jack
    Surpreendido pelo poder do Espírito: descubra como Deus continua a falar e a curar nos dias de hoje/ Jack Deere; tradução de João Marques Bentes. São Paulo: Maquinaria Sankto Editora e Distribuidora Ltda, 2022.

    352p. Bibliografia.
    ISBN 978-65-88370-43-8
    Título original: : Surprised by the Power of the Spirit.

    1. Cura pela fé 2. Dons espirituais I. Título II. Bentes, João Marques
    22-1071   CDD-234.13

ÍNDICES PARA CATÁLOGO SISTEMÁTICO:
1. Cura pela fé

Rua Leonardo Nunes, 194, Vila Clementino
São Paulo/SP, CEP: 04039-010
www.sankto.com.br

JACK DEERE

SURPREENDIDO *pelo* PODER *do* ESPÍRITO

Descubra como Deus continua a falar e a curar nos dias de hoje

sanktō

SUMÁRIO

Agradecimentos	7
CHOCADO *e* SURPREENDIDO	9
A chamada telefônica que mudou minha vida	11
Surpreendido pelo Espírito Santo	25
Sinais e membros de Wimber	35
CONCEPÇÕES DESPEDAÇADAS	47
O mito da pura objetividade bíblica	49
Por que muitos crentes não creem nos dons espirituais?	65
Reagindo aos abusos espirituais	91
Assustados até a alma pelo Espírito Santo	103
Eram os milagres temporários?	117
Por que Deus cura?	137
Por que Deus concede dons miraculosos?	155
Por que Deus não cura?	169
BUSCANDO *OS* DONS *e O* DOADOR	187
Buscando os dons com diligência	189
Paixão por Deus	205
Desenvolvendo o amor e o poder	223
Epílogo: Ouvindo Deus falar no dia de hoje	239
Apêndice A: Outras razões pelas quais Deus cura e opera milagres	248
Apêndice B: Os dons espirituais cessaram com os apóstolos?	260
Apêndice C: Houve somente três períodos de milagres?	293
Notas	309

Para Leesa,

> Quem é esta que aparece
> como a alva do dia,
> formosa como a Lua,
> pura como o Sol,
> formidável como um
> exército com bandeiras?
> (Cantares de Salomão 6.10)

AGRADECIMENTOS

Em particular, quero agradecer ao Dr. Stan Gundry, que supervisionou este projeto, do começo ao fim, com um notável grau de paciência e habilidade, e ao meu editor, Jack Kuhatscheck, cujos consideráveis talentos melhoraram significativamente o livro. Quero mostrar-me igualmente agradecido a Joyce Smeltzer, ao Dr. Samuel Storms e ao professor Wayne Grudem, os quais leram os manuscritos em sua integridade e fizeram muitas sugestões valiosas. Agradeço também a Lara Gangloff, que digitou o manuscrito e cujas habilidades secretariais e administrativas ajudaram a trazer este livro a sua fase final.

Também me sinto endividado com minha esposa, Leesa, a qual não somente me ofereceu valiosas sugestões e correções para o livro como serviu de fonte inexaurível de encorajamento durante a escrita. Finalmente, preciso agradecer a três maravilhosos adolescentes: Craig, Scott e Alese, os quais, com uma excepcional paciência e compreensão, suportaram um pai ausente durante os estágios finais desta obra.

CHOCADO *e* SURPREENDIDO

A CHAMADA TELEFÔNICA *que* MUDOU *minha* VIDA

Nas minhas mais indisciplinadas fantasias, eu jamais teria sonhado que uma simples chamada telefônica alteraria o curso de minha vida – e não somente a minha, mas também de numerosas pessoas ao meu redor.

Antes daquela chamada, eu sabia para onde me estava dirigindo. Minha vida era ao mesmo tempo confortável e segura. Eu estava no controle e gostava dela daquele modo. A maior parte do tempo, eu percebia o que Deus estava fazendo. Mas, quando tornei a depositar o fone no gancho, naquele dia frio de janeiro de 1986, tudo mudou abruptamente. Eu já não sabia para onde ir nem o que Deus faria.

Conforme as coisas aconteceram, minha vida nunca mais seria a mesma após aquela conversa telefônica. Eu nunca mais sentiria o consolo e a segurança de pensar que estava no controle de minha própria vida. Uma falsa segurança – hoje o sei –, mas é bom viver sob o fantasma dessa ilusão. Caso eu soubesse da dor e do trauma que jaziam a minha frente, jamais teria pegado aquele telefone. Mas então teria acontecido conforme as palavras de um cântico popular interiorano: "Eu teria perdido a dança", e isso constituiria uma dor maior ainda.

Eu era o mais improvável candidato do mundo à "brincadeira" que Deus estava prestes a fazer comigo. Eu estava completando meu décimo ano como professor no departamento de Antigo Testamento do Seminário Teológico de Dallas e o sétimo como pastor em uma igreja bíblica que eu ajudara a começar, em Fort Worth. No outono anterior, eu retornara com minha família de uma ausência de ano inteiro para estudar na Alemanha. Tinha sido um ano maravilhoso, e eu estava animado pelo retorno ao ensino e aos meus deveres pastorais.

Minha principal paixão consistia em ensinar e pregar a Palavra de Deus. Eu acreditava que a coisa mais importante na vida era estudar a Palavra de Deus e que a maioria de nossas necessidades – ou, pelo menos, a mais importante – poderia ser satisfeita por meio do estudo das Escrituras. Se tal necessidade não pudesse ser satisfeita desse modo, então estaríamos em dificuldades, pois eu havia abraçado um sistema teológico que não deixava muito espaço para Deus nos ajudar. O Deus no qual eu acreditava e a respeito do qual ensinava não estaria tão envolvido em nossas vidas como o fora nas vidas dos crentes do Novo Testamento. Na ocasião, isso não me preocupava muito, porque eu pensava que ele mesmo preferia as coisas dessa maneira. Acreditava que ele fizera as mudanças. Para dizer a verdade, imaginava que Deus respondia a orações, mas somente a certos tipos de oração.

Exemplificando, eu estava convencido de que Deus não concedia mais os dons miraculosos do Espírito; não havia necessidade deles. Agora tínhamos a Bíblia completa. Naturalmente, Deus algumas vezes fazia milagres. Afinal, ele é Deus e pode fazer qualquer coisa que desejar. Simplesmente, ele não fazia as coisas com tanta frequência. De fato, as fazia tão raramente que, durante todos os meus anos como crente, eu não poderia apontar um único milagre de cura confiadamente resultante do poder de Deus. Eu nem ao menos tinha *ouvido* falar em algum milagre desses! Também não podia apontar um milagre historicamente comprovado, após a morte dos apóstolos, excetuando-se a conversão, que eu acreditava, como até hoje, ser o maior dos milagres. Além da conversão, minhas experiências mais próximas de um milagre eram respostas a orações, especialmente acerca de necessidades financeiras, por demais específicas para serem relegadas a meras coincidências.

A ausência de milagres em minha experiência, contudo, não me perturbava, porque eu estava convicto de que Deus operara essa mudança. Eu tinha a confiança de poder provar pelas Escrituras, pela teologia e pelo testemunho da história eclesiástica que Deus suspendera os dons sobrenaturais do Espírito Santo.

Também confiava que Deus não mais falava conosco, exceto por meio de sua Palavra escrita. Sonhos, visões, impressões interiores e coisas similares eram-me tão subjetivas e ambíguas que chegavam a nausear-me. Soava-me como terrível afetação quando um de meus alunos me confidenciava: "Deus falou comigo e...". Dificilmente alguma coisa poderia provocar uma repreensão mais rápida e amarga do que a declaração: "Deus falou comigo". Para mim, qualquer palavra que se seguisse a tal declaração teria autoridade idêntica à das Escrituras. Isso me parecia não somente presunção, mas uma blasfêmia! Eu gostava de lançar no ridículo pessoas que diziam que Deus lhes falara.

Como o leitor já deve ter sentido, eu não era o tipo de crente que procurava "algo mais" da parte de Deus. Não precisava de milagres de cura. Minha família e eu sempre havíamos gozado de boa saúde, e, nas raras ocasiões em que precisávamos de alguns curativos ou um pouco de medicina, os médicos da família eram mais do que suficientes. A nossa congregação era jovem, e pouquíssimas mortes haviam ocorrido em sete anos de história. Curas divinas não apareciam na nossa lista de prioridades.

Por certo eu não precisava que Deus falasse comigo sobre os métodos subjetivos que ele usava com as pessoas da Bíblia. Afinal, *agora eu dispunha da Bíblia* e era uma daquelas poucas pessoas que contava com uma teologia excepcionalmente boa. Não, nem eu, nem meu círculo de amigos procurávamos "algo mais". Quando havia algum problema, era como se eu desse mais de mim mesmo a Deus.

Minha esposa, todavia, tinha um ponto de vista diferente do meu. De fato, se existe alguma razão humana pela qual eu tenha recebido aquela chamada telefônica, poderia atribuí-la as suas orações por mim. Leesa é uma dessas poucas pessoas que *vivem* a vida cristã, em vez de falar sobre ela. Ela preferia passar uma hora orando por alguém a repreendê-lo por dois minutos por causa de algum pecado. Embora não dissesse, ela sentia que me faltava ainda alguma coisa da parte de Deus.

Durante o ano em que vivemos na Alemanha (1984–85), ela costumava fazer passeios de cerca de duas horas, todas as tardes, nas colinas da Floresta Negra. Quando eu lhe perguntava sobre seus passeios, ela me dizia que estava orando. Nunca lhe perguntei pelo que estava orando, e ela nunca me disse nada, mas a verdade é que orava por mim. No decurso dos anos, ela tinha visto minha paixão por Deus ressecar-se lentamente, como os reservatórios do sul da Califórnia durante a seca. Eu não tinha consciência de estar perdendo a paixão por Deus. Pensava apenas que tinha crescido. Mas ela temia que eu tivesse tornado complacente e satisfeito comigo mesmo. Via minhas atitudes como se um inimigo de Deus estivesse chamando a nossa vida. Sempre vou acreditar que foram as orações de Leesa que levaram Deus a fazer com que um homem, do outro lado do país, pegasse um telefone e chamasse o meu número.

Nos fins do outono de 1985, a liderança de minha igreja resolveu que teríamos uma conferência bíblica de primavera. Após uma reunião, o presidente da junta de anciãos me perguntou quem eu gostaria que fosse o orador da conferência. Sem hesitação, respondi que gostaria de convidar o Dr. John White, psiquiatra britânico e escritor evangélico. Minha esposa e eu havíamos lido os quinze livros que ele escreveu.

Era meu escritor popular favorito, e eu estava absolutamente certo de que ele faria um maravilhoso trabalho. Sabia, por meio de seus escritos, que ele tinha a Palavra de Deus em elevada estima, sendo um homem inteligente, com muita experiência nas áreas práticas da vida cristã. E eu havia descoberto excelentes indícios de que ele era também um dispensacionalista. (De fato, havia algo dos Irmãos de Plymouth em sua formação.) Vínhamos usando seus livros havia anos em nossa escola dominical. O presidente da junta de anciãos concordou imediatamente com a minha sugestão.

No dia seguinte, contatamos por telefone o editor do Dr. White, para descobrir como trazê-lo a nossa igreja. O editor disse-nos que o mais provável seria o Dr. White não aceitar nosso convite, porque sua agenda estava repleta pelos dezoito meses seguintes. Nossa única chance seria pedir-lhe para falar de algum assunto sobre o qual estivesse escrevendo, visto que ele não gostava de falar de coisas que já havia escrito. O editor deu-nos algumas dicas para nos aproximarmos do Dr. White, mas não um grande encorajamento. Nosso presidente enviou-lhe um convite por meio do editor, mas logo recebeu uma polida carta do Dr. White recusando o convite.

Por alguma razão, eu ainda não estava preparado para desistir. Escrevi ao Dr. White uma carta pessoal, rogando-lhe que viesse. Poucos dias após ter escrito a carta, recebi a chamada telefônica que alterou a direção de minha vida e de meu ministério.

A chamada foi do Dr. White. Fiquei chocado pelo fato de ele ter me ligado, e mais chocado ainda por ter sido tão rapidamente. Ele disse: "Alô, Jack, é o John White. Quero agradecer-lhe por ter me convidado para sua conferência bíblica de primavera. Acredito que seria capaz de trabalhar nessa conferência. Sobre o que você gostaria que eu falasse?".

Armado com as informações do editor, repliquei: "Ah, não sei. Que tal alguma coisa sobre a qual você esteja escrevendo ou pesquisando atualmente?".

"Bem, estou trabalhando em um livro sobre o Reino de Deus. Que tal lhe parece?"

"Isso é maravilhoso! Gostamos do Reino de Deus aqui." Então pensei: *Ótimo! Teremos uma conferência profética: diferentes pontos de vista sobre o Milênio ou variados conceitos do Reino em diferentes campos teológicos.*

Acrescentei: "Ora, você e eu sabemos o que é o Reino de Deus, mas terei de dar um relatório aos anciãos sobre as conferências que você pretende dar sobre o Reino. Gostaríamos de ter quatro conferências para o fim da semana. Como você gostaria de dividi-las?".

Ele replicou: "Quando penso sobre o Reino de Deus, penso acima de tudo sobre a autoridade de Cristo. Se você quer que eu dê quatro preleções, penso que gostaria de oferecer algo assim: a primeira seria a autoridade de Cristo sobre as tentações".

"Certo", respondi.

"A segunda, a autoridade de Cristo sobre o pecado."

"Bom."

"A terceira, a autoridade de Cristo sobre os demônios."

Hummm, pensei, *demônios? Bem, penso que devem existir demônios em algum lugar. Certamente havia muitos deles no primeiro século. (Para onde eles teriam ido depois disso?) E acredito que, se ainda houver demônios soltos, Cristo deve ter autoridade sobre eles. Essa seria uma preleção interessante, ainda que não revestida de muita relevância prática.*

Concordei: "Bem... por certo... ok".

"E a quarta preleção seria a autoridade de Cristo sobre as doenças", finalizou.

"*Doenças!*", exclamei, procurando restringir a tensão em minha voz. Certamente eu o tinha compreendido mal. "Você não disse *doença*, disse?"

"Sim, foi isso que eu disse."

"Você não está falando sobre *curas*, está?" Quase cuspi fora a palavra "curas". Eu tinha desdém por qualquer coisa que tivesse a ver com curas.

"Bem, sim. Estou."

Quase não pude acreditar em meus ouvidos. Até alguns momentos, eu estava certo de que o Dr. White era uma pessoa sã, de sólida formação teológica, um homem inteligente. Mas agora estava falando sobre curas!

Ele é psiquiatra, raciocinei. Talvez "curas" se refiram a alguma espécie de psicoterapia. Por conseguinte, indaguei: "Você não está falando sobre curas *físicas*, está?".

"Bem, não estaria me limitando a curas físicas", explicou-me, "mas incluindo curas físicas".

"*Você deve estar brincando!* Certamente você sabe que Deus não está mais curando e que os dons miraculosos do Espírito passaram quando o último dos apóstolos morreu. Por certo você sabe disso, não é?" Eu jamais havia encontrado uma pessoa a quem eu considerasse inteligente que não soubesse disso.

O Dr. White não me deu resposta. Pensei: *Bem, talvez ele seja um tanto fraco nessa área. Afinal, não é um teólogo treinado, apenas um psiquiatra.* Tomei o silêncio dele como uma espera para que eu provasse pela Bíblia minha afirmação.

Portanto, disse-lhe: "Sabemos que o dom de curar passou porque, ao olharmos para o ministério dos apóstolos, vemos que eles curavam completa e instantaneamente, de modo irreversível, e que todos aqueles por quem oravam eram curados. Não vemos mais esse tipo de cura hoje, mesmo em movimentos ou grupos que reivindicam possuir poderes de cura. Bem pelo contrário, o que vemos nesses grupos são curas graduais, parciais, que algumas vezes não ocorrem – muitas pessoas nunca são curadas. Sabemos, portanto, que o tipo de cura que acontece hoje não é o mesmo da Bíblia".

"Você acha que toda instância em que os apóstolos oraram por alguém ficou registrada nas Escrituras?", perguntou o Dr. White.

Pensei por alguns momentos e respondi: "Naturalmente que não. Temos apenas uma pequena fração do ministério deles e do ministério de Jesus registrada nas páginas do Novo Testamento".

"Então, não é possível que tenham orado por alguém, e esse alguém não tenha sido curado, e que isso apenas não esteja registrado nas Escrituras?"

Tive de concordar, porque a Bíblia não registra todas às vezes em que os apóstolos oraram por pessoas. E é possível que em algumas oportunidades elas não tenham sido curadas.

O Dr. White acabara de apanhar-me num erro de interpretação. Eu havia usado um argumento baseado no silêncio. Ora, isso era uma coisa que eu ensinava cuidadosamente aos meus alunos a não fazerem nunca. Quando o assunto dos dons do Espírito vinha à tona, por exemplo, um dos estudantes poderia dizer: "Você não precisa falar em línguas para ser um homem espiritual, porque Cristo nunca falou em línguas". Então eu perguntava: "Como você sabe que Cristo nunca falou em línguas?". E aquele aluno retrucava: "Porque as Escrituras não dizem que ele falou em línguas". E eu imediatamente corrigia o aluno, lembrando-lhe que não se pode usar o que as Escrituras não dizem como argumento. Por exemplo, as Escrituras *não nos dizem* que Pedro tinha filhos, mas isso não justifica concluir, pelo silêncio da Bíblia, que ele não tinha filhos. Esse é o argumento do silêncio.

No entanto, eu acabara de usar o mesmo argumento com o Dr. White, e me sentia envergonhado. Permanecia convicto, porém, de que estava com a razão. Eu tinha quatro outros argumentos bíblicos, alinhados e preparados para sair, mas pensei que deveria mostrar-me mais cuidadoso desta vez. Não queria ser apanhado em um outro erro.

Meu próximo argumento seria que o apóstolo Paulo, no fim de sua vida, não pode curar Epafrodito (Filipenses 2:25-27), nem Trófimo (2Timóteo 4:20), nem as frequentes enfermidades de Timóteo (1Timóteo 5:23). Para mim, esta era a prova de que o dom de curas tinha abandonado o apóstolo Paulo ou estava no processo de deixá-lo. Mas pensei: *o que eu responderia a esse argumento se eu tomasse a posição do Dr. White? Simplesmente diria que esses três incidentes provam que nem todos por quem os apóstolos oravam eram curados!* Isso me atingiu como um tiro de magnum 44. Minha segunda prova não provava coisa alguma!

E, quando examinei os três argumentos que ainda tinha para usar, descobri que havia neles algo de errado. Nos debates teológicos, eu procurava colocar-me no lugar do oponente e examinava pela sua perspectiva, de maneira bem crítica, os meus argumentos, procurando pontos fracos ou de evasão. Mas minha crença cessacionista nunca havia sido seriamente desafiada. Jamais precisara examinar esses argumentos tão de perto, porque todos os que faziam parte do meu círculo aceitavam-nos sem discutir.

Apesar de ainda acreditar que estava com a razão, exasperei-me por encontrar erros em meus argumentos. Portanto, apenas deixei escapar para o Dr. White: "Bem, você já *viu* alguém ser curado?".

"Ah, sim", respondeu ele com voz tranquila. Ele não queria debater comigo. Nada tinha para vender-me. De fato, era eu quem estava procurando trazê-lo a nossa igreja. Portanto, ele apenas disse: "Ah, sim", mas não ofereceu exemplos.

Tomando de novo a ofensiva, pedi-lhe: "Conte-me sua cura espetacular mais recente".

"Não estou certo sobre o que você quer dizer com espetacular, mas lhe contarei duas curas recentes que me impressionaram." Então, contou-me de uma criança pequena, na Malásia, que estava coberta com eczemas, da cabeça à ponta do pé. A eczema estava crua em alguns lugares e soltava um líquido. Tal era o desconforto da criança que ela havia mantido os pais acordados nas últimas 36 horas. Agia de maneira tão selvagem que tiveram de agarrá-la para orar por ela.

Assim que o Dr. White e sua esposa, Lorrie, impuseram-lhe as mãos, a criança caiu no sono. Vinte minutos após a oração, a limosidade parou, e a vermelhidão começou a desaparecer. Na manhã seguinte, a pele da criança havia retomado seu aspecto normal. Estava completamente curada. O Dr. White contou-me uma segunda história espetacular de ossos que realmente mudaram sob suas mãos, enquanto ele orava por alguém que tinha uma deformidade.

Depois de ouvir as duas narrativas, concluí: *Há somente duas opções. Ou o Dr. White me está dizendo a verdade, ou está mentindo. Mas ele não está enganado. Ele é médico. De fato, tem sido um professor associado de psiquiatria há treze anos. Já escreveu sobre alucinações e sabe a diferença entre enfermidades orgânicas e psicossomáticas. Ele não está enganado. Ou está me dizendo a verdade, ou está me enganando intencionalmente.*

Pensei sobre isso por alguns momentos. O que ele teria a ganhar me enganando? Ele não estava pedindo para vir a minha igreja; eu é que estava rogando que viesse. Outrossim, tudo em suas maneiras refletiam o Espírito do Senhor Jesus. Eu estava convencido de que ele me dizia a verdade. Estava convicto de que Deus havia curado as duas pessoas sobre as quais ele tinha acabado de falar. Mas também estava convencido de que Deus não concedia mais os dons do Espírito e deveria haver outra explicação para aquelas curas.

Por conseguinte, disse-lhe: "Bem, Dr. White, acredito que o que o senhor me está dizendo é verdade e gostaria que o senhor viesse a minha igreja e apresentasse as quatro preleções, incluindo essa sobre as curas".

"Há mais uma coisa que precisamos discutir, Jack. Se eu for a sua igreja, eu não gostaria apenas de falar sobre curas. Gostaria também de orar pelos enfermos."

"Orar pelos enfermos! Você quer dizer *na igreja*?" Eu estava pasmo. Minha mente percorreu rapidamente as alternativas. "Não poderíamos apenas pegar um aleijado ou um cego e ir a alguma saleta isolada onde ninguém soubesse o que estaríamos fazendo ali?" Eu estava certo de que, se orássemos por um enfermo, diante da igreja, e ele não fosse curado, alguém teria sua fé destruída.

"Bem, poderemos trabalhar os detalhes quando eu chegar", replicou ele. E acrescentou: "Só que eu não gostaria de apenas falar sobre curas, mas também de orar por algum enfermo, na igreja". Falou-me com grande gentileza, mas eu sabia que, se não lhe fosse permitido orar pelos enfermos, ele não viria.

Respirei fundo, antes de responder: "Bem, Dr. White, eu realmente quero que o senhor venha e apresente as preleções, e aceito que ore pelos enfermos de minha igreja, mas isso não depende só de mim. Os demais pastores e anciãos têm de concordar antes que tornemos o convite oficial. E não estou certo de como reagirão a essa sugestão".

"Compreendo seus temores, Jack, bem como os temores deles. Se você quiser retirar o convite, não me sentirei ofendido. Apenas tomarei tudo como a vontade do Senhor."

Despedimo-nos, e dali fui diretamente para a reunião dos anciãos. Anunciei aos anciãos e pastores que tinha boas e más notícias. As boas eram que o Dr. John White havia reconsiderado nosso convite para as conferências bíblicas da primavera e decidira aceitá-lo. Todos ficaram satisfeitos.

"E quais são as más novas?", quiseram saber.

"Ele quer dar algumas conferências sobre curas e orar pelos enfermos, em nossa igreja."

"O senhor está brincando!"

"Foi o que respondi a ele."

Nas duas horas seguintes, discutimos se era mesmo aconselhável trazer o Dr. White para nossa conferência. Ao término do debate, quando cada um já dera sua opinião, um dos homens declarou: "Essa conferência pode dividir a nossa igreja".

Minha palavra final sobre o assunto foi: "Penso que devemos ter essa conferência, mesmo que venha a dividir a igreja. Olhemos a questão por este prisma: iniciamos esta igreja com apenas um punhado de gente. Se nossa igreja dividir-se, suponho que poderemos começar outra com apenas um punhado de gente, se for necessário". Conforme as coisas ocorreram, Deus usou até mesmo minha aparente insensibilidade para realizar seu propósito.

A conversa com o Dr. White e a reunião subsequente com os anciãos tiveram lugar em janeiro de 1986. Decidimos unanimemente convidar o Dr. White e confirmar a conferência para abril, embora estivéssemos certos de que os dons miraculosos do Espírito Santo já houvessem cessado.

Passei boa parte do tempo, de janeiro a abril daquele ano, estudando as Escrituras, a fim de descobrir o que elas dizem sobre curas e dons do Espírito. Na primeira vez em que estudara o assunto, não o fizera de mente aberta e franca. Homens piedosos e brilhantes haviam me dito que a Bíblia ensina que os dons do Espírito cessaram com a morte do último dos apóstolos, e que Deus só fala por meio de sua Palavra escrita hoje em dia. Disseram-me que Deus não está mais curando e levaram-me a crer nas curas como algo raro, não mais um aspecto significativo do ministério da Igreja.

Portanto, eu não estudara as Escrituras para descobrir realmente o que elas ensinam sobre curas e dons do Espírito. Antes, procurava recolher mais razões por que Deus não mais fazia tais coisas. Agora, porém, questionava todos os meus argumentos cessacionistas à luz do ensino bíblico. E, desta vez, tentei ser tão objetivo quanto podia.

À época da conferência, em abril, minha maneira de pensar sofreu uma radical reversão. Meus estudos convenceram-me de que Deus curaria sempre e que a cura é um aspecto importante no ministério da Igreja. E fiquei convencido de que a Bíblia *não* ensina que os dons do Espírito já passaram. Nenhum dos argumentos cessacionistas continuava tendo o poder de convencer-me. Eu ainda não sabia se os dons do Espírito eram válidos para o dia de hoje, mas estava certo de que não podia usar as Escrituras para provar que haviam cessado. Também comecei a crer que Deus pode falar a parte das Escrituras, embora nunca em contradição a elas.

Tais descobertas provocaram um cataclismo em meu entendimento. Mas minha maneira de pensar não mudara por eu ter *visto* um milagre ou por ter *ouvido* Deus falar de maneira sobrenatural. Eu não tivera tais experiências. Jamais tivera sonhos, ou visões, ou transes, ou qualquer outra experiência que pudesse identificar como sobrenatural, além da minha experiência de conversão. A mudança em minha maneira de pensar não resultara de qualquer experiência ou fenômeno sobrenatural. *Antes, resultara de um paciente e intenso estudo das Escrituras.*

Quase contra a minha vontade, passei a acreditar que Deus cura e fala hoje em dia. Eu ainda guardava uma significativa repulsa ao dom de línguas. Mesmo que esse dom fosse para hoje, eu não queria ter nada a ver com ele! Não queria participar do que eu considerava um abuso dos movimentos pentecostal e carismático.

Portanto, senti-me crendo em coisas com a minha mente, sem que em meu coração tivesse muita certeza se as queria em minha vida ou na minha igreja. Entretanto, sabia que, se as Escrituras ensinam que as curas e o falar de Deus fora da Bíblia são fenômenos significativos para a igreja, então *tínhamos* de segui-los, mesmo que não os desejássemos. Essas eram as minhas conclusões quando chegou o mês de abril. Nossa conferência estava prestes a começar.

SURPREENDIDO *pelo* ESPÍRITO SANTO

Enquanto me dirigia ao aeroporto para buscar o Dr. White, sentia-me tenso pela expectativa. Os meses que eu passara estudando as Escrituras tinham-me dado uma nova perspectiva para o poder de Deus, e eu sentia que estava prestes a embarcar em um novo estágio de minha vida cristã.

Por causa de uma desinformação sobre o voo do Dr. White, foi-me preciso quase uma hora e meia para encontrá-lo. Finalmente, eu o vi na calçada em frente aos terminais.

Após um pequeno trajeto de carro e uma agradável conversa, chegamos à igreja. O santuário estava cheio até a sua capacidade. Eu me sentia agradecido pelo grande número de pessoas presentes – mas também estava ligeiramente apreensivo. Eu bem sabia que as pessoas corresponderiam positivamente às conferências do Dr. White, mas temia sobre sua palestra e "demonstração" de curas.

As primeiras três sessões ocorreram conforme o esperado. Mas, no sábado à tarde, o Dr. White apresentou a sua última preleção, a respeito da autoridade de Cristo sobre as enfermidades. Havia aproximadamente trezentas pessoas na plateia. Após um tempo de perguntas, no final de sua preleção, ele convidou as pessoas a virem à frente para orar pelas suas necessidades espirituais e físicas.

Pensei que uma ou duas pessoas fossem corresponder. Em vez disso, aproximadamente um terço do auditório literalmente correu para a frente. Alguns pastores e anciãos também desceram para ajudar o Dr. White a orar por aquela gente.

Eu não podia acreditar no que via. Pessoas que eu conhecia bem, que pareciam tão no controle de suas vidas, estavam de joelhos, clamando e pedindo orações. Lembro-me de uma mulher rica confessando que não se sentia amada por ninguém, exceto por seu marido. Ela pedia que o Senhor removesse aquela barreira que sentia em redor dela. Lembro-me de um outro homem muito forte, de joelhos, confessando que estava consumido de inveja por causa do sucesso de um de seus amigos e por causa de seu próprio insucesso. Até parecia que todas as pessoas ao meu redor estavam sofrendo. Eu estava perplexo e meio repugnado.

Minha primeira reação foi taxar aquilo tudo de emocionalismo. Mas o emocionalismo é sempre despertado por alguma forma de manipulação. Nesse caso, tínhamos ouvido apenas uma preleção sobre curas bem pouco emocionante, seguida por uma sessão bastante acalorada de perguntas e respostas, durante a qual alguns de meus amigos tinham dito coisas muito pouco efusivas ao Dr. White (que, a propósito, em momento algum perdeu o autocontrole ou respondeu de modo brutal). E, ao encerrar a sessão, o Dr. White fizera um convite bastante realista, sem qualquer música ou apelo emocional, a qualquer um que quisesse oração. Como explicar as lágrimas, as confissões e a honestidade quase chocantes que estavam acontecendo à minha frente?

Tivesse sido eu um melhor estudante da história do reavivamento, teria compreendido que aquele fenômeno já havia ocorrido em inúmeras ocasiões durante períodos de reavivamento, em que o Espírito Santo fora derramado sobre alguma igreja ou cidade. Eu não sabia, mas o Espírito Santo fora derramado sobre a minha igreja! Era como se o próprio Deus tivesse tirado a rolha da garrafa, dando ao povo permissão para exprimir toda a dor que estava guardada lá dentro por tão longo tempo. A honestidade e a coragem que foram necessárias para confessarem seus pecados e suas dores indicavam realmente a presença do Espírito entre nós naquele dia. Eu não tinha certeza de quanto gostava de tudo aquilo – mas o pior ainda estava por vir.

Uma senhora muito distinta e inteligente, que eu conhecia havia muito tempo, viera me procurar depois do culto, pedindo que eu e outro ancião orássemos por ela. Era uma mulher bem-educada, criada nos mesmos moldes tradicionalistas que eu. Tinha um notável coração para Deus, passava horas em oração e era uma excelente mestra da Bíblia. No entanto, por muitos anos sofrera temores e depressão. A raiz de seu problema era um forte desejo pela aprovação alheia. Quase que se podia chamar de "concupiscência pela aprovação humana".

Ela não tinha um desejo pelo humano, mas seu desejo pela aprovação estava controlando a sua vida. "Gostariam de orar por mim?", pediu ela. O ancião e eu começamos a orar, e absolutamente nada sucedeu, nós três sabíamos. Ela agradeceu e se afastou. Voltei-me para orar por algumas outras pessoas, mais ou menos com os mesmos resultados.

Alguns minutos mais tarde, notei que ela estava na fila para falar com o Dr. White. Encaminhei-me na sua direção quando ela começava a contar sua história a ele. Visto que eu não tivera muito sucesso ao orar pelas pessoas, pensei que deveria ouvir o Dr. White orar por ela, para ver se aprendia alguma coisa.

"Muito bem, vamos orar por você, então", disse ele a minha amiga.

Quando ela inclinou a cabeça, era mais como se a estivesse abaixando, envergonhada. O desespero parecia estar ao redor dela, alimentando a sua dor. Como um pai gentil, o Dr. White pôs a mão sob o queixo dela e levantou-lhe a cabeça. "Olhe para cima", disse ele, "Você não precisa mais fazer isso. Você é uma filha do Rei".

Fiquei paralisado diante da cena. Pensei: *Esse é um toque excelente. Tenho que relembrar-me dessas palavras: "Olhe para cima, você é uma filha do Rei".* Por esse tempo, eu ainda supunha que técnicas e fórmulas eram as chaves para a cura. Misericordiosamente, eu logo estaria livre dessa ideia.

Então ele pôs a mão de leve sobre um dos ombros dela e disse: "Senhor, leva tua serva Linda [não é seu verdadeiro nome] a tua presença agora, em nome de Jesus Cristo. Ela não sente o afeto do Senhor Jesus Cristo por ela. Permita que ela sinta em seu coração o quanto Jesus a ama".

Quando ouvi o Dr. White dizer isso, acendeu uma luz dentro de mim. E pensei: *Obviamente, é por isso que ela sente necessidade da aprovação de seus semelhantes. Ela não sente em seu coração o afeto que Jesus tem por ela. Se ela realmente se sentisse amada por Deus, a aprovação de outras pessoas não lhe seria tão importante.*

Então o Dr. White orou: "Se existem quaisquer trevas que estejam manipulando essa dor, oro para que tu as desfaças agora". Quando ele disse aquelas palavras, a cabeça de Linda começou a subir e a descer, e ela começou a lamuriar-se. Ela não podia parar. Eu nunca tinha visto nada como aquilo! Era como se aqueles sons tivessem vida própria. Ela parecia ter perdido a consciência, ou pelo menos o controle do corpo. Senti uma presença atormentadora em torno dela.

Os que estavam no auditório ficaram chocados diante do que estava sucedendo. Eu nunca tinha visto um demônio, mas estava convencido de que estava olhando para a obra de um deles naquele momento. "Em nome de Jesus, eu te ordeno que a deixes em paz agora", disse simplesmente o Dr. White.

E tudo parou prontamente. Ele não permitiria que o demônio a humilhasse diante de toda aquela gente. Mais tarde, minha amiga recebeu oração em particular, a fim de que o espírito maligno se afastasse definitivamente. Atualmente, Linda ministra poderosamente no ensino e na cura.

Por que eu estava tão certo de que acabara de presenciar um espírito mau em ação? Porque aquela mulher nunca agiria daquele modo em público nem faria coisas tão embaraçosas. Ela não tinha formação carismática. Não havia a mínima possibilidade de ser aquela uma conduta aprendida. Posteriormente, ela me disse que uma força "tinha subido" e a agarrado, e que ela se sentira impotente. Somente o nome do Senhor Jesus trouxe-lhe de volta o controle.

Enquanto eu a via sendo atormentada, pensei em todos os anos que ela havia passado em aconselhamento cristão sem qualquer melhoria significativa. Ela havia seguido orientações espirituais de seus pastores, e até recebera julgamentos de alguns deles. Todavia, embora orasse e lesse a Bíblia fielmente, ela nunca demonstrara melhora, e a razão era simples: havia um poder demoníaco por detrás de grande parte de sua depressão e temor.

Senti lágrimas rolando-me pelo rosto quando percebi o dano que pastores arrogantes, como eu mesmo, podem infligir aos filhos do Senhor. Algumas vezes estamos tão seguros de que sabemos as causas da dor ou da depressão de alguém! As pessoas, acreditávamos, melhorariam se seguissem nossas pequenas prescrições espirituais. Mas quando elas aceitavam nossos conselhos e não melhoravam, então nos irávamos contra elas. Pensei em todos os maus conselhos que eu dera àquela querida senhora, bem como em todos os anos de aconselhamento profissional a que ela se submetera. Percebi quão tolos nós, pastores e conselheiros, havíamos sido. Não se "aconselha" demônios a deixarem as pessoas. E nem os demônios saem quando alguém aceita nossos conselhos e torna-se mais disciplinado. Os demônios só saem através do poder do sangue de Cristo. Até o Dr. White chegar, nenhum dos pastores ou conselheiros tivera o discernimento para perceber a causa das aflições de Linda, pelo que ela tinha "sofrido muito nas mãos de seus médicos".

Foi naquele momento exato, pela primeira vez, que pude ter a certeza de que o Senhor falou comigo. As palavras soaram-me, não audíveis, mas tão claras como se fossem: "Você é um enganador e um manipulador; você está brincando de igreja".

Escritas, essas palavras podem parecer muito duras; mas não me soaram assim naquele dia. O que ouvi não foi uma condenação, mas um convite. De alguma maneira entendi que estava em uma encruzilhada na vida e que a maneira pela qual eu respondesse àquela voz estabeleceria um novo direcionamento a minha vida. Ou eu estaria me movendo mais para perto de Deus, ou me afastando dele. Então simplesmente respondi: "Sim, Senhor".

Esse simples "sim" foi o começo de um reaprendizado do que significa tornar-se filho no Reino de Deus. Não somente temos de tornar-nos como crianças para *entrar* no Reino dos Céus (Mateus 18:3), mas também precisamos continuar na humildade de uma criança se quisermos *progredir* no Reino (Mateus 18:4). Quando eu disse "sim", estava concordando com a avaliação que Deus fez de meu caráter e ministério. Eu tinha acabado de cruzar o limiar de um arrependimento que se tornaria tão profundo que eventualmente quebraria as correntes de alguns dos mais arrogantes preconceitos acerca da vida e do ministério cristãos. Entretanto, não senti as correntes caindo de mim, na ocasião. Em vez disso, senti-me como uma pequena criança cujo pai está prestes a mostrar-lhe um caminho melhor.

Na manhã seguinte era domingo. Acordei em estado de choque. Nossa igreja havia sido visitada por um demônio! Pus-me a pensar no quanto refletiria a frequência no domingo. Mais do que isso, porém, indaguei sobre os conflitos e as divisões que poderiam surgir. Quanto mais eu pensava, maior o temor que me assaltava. Agora eu não estava tão seguro de querer esse novo ministério se isso significasse que as pessoas se tornariam emotivas e que demônios haveriam de manifestar-se abertamente.

Então fiz algo que um teólogo treinado jamais faria. Sentei-me no divã, abri a Bíblia *ao acaso* e comecei a ler. Sempre me considerei acima disso. Sempre desprezara as pessoas que costumavam tomar passagens ao acaso, numa espécie de "roleta bíblica". O que eu deveria ter feito era apanhar a concordância e olhar todas as passagens sobre o temor; mas não foi isso que fiz. Simplesmente abri a Bíblia e pedi que Deus falasse comigo.

Abri em Lucas 8, e meus olhos caíram imediatamente sobre o versículo 26 – bem em cima da história do endemoniado geraseno. Li a história toda, a maravilhosa história de como Jesus expulsou uma legião de demônios de um homem, e como o indivíduo voltou à normalidade. Então cheguei ao versículo 37: "Todo o povo da circunvizinhança dos gerasenos rogou-lhe que se retirasse deles, pois estavam possuídos de grande medo. E Jesus, tomando de novo o barco, voltou". Eu estava prestes a fazer o que os gerasenos tinham feito.

Em grande misericórdia, o Senhor Jesus Cristo tinha visitado a nossa igreja e enviado o Espírito Santo para impelir a confissão e descobrir o poder demoníaco, a fim de fortalecer-nos e curar-nos. E agora eu estava a ponto de pedir-lhe que nos deixasse, porque estava com medo da reação de algumas pessoas. Arrependi-me imediatamente e pedi ao Senhor para perdoar-me. E disse-lhe que sempre que ele quisesse tratar com um demônio em nossa igreja, tinha a minha aprovação.

Terminada a conferência, os anciãos e pastores concordaram que deveríamos começar a orar regularmente pelos enfermos em nossa igreja. Ao término de nossos cultos, simplesmente convidaríamos as pessoas que quisessem receber a Cristo como seu Salvador ou desejassem oração pelas suas necessidades espirituais, físicas ou financeiras. Não tínhamos a mínima intenção de nos tornar carismáticos (pentecostais).[1] Simplesmente queríamos cumprir o mandamento bíblico de Tiago 5:14-16:

> Está alguém entre vós doente? Chame os presbíteros da igreja, e estes façam oração sobre ele, ungindo-o com óleo, em nome do Senhor. E a oração da fé salvará o enfermo, e o Senhor o levantará. Se houver cometido pecados, ser-lhe-ão perdoados. Confessai, pois, os vossos pecados uns aos outros, e orai uns pelos outros, para serdes curados. Muito pode, por sua eficácia, a súplica do justo.

Avisamos à igreja que doravante estaríamos aplicando essa passagem em nossos cultos e nas reuniões de aconselhamento. Daqui em diante, os anciãos e os pastores da igreja estariam dispostos a visitar os lares, sempre que fossem chamados, para orar pelos enfermos. Naturalmente, sempre havíamos desejado fazer aquilo; mas agora nós realmente *encorajávamos* pessoas a obedecerem ao texto. E também os informamos de que, sempre que viessem em busca de aconselhamento, ficaríamos felizes não somente em aconselhá-los, mas também em impor-lhes as mãos e orar por eles, de acordo com o modelo do Novo Testamento.

Pouco tempo depois de começarmos a orar pelas pessoas em nossos cultos, uma senhora, chamada Ruth Gay, procurou-me. Ela me contou que tinha um aneurisma e que na quarta-feira iria a um hospital para fazer uma segunda angiografia. (Aneurisma é um vaso sanguíneo inchado, de modo que as paredes se tornam finas. O perigo é que os vasos podem estourar, resultando na morte da pessoa.) Na quinta-feira, os médicos haveriam de operá-la a fim de reparar o aneurisma. Ela perguntou se poderíamos ir à sua casa, na segunda-feira à noite, a fim de orarmos por ela. Nesse dia, Leesa, Joyce Smeltzer (esposa de John Smeltzer, um de nossos pastores) e eu fomos à casa de Ruth. Ela vivia sozinha; tinha-se separado do resto da família. Sentia-se solitária, deprimida e assustada diante da iminente cirurgia.

Ao entrar em sua casa, pudemos sentir a melancolia que a cercava. Conversamos um pouco com Ruth, e então colocamos as mãos sobre a cabeça dela, pedindo ao Senhor que lhe tirasse o aneurisma. Oramos calmamente, pedindo por aquela cura específica. Não repreendemos demônios nem gritamos, nem agimos impelidos por qualquer excitação religiosa. Pedimos simplesmente que o Senhor tocasse naquele vaso sanguíneo e tirasse o aneurisma.

Nenhum de nós ouviu o Senhor falar diretamente naquela noite, nem vimos quaisquer manifestações sobrenaturais. Mas, ao sair da casa, todos tínhamos a sensação de que o Senhor havia curado Ruth. Não dissemos a ela, mas havíamos sentido a presença de Deus ali. E, na quarta-feira pela manhã, recebi uma chamada telefônica de Ruth. Ela acabara de fazer sua segunda angiografia. Sua voz estava tão fraca que eu quase não podia ouvi-la. Ela disse: "Jack, eu fui curada".

"O quê?"

"Eu fui curada."

"Você está brincando."

"Não, é verdade. O aneurisma desapareceu."

"O que disse o seu médico?"

"Ele disse que eu tinha sido curada. Uma enfermeira veio me ver esta manhã e me disse que foi um milagre."

"Você perguntou ao médico como ele poderia explicar isso?"

"Ele não tem qualquer explicação. Disse-me que aneurismas não desaparecem voluntariamente. Os aneurismas precisam ser corrigidos cirurgicamente. Perguntei-lhe se ele já tinha visto algo semelhante, e ele respondeu que nunca e que não tinha explicação para o que acontecera, mas que eu havia sido curada."

Essa foi a primeira cura documentada pela medicina em nossa igreja. Deus mostrara grande misericórdia por uma de suas filhas que estava solitária, deprimida e assustada. Continuamos, pois, a orar pelos enfermos, e presenciamos outras curas – algumas físicas, outras emocionais. Também vimos algumas manifestações demoníacas, embora nunca mais em cultos públicos.

Durante minha nova aventura com o Senhor, eu havia sido primeiramente surpreendido pelas Escrituras e, em seguida, pelo Espírito. Mas isso foi apenas o começo.

SINAIS e MEMBROS de WIMBER

Quando contatei inicialmente o Dr. White, não sabia que, sete meses antes, encontrava-se ele morando em Anaheim, estado da Califórnia, e frequentando a igreja de John Wimber. O irmão Wimber era então pastor da Vineyard Christian Fellowship, em Anaheim, e líder do Movimento Vineyard. Após minha conversa inicial com o Dr. White, colocara-me ele a par de tudo.

No momento, aquilo não significou muito para mim, pois jamais ouvira falar sobre John Wimber ou sobre Vineyard. Isso porque já não lia, havia anos, quaisquer revistas populares evangélicas, e eram estas justamente que traziam os relatórios sobre Wimber e a Vineyard.

O Dr. White falou-me de Wimber de maneira positiva. Aconselhou-me, inclusive, a procurá-lo para falar acerca de cura divina. Em seguida, mencionou as curas operadas por Wimber; curas estas, aliás, que ele mesmo estava para averiguar. Depois disso, ouvi dizer que Wimber estava para vir a Fort Worth, onde faria conferências na igreja Batista de Lake Country.

Resolvi ouvi-lo na quinta-feira à noite. Não me sentia, porém, muito confortável em visitar uma igreja batista que estava nadando num movimento chamado "a terceira onda". Além do mais, já havia sido advertido por uns amigos a respeito de John Wimber. Segundo se dizia, coisas bizarras aconteciam nessas reuniões. Por precaução, levei comigo dez membros de minha igreja. Teria testemunhas que haveriam de confirmar que eu lá estivera apenas para avaliar, e não participar.

Como havíamos chegado tarde, sentamo-nos na última fileira, bem perto da porta (só para estarmos em segurança). Os presentes já estavam cantando. Alguns erguiam as mãos, mas nada de estranho estava acontecendo. Passados trinta minutos, o pastor Jim Hylton, um dos oradores mais requisitados entre os batistas do Sul, apresentou John Wimber. Ao assumir o púlpito, Wimber anunciou que, naquela noite, discorreria sobre o Reino de Deus. Imediatamente, eu disse comigo mesmo: *Confrontarei cada palavra sua, avaliando-a pelas Escrituras.*

Já-se haviam passado vinte minutos de mensagem, e eu estava ali: concordando com tudo quanto ele dizia sobre o Reino de Deus. Na realidade, eu mesmo poderia ter proferido aquela conferência numa de minhas aulas, no seminário, e ninguém haveria de levantar qualquer objeção. E o mais surpreendente foi que passei a gostar genuinamente daquele homem. O que Wimber dizia era verdade; e ele o fazia de maneira divertida. Também era honesto acerca de suas próprias falhas. Parecia haver pouquíssima pretensão naquele pregador. Depois de uma hora, mais ou menos, ele anunciou ter chegado "a hora da clínica".

Pensei eu: *Hora da clínica? Isso deixa as pessoas esquisitas.* Além disso, anunciou que pediria a Deus que lhe mostrasse o que o Espírito Santo queria que fosse feito no restante daquela reunião.

"Não faço ideia da direção que devemos tomar. Mas acredito que o Senhor nos mostrará o que ele quer que façamos esta noite. Pedirei, pois, que o Espírito Santo se manifeste agora", disse ele.

Pedir que o Espírito Santo venha? Onde está essa oração na Bíblia?, perguntei a mim mesmo.

Fiquei ainda mais preocupado quando Wimber anunciou que faria uma oração que não existia na Bíblia. Embora eu mesmo faça orações que não se encontram nas Sagradas Escrituras, pareceu-me errado Wimber haver anunciado que falaria com o Espírito Santo. Ele deveria dirigir-se ao Pai mediante Jesus, por meio do Espírito Santo. Pelo menos essa é a fórmula que os crentes normalmente usam em suas orações.

Como ele haveria de pedir a um Espírito onipresente que se apresentasse naquela reunião? Contudo, os salmistas rogaram ao Senhor insistentemente para que ele se apresentasse ao seu povo. Na verdade, eu não sabia dizer por quê; mas aquilo me perturbava. Talvez alguém me estivesse perturbando. E essa possibilidade me assustava. Tentei dissipar essa ideia, dizendo a mim mesmo que o Espírito Santo é um cavalheiro e que jamais espantaria os filhos de Deus com uma teologia falha.

Eu continuava perturbado.

Outras pessoas, aparentemente, encontravam-se na mesma situação em decorrência daquela simples oração: "Vem, Espírito Santo". Sentindo o desassossego na plateia, Wimber resolveu interromper a sua "clínica" para admoestar os presentes.

"Pedirei ao Espírito Santo que venha. Não tenham receio dos demônios ou do diabo. Quando o crente roga ao Pai celeste pelo Espírito Santo, ele nunca lhe dá cobras ou escorpiões."

Com essa admoestação, todos passamos a nos sentir mais calmos e seguros.

Em seguida, Wimber explicou-nos: "Os únicos demônios que se manifestarão são os que vocês trouxeram consigo mesmos". Com essa observação, todos começaram a se sentir incomodados de novo, até mesmo os que detinham uma teologia perfeita.

Finalmente pediu que o Espírito Santo viesse. Então, Wimber ficou em silêncio, o mesmo acontecendo com a plateia. Depois de um minuto, Wimber olhou para cima e disse: "Finalmente sei o que o Senhor quer fazer esta noite. Ele me deu algumas palavras de conhecimento quanto às curas".

Isso significava que Deus haveria de curar algumas pessoas naquela noite. Como jamais estivera num culto como aquele, não sabia como me comportar.

Wimber confirmou que Deus queria curar os que estivessem sofrendo de dores nas costas. Então, um bom número de pessoas foi à frente, a fim de receber a oração da fé, que seria feita não por Wimber, mas por outros irmãos. Passados alguns poucos minutos, ele declarou: "Há uma mulher aqui que sofre de terríveis dores nas costas, mas ainda não veio à frente. Venha aqui; pois o Senhor a curará agora mesmo".

Ao ouvir tal revelação, pensei: *É incrível*. Até ali, meus estudos das Escrituras tinham-me feito acreditar que Deus fala conosco para advertir-nos, orientar-nos e dar-nos a direção apropriada. Todavia, nunca tinha visto alguém, fora das Escrituras, obter algo assim tão específico da parte de Deus.

Agora, porém, sei que Wimber estava meramente ilustrando 1Coríntios 14:24-26:

> Porém, se todos profetizarem, e entrar algum incrédulo, ou indouto, é ele por todos convencido, e por todos julgado; tornam-se-lhe manifestos os segredos do coração, e, assim, prostrando-se

com a face em terra, adorara a Deus, testemunhando que Deus está de fato no meio de vós. Que fazer, pois, irmãos? Quando vos reunis, um tem salmo, outro doutrina, este traz revelação, aquele outro língua, e ainda outra interpretação. Seja tudo feito para edificação.

Deus havia dado a Wimber uma revelação acerca de alguém que ele queria curar, para que toda a Igreja fosse edificada. Pensei então: *Isso é realmente incrível. É exatamente como Paulo disse que a Igreja deveria ser.*

Porém, ninguém veio à frente.

Pobre John Wimber! Estava indo tão bem falando sobre o Reino. Se não tivesse tentado essa tal clínica, a reunião teria sido um sucesso. Senti-me embaraçado e desapontado ao mesmo tempo.

Wimber, porém, não compartilhando de meu desapontamento, anunciou um segundo fato sobre aquela mulher: "Você foi consultar um médico há alguns dias, mas essa dor, que a persegue há tanto tempo, não quer deixá-la. Por favor, venha à frente".

Essa foi a coisa mais incrível que eu jamais ouvira. Era como se fora uma das narrativas proféticas do Antigo Testamento.

Porém, nenhuma mulher levantou-se ou veio à frente. Agora a tensão crescia significativamente no salão.

Wimber pareceu orar por alguns segundos. Em seguida, declarou: "Seu nome é Margarida". E com um sorrido tipo vovô, acrescentou: "Margarida, levante-se e venha cá imediatamente". Ela, pois, se levantou, e começou a andar um tanto sonolenta.

Era a coisa mais admirável que eu já tinha visto. Fora exatamente assim que Paulo disse que deveria acontecer. Em todos os presentes, profunda admiração e convicção. Todavia, antes que Margarida chegasse à frente, uma onda de ceticismo e desgosto acabou por me assaltar: *E se ele a pagou para agir dessa forma? E se ela for a Margarida de terça-feira à noite em Fort Worth, Texas, mas no sábado à noite em outra cidade ela for Mabel MacClutchbut, andando à frente da igreja enquanto carrega um envelope sobre dois tumores malignos que ela tenha?* E pensei comigo mesmo: *Eu não acredito nisso.*

Quando a dúvida já começava a tomar conta de mim, o homem sentado ao meu lado, que eu conhecia há quinze anos, exclamou: "É Margarida, minha cunhada".

A cunhada de Mike Pinkston, Margarida Pinkston, foi até a frente naquela noite chamada especificamente por John Wmber. E, tendo os irmãos orado, ela foi prontamente curada de uma doença que tinha há anos. Eu conhecia aquela família e sabia que nenhum cambalacho havia naquela cura. Fora realmente uma ilustração vívida de como era a Igreja do Novo Testamento, conforme nos revela Paulo no capítulo 14 de 1Coríntios.

Você nunca vai adivinhar quem era o primeiro na fila para falar com John Wimber quando a reunião terminou! Leesa e eu tínhamos várias perguntas a fazer-lhe acerca dos acontecimentos daquela noite – sobre cura e as revelações de Deus. John se mostrou muito bondoso para conosco, respondendo as indagações com toda a paciência, e até deu algumas instruções, enquanto nós assistíamos a ele e outros orando pelos enfermos e problemáticos. Meu conhecimento sobre as curas e o ministério revelador do Espírito Santo era teórico, mas o de Wimber era prático. Ele sabia, realmente, como tais coisas são operadas.

Foi uma noite fascinante; jamais a esquecerei. Foi a noite em que começou nossa amizade com John e Carol Wimber; uma amizade que levaria, eventualmente, a trabalharmos juntos por quatro anos.

Durante 1986 e 1987, John Wimber e eu nos tornamos amigos chegados. Durante esse período, Leesa e eu fomos a diversas conferências Vineyard. E continuamos a aprender mais sobre as curas e o ministério atual do Espírito Santo, tanto nas Escrituras quanto na prática. A amizade com Wimber e meu crescente interesse pelo ministério sobrenatural do Espírito Santo levaram-me a renunciar minha igreja, resultando inclusive em minha demissão do Seminário Teológico Dallas onde lecionava. Antes, porém, encontrara-me com outro homem que seria divinamente usado para alterar o curso de minha vida. Seu nome é Paul Cain.

No outono de 1987, durante meu último semestre no Seminário Teológico Dallas, eu havia ajudado George Mallone a dar início à igreja Grace Vineyard, em Arlington, Texas. Em setembro, quando George e eu estávamos em Kansas City, para uma conferência, Mike Bickle, pastor da então Kansas City Fellowship (numerosa igreja com cerca de 3 mil pessoas), falara-me sobre o ministério de Paul Cain. Este, nos fins da década de 1940 e nos começos da década de 1950, havia desempenhado importante papel no reavivamento de curas daquela época. Mike me contou muitas histórias fascinantes sobre alegados incidentes sobrenaturais que circundavam-lhe o nascimento, vida e muitos milagres que ocorriam em seu ministério.

Em 1958, ele se tornou tão desgostoso com a corrupção e com os abusos que se tinham cristalizado no movimento de curas do qual fazia parte que foi obrigado a deixá-lo. Por 25 anos, viveu em relativa obscuridade, pastoreando um par de igrejas e exercendo um ministério itinerante. Ocasionalmente, falava para grandes reuniões, mas estas eram ainda mais raras em seu ministério anterior.

Mike disse que Paul era um manancial de informações acerca de todos os que, durante a década de 1950, alegaram terem sido usados no ministério de cura. Ele conhecia cada pessoa proeminente dentro daquele movimento. Vira o lado bom e o lado ruim do movimento. Observara homens, dotados por Deus, começarem bem e terminarem mal; e também convivera com aqueles que se haviam mantido incorruptíveis durante todo aquele tempo.

Quando George e eu voltamos de Kansas City, convidamos Paul a almoçar conosco. Era verdade; Paul era de fato uma fonte de conhecimentos acerca de todas as personalidades e acontecimentos daquela época. Fizemos-lhe perguntas por quase duas horas. No ano seguinte, Paul e eu nos tornamos bons amigos. Compartilhamos de muitas refeições e conversávamos com frequência pelo telefone. Durante esse tempo, porém, eu ainda não o tinha ouvido pregar ou ensinar nem o vira usar o dom de revelação, que o tornara famoso no início de seu ministério.

Em setembro de 1988, minha família e eu nos preparamos para deixar Fort Worth, Texas, e partir para Anaheim, Califórnia, para nos unirmos a John Wimber, no ministério da Vineyard Christian Fellowship. Durante aquele tempo, Paul Cain e eu trabalhamos em nossa primeira reunião.

Falávamos na Escola Ministerial de Emmaus Road, no Texas, dedicada ao ministério prático, dirigida por T. D. Hall e composta por Dudley Hall, Doug White, Jack Taylor, Jim Hylton e James Robison, entre outros. Tanto Hall quanto a maioria de seus auxiliares vieram de igrejas batistas do Sul. Eles já haviam começado a crer nos dons do Espírito Santo. Paul e eu deveríamos compartilhar as responsabilidades de ensino para a hora matutina, durante a primeira semana de setembro.

Nos dois primeiros dias, Paul compareceu às reuniões, mas não se sentia à vontade para falar. Isso era um tanto irônico, visto que eu estaria falando sobre curas e esperava-se que Paul fosse usado pelo Senhor nas curas. Mas, na terceira manhã, eu vi algo que alteraria para sempre meu conceito sobre o ministério do Espírito Santo.

Paul acabara de pregar sua maravilhosa mensagem e já começava a orar pelos enfermos e problemáticos. Havia cerca de 250 pessoas presentes naquela manhã. Em seguida, começou a orar pelos diabéticos. Ele olhou para uma senhora com cabelos brancos à sua direita e lhe disse: "A senhora não tem diabete; sua contagem de açúcar no sangue é baixa. Mas o Senhor a cura desse mal. Eu tenho uma visão de você sentada numa cadeira amarela. A senhora está dizendo: 'Se eu pudesse ao menos fazer isso até a manhã'. Suas alergias atormentam-na tanto que, algumas vezes, lhe deixam acordada a noite inteira. O problema com a válvula de seu coração desaparecerá em nome de Jesus, bem como a excrescência em seu pâncreas".

A essa altura, o temor do Senhor já tomava todo o salão. Os presentes choravam abertamente diante do poder que o Senhor demonstrava por uma de suas filhas. Paul ainda disse àquela irmã: "O diabo havia lhe arranjado essa enfermidade nervosa". Ao ouvir tais palavras, o marido daquela irmã começou a chorar. Mas imediatamente Paul disse: "O Senhor já interrompeu esse plano. Você não terá nenhum ataque dos nervos".

Então, subitamente Paul declarou: "Penso que isso é tudo quanto o Senhor quer que eu faça agora". Em seguida, ele se assentou na fileira fronteiriça de bancos.

Todos nós ficamos chocados. Jamais havíamos presenciado coisa semelhante. Embora houvesse testemunhado curas maravilhosas nos anos anteriores, nunca vira um servo de Deus revelar um caso de enfermidade com tantos detalhes e, em seguida, determinar a cura em nome de Jesus.

Isso me fez lembrar do poder revelador de Eliseu, que alertou o rei de Israel quanto aos planos dos sírios. Era como as curas no Novo Testamento, onde os apóstolos ordenavam a cura em nome de Jesus. Estávamos realmente boquiabertos. Ninguém sabia como encerrar a reunião. O temor ao Senhor era tão forte que ninguém ousava agir de maneira presunçosa. Finalmente, Jack Taylor se levantou com lágrimas nos olhos e dirigiu a todos em um hino.

A mulher curada se chama Linda Tidwell. Tive a oportunidade de conversar com ela e com seu marido diversas vezes desde 1988.

Eis o que aconteceu com ela depois do ministério de Paul: naquela mesma semana, Linda foi ao seu médico. Sua baixa contagem de açúcar estava agora normal, e suas alergias haviam desaparecido (tão graves quanto predicera Paul). O sopro no coração que tinha desde a infância fora curado. Sua depressão e condição nervosa já não existiam, e pelos meses seguintes ela perdeu 35 quilos que traziam preocupação e ansiedade. Enfim, os detalhes apontados por Paul foram confirmados e curados com exatidão.

Um ano mais tarde, Linda me confidenciou algo que Paul lhe dissera e que, na ocasião, não lhe parecia razoável. Ele lhe havia dito: "Vejo-a sentada numa cadeira amarela". Ela ficou matutando sobre isso por muito tempo. Tais palavras não lhe faziam sentido, porque eles não tinham nenhuma cadeira amarela. Foi então que Linda lembrou que, antes de mudar para Forth Worth, ela havia pintado uma cadeira de balanço. E ela esquecera que a cor original da cadeira era o amarelo. Paul havia realmente tido uma visão de Deus. A partir de então, Linda passou a visitar as igrejas em Dallas/Forth Worth para dar o seu testemunho.

Desde setembro de 1988, venho testemunhando a maneira como o Senhor usa Paul. Não estou dizendo isso para exaltar o homem. Acredito que Deus esteja usando uma série de pessoas como ele em diferentes partes do mundo. Acredito ainda que essa espécie de ministério está à disposição da Igreja atual.[1] Pois o Senhor nos tem dado meios para cultivar esse ministério. Infelizmente, há desvios que podem impedir o avanço desse ministério em nossos dias.

Nas páginas que se seguem, quero compartilhar com você algumas das coisas que tenho aprendido nestes últimos anos, tanto nas Escrituras como na experiência prática. Elas o ajudarão a aprender como perseguir e experimentar os dons do Espírito sem os abusos que tanto vêm prejudicando a Obra de Deus. Também quero compartilhar com você as objeções teológicas que eu tinha sobre o atual ministério do Espírito Santo, bem como as respostas que removeram de mim tais objeções. Finalmente, quero discutir os temores e os empecilhos que tenho experimentado ao tentar ministrar no poder do Espírito Santo, e como essas coisas vêm sendo removidas.

CONCEPÇÕES DESPEDAÇADAS

CONCEPÇÕES
DESFIADADAS

O MITO *da* PURA OBJETIVIDADE BÍBLICA

Um psiquiatra teve uma vez um paciente que se julgava morto. Nenhuma argumentação conseguia convencê-lo do contrário. Finalmente, em desespero, o psiquiatra se saiu com um plano brilhante. Ele resolveu que provaria ao paciente que as pessoas mortas não sangram. Deu-lhe vários manuais médicos a serem lidos e marcou um encontro para a semana seguinte.

O paciente leu os manuais e chegou no consultório no dia combinado.

"Bem, o que você descobriu na leitura?", perguntou o psiquiatra.

"Descobri que as evidências médicas provam que homens mortos não sangram", retrucou o paciente.

"Portanto, se uma pessoa chegasse a sangrar, você saberia com certeza que ela não estaria morta?"

O paciente concordou.

Aquele era o momento que o psiquiatra estava esperando. Puxou um alfinete e espetou a ponta do dedo do paciente. Imediatamente apareceu uma gotícula de sangue.

O paciente olhou para seu dedo e, horrorizado, exclamou: "Ah, meu Deus! Homens mortos na verdade sangram!".

Todos gostamos de pensar que somos puramente razoáveis e objetivos. Mas a verdade é que, conforme alguém já disse, geralmente forçamos o nosso cérebro a justificar aquilo em que já cremos.

Eu também era um daqueles crentes que amam dizer a si mesmos que não vivem conforme as suas experiências, mas de acordo com a Palavra de Deus. Minha prática e minhas crenças eram determinadas pelos ensinamentos das Santas Escrituras – ou assim pensava eu. Somente em anos recentes a arrogância dessa convicção tornou-se patente para mim.

De alguma maneira, devo ter pensado que era uma exceção ao ensino de Jeremias 17:9: "Enganoso é o coração, mais do que todas as coisas, e perverso; quem o conhecera?". Que me teria feito pensar ser o meu coração tão puro que podia entender claramente meus motivos para crer e fazer as coisas que eu fazia? A verdade é que todos temos muitas razões para acreditar e fazer as coisas, e as Escrituras são uma dessas razões. Algumas vezes, as Escrituras nem ao menos são a razão primária de nossas crenças e práticas, sem importar o quanto protestemos o contrário.

A ideia de que se pode chegar a uma pura objetividade bíblica na determinação de todas as práticas e crenças é uma ilusão. Todos somos significativamente influenciados pelas circunstâncias: a cultura na qual vivemos, a família na qual crescemos, a igreja que atendemos, nossos professores, desejos, alvos e decepções, nossas tragédias e traumas. Nossa experiência determina muito mais no que acreditamos e fazemos do que estamos cônscios ou admitimos.

Permita-me ilustrar esse ponto para você. É comum os professores de teologia protestarem que as Escrituras, e não suas experiências, são o que determinam sua doutrina. Se você perguntar a um professor do

Seminário Dallas o ponto de vista dele sobre o Milênio (o reinado de mil anos de Cristo na terra, descrito em Apocalipse 20:4-6), ele responderá que é premilenista. Isso significa que Cristo reinará aqui por mil anos, antes da criação dos novos céus e da nova terra. Se você perguntar por que acredita nisso, ele declarará que esse é o claro ensino das Escrituras.

Mas se você fizer a mesma pergunta a um professor do Seminário Westminster, provavelmente ele responderá que é amilenista (diferente do Seminário Dallas, o Seminário Westminster não exige de seus professores esse ponto de vista sobre o Milênio, mas a maioria deles é amilenista). Isso significa que não haverá um reinado de mil anos de Jesus sobre a terra, entre a sua segunda vinda e a criação dos novos céus e da nova terra. E, também, se lhe perguntarmos por que era assim, ele responderá que esse é o claro ensino das Escrituras.

Não podem ambos estar com a razão; na verdade, eles não devem estar com a razão. A verdade é que tanto o Seminário Westminster quanto o Seminário Dallas têm piedosos, inteligentes e habilidosos intérpretes das Escrituras que discordam em algumas doutrinas. Não obstante, ambos os lados defenderão suas posições dizendo ser esse o claro ensino das Escrituras. Suspeito que essa não seja a verdade inteira que cerca a questão.

A verdade é: se tomarmos um estudante que não tenha posição sobre o Milênio e o enviarmos ao Seminário Westminster, provavelmente ele acabará sendo amilenista. Porém, se enviarmos o mesmo aluno ao Seminário Dallas, será ainda mais provável que ele saia dali pré-milenista. Haverá poucas exceções a essa regra. Nosso meio ambiente, nossas tradições teológicas e nossos mestres têm todos muito a ver com aquilo em que acreditamos. Em alguns casos, têm maior influência sobre o que cremos do que a própria Bíblia.

Consideremos o exemplo seguinte. Tanto o amilenista quanto o pré-milenista estariam definidamente equivocados. Se o pré-milenista estiver errado, não importa o quanto ele venha a protestar; a verdade é que a sua doutrina não se teria derivado das Escrituras, pois elas não teriam ensinado isso, assumindo que a doutrina é um erro.

Com o passar dos anos, tenho observado que a maior parte daquilo em que os crentes acreditam não se deriva do paciente estudo das Escrituras. A maioria dos crentes acredita no que acredita porque piedosos e respeitados mestres os ensinaram assim, como já vi ilustrado por centenas de casos. Mas o que conto abaixo é um dos que nunca esquecerei.

Os formandos de seminários que desejam entrar no programa doutoral precisam passar tanto por exames escritos quanto por exames orais antes de serem admitidos. Como professor, uma de minhas tarefas era ajudar a administrar esses exames com alguns de meus colegas.

Naquele dia particular, estávamos examinando três jovens candidatos. Ministrávamos os exames orais, a parte mais importante dos requisitos de entrada. Nesse exame, quatro a cinco professores interrogaram os alunos sobre linguagem hebraica, arqueologia, outros campos técnicos de estudo relativos ao Antigo Testamento e acerca de suas visões pessoais da teologia. A razão para este último aspecto do exame era que não queríamos dar o título de doutor a um estudante cuja teologia o seminário não aprovasse.

O primeiro estudante a ser examinado naquele dia havia alcançado conceito A em quase todas as matérias em seu anterior treinamento de seminário e ensinara por um ano em outro seminário. Ele respondeu prontamente a todas as perguntas técnicas sobre o Antigo Testamento. A última parte do exame dizia respeito aos seus pontos de vista teológicos. Naquele dia, foi decidido que eu lhe faria as perguntas.

Minha primeira indagação foi: "O que você pensa sobre a deidade de Jesus Cristo?". Sua resposta foi rir-se de mim – algo não muito bom durante um exame doutoral! É melhor esperar obter a graduação para então zombar dos professores. Disse-lhe, então, que era sério, e que realmente estava interessado em saber o que ele pensava acerca da deidade de Jesus.

"Bem, creio na plena deidade do Senhor Jesus Cristo", replicou ele.

Disse-lhe que era bom que ele acreditasse na deidade do Senhor Jesus Cristo, pois também acreditávamos. Em seguida, perguntei-lhe por que ele acreditava na deidade de Cristo.

"Porque as Escrituras ensinam que Jesus é Deus", disse ele.

"Ótimo, é nisso que também cremos. Agora, diga-nos um texto específico, do Antigo ou do Novo Testamento, que ensina de forma nada ambígua de que Jesus é Deus."

Pela primeira vez, durante todo o exame, o ar de confiança desvaneceu-se de seu rosto. Ele hesitou por um momento, e então asseverou: "A deidade de Jesus é ensinada por toda a parte no Novo Testamento".

"Poderia ser um pouco mais específico? Diga-nos um texto que o declare sem qualquer ambiguidade."

Depois de hesitar pelo que me pareceu um tempo muito longo, ele finalmente explodiu com: "Eu e o Pai somos um".

Confirmei ser aquela a afirmação de João 10:30, mas significaria realmente que Jesus é Deus? Eu poderia dizer-lhe, para exemplificar, que ele e eu éramos um; mas isso provaria que éramos o mesmo ou da mesma família? Jesus poderia estar querendo dizer que ele e o Pai tinham um só propósito.

Ele desistiu de usar João 10:30. Não sabia o bastante para citar os próximos versículos, que demonstravam claramente terem os judeus entendido sua declaração como uma reivindicação de deidade. Tivesse-os citado, eu teria admitido que essa passagem ensina de forma clara a deidade de Jesus. No fim, porém, ele não pôde citar-nos uma só passagem bíblica sobre a deidade do Senhor Jesus Cristo. Ali estava um homem que havia completado quatro anos de colégio bíblico e quatro de seminário, que era mestre em teologia e ensinara por um ano em um seminário bíblico conservador. Entretanto, não era capaz de citar uma única referência sobre a deidade de Jesus!

Minha pergunta seguinte era sobre como alguém pode chegar ao céu. Queríamos que ele nos desse uma clara referência à doutrina da justificação pela fé no Senhor Jesus Cristo. Repetiu-se a situação da primeira pergunta. Ele não foi capaz de apontar uma só referência sobre a justificação pela fé em Jesus Cristo.

Quando fiz a terceira pergunta – o que ele pensava acerca dos dons miraculosos do Espírito Santo –, sua confiança pareceu retornar. Com firmeza, respondeu que tais dons não mais eram dados à Igreja. Novamente, argumentou que esse era o claro ensino das Escrituras. Perguntei-lhe qual a mais forte evidência, na Bíblia, de que os dons miraculosos do Espírito haviam passado.

"A Bíblia ensina que houve apenas três períodos em que os milagres eram comuns na história do trato de Deus com o seu povo: nos dias de Moisés e Josué, de Elias e Eliseu e de Cristo e seus apóstolos – três períodos de duas gerações cada. Os milagres tornar-se-ão comuns novamente durante o reinado do Anticristo, na Grande Tribulação", respondeu, sem hesitação.

"Você chegou a essa posição devido a um cuidadoso estudo indutivo das Escrituras?", perguntei.

"Correto."

Nesse ponto, eu soube que ele não estava dizendo a verdade. Ele não chegara a essa posição mediante um cuidadoso estudo das Escrituras. Benjamin Breckrenridge Warfield, o teólogo de Princeton, tinha popularizado essa posição no começo do século XX, expediente que os teólogos reformados e dispensacionalistas têm usado desde então. O mesmo ensino foi passado por um ou mais dentre nós aos estudantes, e agora ele estava tentando convencer-me de que havia chegado àquela conclusão mediante um cuidadoso estudo das Escrituras.

Sua desonestidade era mais do que eu estava disposto a tolerar, pelo que lhe disse: "Vejamos se você é capaz de defender sua posição. Comecemos pelo primeiro capítulo de Gênesis. Vamos percorrer o livro para ver se há nele evidências bíblicas que sustentem essa teoria. Lembre-se que deveríamos achar somente três períodos em que os milagres são comuns. O que aconteceu no primeiro capítulo da Bíblia?".

"Foi ali que Deus criou o mundo."

"O que dizer sobre o segundo capítulo?"

"Essa é a história da criação do mundo, com o homem no centro."

"E no terceiro capítulo?"

"Foi quando o diabo tentou Adão e Eva, e levou-os a pecar. Então, Deus teve de expulsá-los do jardim do Éden."

"Essas coisas foram miraculosas?"

"Bem, sim, mas é preciso começar por algum ponto."

"Muito bem. O que dizer sobre o quarto capítulo?"

"Foi o primeiro homicídio", disse ele.

"O capítulo quinto é uma genealogia. O que aconteceu nos capítulos seis a nove?"

"Deus varreu a terra inteira com o dilúvio, salvando oito pessoas, na área; espécimes de cada animal vivo foram miraculosamente salvos."

"E no capítulo dez?"

"Outra genealogia."

"E no capítulo onze?"

"Conta-se ali a história da torre de Babel, onde Deus desceu e confundiu a língua de todas as famílias da terra."

"Portanto, os onze primeiros capítulos de Gênesis não se ajustam bem a sua teoria, não é verdade?"

"Sim, mas isso é história primeva; quero dizer que você esperaria coisas como essas, no começo."

"Ok. Por amor à argumentação, vamos eliminar os onze primeiros capítulos da Bíblia. No capítulo doze e no restante do livro de Gênesis, movemo-nos para uma simples narrativa biográfica. O que aconteceu no capítulo doze?"

"Deus chamou soberanamente Abraão para deixar Ur dos caldeus e partir para uma terra onde começaria um programa para redimir a humanidade inteira."

"Você percebe algo sobrenatural ou miraculoso em outro ponto na vida de Abraão?"

"Bem, no capítulo quinze houve o forno ardente e a tocha flamejante que passou entre as partes do sacrifício que Abraão tinha arrumado [ver Gênesis 15:17]. Além da conversa com Deus, no capítulo dezessete, o Senhor e seres angelicais aparecem a Abraão, no capítulo dezoito, e comem com ele. Em seguida, acontece a destruição de Sodoma e Gomorra, quando os céus chovem fogo e enxofre sobre as duas cidades [ver Gênesis 19]. Temos ainda o nascimento sobrenatural de Isaque, no capítulo 21, e o encontro de Abraão com o anjo do Senhor, na ocasião em que oferece Isaque sobre o altar, no capítulo 22."

"Por conseguinte, a vida de Abraão não se presta à teoria de que os milagres foram comuns apenas nos tempos de Moisés e Josué, não é verdade?"

"Não."

"E o que dizer sobre Isaque, Jacó ou José? Haveria em suas vidas algo de miraculoso ou sobrenatural?"

"No capítulo 28 – a visão messiânica dos anjos que subiam e desciam pela escada, quando Jacó dormiu."

"Que mais sucedeu na vida de Jacó?"

"No capítulo 32. Ele lutou com Deus – ou seja, o Cristo pré-encarnado – pela noite toda. Além disso, no caso de José houve todos aqueles sonhos e interpretações."

"Portanto", disse-lhe, "até onde vão as evidências, o livro de Gênesis não serve para apoiar sua teoria, não é verdade?"

"É verdade."

"Agora, estamos no livro de Êxodo, e já vimos que a vida de Moisés e de Josué contêm milagres e ocorrências sobrenaturais. Portanto, deixemos os livros de Êxodo a Josué e passemos ao livro dos Juízes. Você vê algo de miraculoso nesse livro?"

Ele respondeu: "Bem, o Anjo do Senhor apareceu a Gideão, e houve aquela questão do velo de lá. O Anjo do Senhor apareceu também aos pais de Sansão; e houve o próprio poder miraculoso de Sansão".

"Portanto, o livro de Juízes não se ajusta a sua teoria, não é assim?"

"Não."

"O que temos no livro de 1Samuel?"

"Um profeta cujas palavras não caíam por terra" (1Samuel 3:19-21).

E assim a discussão prosseguiu. Capítulo após capítulo, o estudante foi forçado a alistar ocorrências miraculosas e sobrenaturais que contradiziam sua afirmação de que milagres só ocorreram em três períodos da história de Israel.[1] Dessa maneira, o estudante não somente foi forçado a admitir que não podia defender a sua posição, mas também a reconhecer que as Escrituras a contradizem.

Depois que ele partiu, examinamos dois outros jovens promissores. Ambos se saíram bem nas questões técnicas, mas seu desempenho nas questões teológicas foi quase tão miserável quanto o do primeiro – fiz a todos as mesmas perguntas. Quando o último estudante partiu naquele dia, observei a meus colegas quão decepcionante fora toda a experiência. Declarei: "Esses estudantes não estão crendo em alguma coisa porque a Bíblia assim os ensina, mas porque certas pessoas de influência em suas vidas incutiram-lhes essas doutrinas. Eles não obtiveram suas crenças por terem estudado cuidadosamente as Escrituras. Nem ao menos podem defender suas crenças usando as Escrituras".

Um dos professores mais idosos disse: "Isso é verdade; mas eu teria de dizer que a experiência de hoje é mais a regra do que a exceção nesses exames".

Todos aqueles estudantes vieram ao exame confiantes de que suas crenças eram baseadas nas Escrituras, mas estavam completamente iludidos. Se esta era a situação de um seminário, como seria num ambiente não acadêmico? A experiência e a tradição determinam a maior parte do que creem as pessoas ligadas às igrejas evangélicas, em lugar de um cuidadoso, paciente e pessoal estudo das Escrituras.

Escreveu J. I. Packer: "Ninguém pode reivindicar estar isento das tradições. De fato, uma maneira segura de ser engolido por essas tradições consiste em pensar que se está imune a elas... A questão, portanto, não é se temos tradições, mas se nossas tradições conflitam com o padrão único e absoluto sobre essas questões: as Santas Escrituras".[2]

Contudo, nem Packer nem eu estamos sugerindo que toda tradição é má. Concordo com a declaração de Packer no sentido de que:

> Todos os crentes são, ao mesmo tempo, beneficiários e vítimas das tradições. Beneficiários, por receberem verdade e sabedoria nutrientes da fidelidade de Deus em gerações passadas; vítimas, quando tomam como automáticas coisas sobre as quais é preciso indagar, pois acabam tratando como absolutos divinos padrões de crença e comportamento que devem ser vistos como humanos, provisórios e relativos. Somos todos beneficiários de tradições boas, sábias e sãs, e vítimas de tradições pobres, sem sabedoria e enfermas.[3]

Ha muitos crentes, para exemplificar, que acreditam na deidade de Jesus, mas não poderiam jamais defender essa deidade com base nas Escrituras. Embora creiam que as Escrituras ensinem que Jesus é Deus, não chegaram a essa crença mediante um estudo cuidadoso das Escrituras, mas por ser parte das tradições que lhes foram entregues por seus mestres. Nesse caso, os crentes se beneficiam da tradição porque ela se ajusta perfeitamente ao ensino das Escrituras.

Entretanto, quando nosso sistema de crenças estende-se para além dos fundamentos básicos da fé (a deidade de Jesus, a justificação pela fé, a morte expiatória de Jesus e assim por diante), para coisas não fundamentais (a forma de batismo ou de conduzir a Ceia do Senhor, ou alguma visão particular do Milênio), ficamos muito mais dependentes das tradições do que nos apercebemos. Nesses casos, Packer nos oferece um sábio conselho: "O que deveríamos fazer é reconhecer que estamos cobertos de tradições, boas e más, a uma extensão muito maior que a nossa percepção, e devemos aprender a indagar à luz das Escrituras perguntas críticas acerca do que temos aceitado sem discussão".[4]

Alguns, no entanto, deixam de reconhecer a importância das tradições e de outros fatores em nosso meio ambiente na determinação e moldagem de nossos pontos de vista. Edward Gross indaga por que há tantas interpretações. Eis sua resposta:

> Há duas simples razões pelas quais há tantas interpretações: a ausência de um estudo abrangente e a falta de seguir as simples regras da hermenêutica (a ciência da interpretação bíblica).[5]

Em seguida, ele cita três regras hermenêuticas, sumariadas por Charles Hodge: as Escrituras devem ser interpretadas em seu sentido gramatical e histórico; as Escrituras interpretam as Escrituras e não podem contradizer-se; a orientação do Espírito Santo deve ser buscada para se interpretar as Escrituras.[6] Gross concluiu que:

> o emprego dessas regras nos ajudará na determinação do verdadeiro sentido das Escrituras. Se os crentes constantemente se unissem através de uma completa investigação dessas simples regras, as diferenças de interpretação praticamente desapareceriam.[7]

Estou certo de que existem outros que creem sinceramente, como Gross, que a falta de estudos sobre as diferenças hermenêuticas pode explicar a diversidade teológica contemporânea. Entretanto, penso não existirem muitos teólogos habilidosos nem intérpretes realmente conhecedores das Escrituras que concordem com Gross.

Quando eu ensinava no Seminário Dallas, todos os membros da faculdade que eu conhecia concordavam com as três regras sumariadas por Hodge, e todos acreditávamos no estudo abrangente da Palavra. No entanto, discordávamos de maneira significativa da posição teológica reformada que Gross cita por todo o seu livro. Porventura nós, os dispensacionalistas, não estudamos as Escrituras tão acuradamente quanto os teólogos reformados, dos quais discordamos? Estaríamos sendo inconsistentes em nossa aplicação dos três princípios hermenêuticos? A verdade óbvia é que a falta de um estudo mais abrangente das Escrituras e princípios diversos não podem explicar a maioria das modernas diferenças teológicas.[8]

AS TRADIÇÕES E OS DONS DO ESPÍRITO

Se você trancasse um crente recém-convertido em uma sala, com uma Bíblia, e lhe dissesse para estudar o que as Escrituras dizem sobre curas e milagres, ele jamais sairia daquela sala como cessacionista. Sei disso por experiência própria. Antes de converter-me, aos dezessete anos de idade, eu não tinha qualquer treinamento teológico, nem nas Escrituras, nem na história do Cristianismo. Imediatamente após o Senhor ter me salvado, comecei a devorar as Escrituras. Lia-as dia e noite, e as memorizava. Porém, quando comecei a inquirir de meus recém-achados mestres evangélicos acerca dos milagres nas Escrituras, fui ensinado que Deus não mais os realiza através dos homens. Fui ensinado que o verdadeiro milagre, o único que realmente importa, é a conversão dos perdidos. Visto serem pessoas piedosas – a quem eu respeitava – que me estavam dizendo tal coisa, e que eu não via qualquer milagre em minha própria experiência para contrabalançar esse ensino, aceitei o parecer delas como veraz. Dediquei-me ao evangelismo e logo me esqueci dos milagres e das curas.

Esse não é um sistema doutrinário que se adota espontaneamente. Foi preciso que me ensinassem que os dons do Espírito haviam passado. Agora, 27 anos depois, tenho o privilégio de estar em ambos os lados desse debate teológico. Estou absolutamente convencido de que as Escrituras não ensinam que os dons do Espírito passaram com a morte dos apóstolos. Não é o ensino bíblico que tem levado pessoas a desacreditarem no ministério miraculoso contemporâneo.

Há uma razão fundamental pela qual crentes que confiam na Bíblia não acreditam na atualidade dos dons miraculosos do Espírito Santo: eles nunca os viram. Suas tradições, naturalmente, apoiam essa falta de fé, mas elas não teriam sucesso se não estivessem ligadas à falta de experiência com milagres. Deixe-me reiterar o que já disse: os crentes não descreem nos dons miraculosos do Espírito por ser este um ensino das Escrituras, mas porque ainda não os experimentaram.

Nenhum dos escritores cessacionistas que conheço tenta firmar seu ponto a base exclusiva das Escrituras. Todos apelam tanto para as Escrituras quanto para a história presente e passada em apoio a essa sua posição.[9] Geralmente passa despercebido que esse apelo à história, quer passada quer presente, é, na realidade, um argumento baseado na experiência, ou, melhor ainda, alicerçado sobre a falta de experiência.

Estava eu argumentando com um bem conhecido teólogo sobre os dons do Espírito. Comentei que não havia, na Bíblia, a mínima partícula de evidência de que os dons do Espírito haviam passado. Ele retorquiu:

"Eu não iria até esse ponto, mas sei que não se pode provar a cessação dos dons do Espírito mediante as Escrituras. Entretanto, não os vemos claramente na história posterior da Igreja e nem fazem parte de nossa própria tradição teológica".

Esse homem ensinava em um seminário dogmaticamente cessacionista, mas, em suas conversas privadas, admitia livremente que sua doutrina não podia ser comprovada pelas Escrituras.

Ele mencionou a segunda mais importante razão por que as pessoas hoje descreem nos dons do Espírito: não há, na história da Igreja, milagres da qualidade daqueles do Novo Testamento. E a terceira razão mais comum para essa descrença é o abuso perceptível dos dons, nas igrejas e movimentos contemporâneos de curas.

Nenhuma dessas razões, afinal, encontram-se nas Escrituras. Elas estão todas baseadas sobre a experiência pessoal. Na realidade, nos dois primeiros casos, estão fundamentadas sobre a falta de experiência.

É comum acusar-se os pentecostais de edificarem sua teologia sobre a experiência pessoal. Entretanto, os cessacionistas, em última análise, edificam sua teologia a respeito dos dons miraculosos sobre sua falta de experiência. Até o próprio abuso dos movimentos contemporâneos é um argumento baseado na experiência negativa com os dons.

O que estou a dizer, por conseguinte, é que as razões verdadeiras para a descrença na atualidade dos dons do Espírito não se baseiam nas Escrituras, mas na experiência. Nos capítulos que se seguem, examinaremos essas razões com maiores detalhes.

POR QUE MUITOS CRENTES *não* CREEM *nos* DONS ESPIRITUAIS?

No encerramento do capítulo anterior, afirmei que a verdadeira razão pela qual os crentes não creem na atualidade dos dons do Espírito é não terem presenciado milagres. Contudo, ninguém admite abertamente que essa é a causa de sua incredulidade. Tive numerosas conversas com teólogos e leigos de todas as partes do mundo. Quando lhes perguntava por que rejeitavam os dons miraculosos do Espírito, respondiam que os "ministérios de cura" contemporâneos são muito diferentes do ministério dos apóstolos. E eu também costumava pensar dessa forma.

Quando examinava os ministérios de cura de Jesus e seus apóstolos, via curas instantâneas, irreversíveis e completas.[1] Também via-os curar as mais difíceis doenças imagináveis. Pessoas que nasciam cegas podiam, de repente, ver; os mancos podiam andar e mesmo saltar de alegria; leprosos recebiam peles limpas e suaves; membros aleijados e deformados tornavam-se sãos e fortes de novo; mortos eram trazidos de volta à vida; e tempestades ferozes recebiam ordens de acalmar-se. Parecia que Jesus e seus apóstolos podiam curar à vontade, sob quaisquer condições.

Eu não conhecia ninguém que tivesse experimentado ou mesmo visto curas como aquelas. Todos os relatos de curas que tinha ouvido soavam como se fossem psicossomáticas – a dor de cabeça de alguém desaparecia porque suas tensões mentais eram aliviadas. Quando alguém me contava de uma cura orgânica, eu não podia verificá-la. Eram-me sempre relatadas por terceiros.

Visto que tanto eu como aqueles em quem eu confiava jamais havíamos testemunhado uma cura verdadeiramente instantânea, irreversível e completa, como no tempo dos apóstolos, concluíamos que elas não mais aconteciam. As curas graduais, parciais e algumas vezes reversíveis que ocorrem atualmente, as quais eu não podia averiguar, não se equiparavam ao que eu presumia ser o dom de curas do Novo Testamento.

À primeira vista, nosso motivo de rejeição parecia-se com um argumento bíblico, mas, em última análise, não é assim. Quando muito, é apenas uma confissão de *falta de experiência*. O argumento diz tão somente que eu não vejo um ministério contemporâneo que inclua milagres da qualidade do Novo Testamento. Porém, minha tão limitada experiência não pode ser usada como prova de que tal ministério inexista.

Acredito que Deus, atualmente, opere milagres de qualidade idêntica aos do Novo Testamento e que os tem realizado através de toda a história da Igreja. Mas, por amor ao argumento, suponhamos que nenhum ministério dessa natureza exista atualmente. Nem isso conseguiria provar que *Deus* retirou o ministério miraculoso do Novo Testamento. Teríamos de saber a razão pela qual esse ministério não existe na atualidade. De fato, uma das razões poderia ser a de que Deus o retirou intencionalmente. Entretanto, o motivo final para a cessação dos dons poderia ser devido à reação da Igreja atual. O soerguimento de uma liderança burocrática talvez tenha triunfado sobre os indivíduos "espiritualmente dotados". Ou sua ausência poderia ser devida à incredulidade generalizada na Igreja, ou ainda a outros fatores.

Como devemos decidir? Não apelando para aquilo que vemos ou não vemos, mas apelando para o *ensino claro e específico das Escrituras*. E isso fá-lo-emos em breve; mas por enquanto quero trabalhar o ponto de que a real ou perceptível ausência dos dons miraculosos não é um argumento alicerçado nas Escrituras, e sim na experiência.

Há também alguns problemas bíblicos com relação às curas no Novo Testamento, conforme já estabeleci. Esses problemas estão alicerçados sobre duas falsas suposições.

FALSA SUPOSIÇÃO NÚMERO 1: A CURA ERA "AUTOMÁTICA"

A primeira suposição é que os dons de cura de Jesus e dos apóstolos eram "automáticos". Por "automático", refiro-me à ideia de que eles poderiam curar qualquer um, em qualquer tempo e lugar, a sua vontade. Eu considerava os dons de cura uma possessão permanente a ser exercida com grande discrição. Imaginava que eles pudessem operar curas e milagres ou profetizar conforme tivessem vontade.[2]

Se essa é a sua posição acerca dos dons de cura, posso garantir que você jamais encontrará *alguém* que os possua. Examinando as Escrituras, você terá de concluir que tampouco Jesus e seus apóstolos os possuíam! Eles não podiam curar à vontade – em qualquer tempo e lugar, sob quaisquer condições.

Três incidentes na vida de Jesus demonstram que ele não possuía essa liberdade de curar. Ao relatar a história da cura do paralítico, em Cafarnaum, Lucas escreveu: "Ora, aconteceu que, num daqueles dias, estava ele ensinando, e achavam-se ali assentados fariseus e mestres da lei, vindos de todas as aldeias da Galileia, da Judeia e de Jerusalém. *E o poder do Senhor estava com ele para cura*" (Lucas 5:17, grifo meu).

Qual o motivo de Lucas ter dito que "o poder do Senhor estava com ele para curar", se Jesus podia curar a qualquer tempo, sob quaisquer condições e por critérios próprios? Essa declaração só faz sentido se virmos as curas como uma prerrogativa soberana de Deus Pai, o qual algumas vezes dispensa seu poder para curar e outras vezes o retém.[3]

O segundo incidente é igualmente esclarecedor. João 5 conta a história da cura do homem que estava paralítico havia 38 anos. Ele estava deitado junto ao pó de Betesda quando Jesus se encontrou com ele. Havia também muitos outros enfermos ao redor do pó, devido à tradição que dizia que uma vez por ano o Anjo do Senhor descia para agitar as águas do pó e que o primeiro que se atirasse nas águas em movimento seria curado. Por conseguinte, o pó de Betesda era como um hospital, para onde as pessoas traziam seus amigos, parentes e amados a fim de cuidar deles, na esperança de serem os primeiros a cair nas águas. O ponto é que, ao encontrar Jesus o paralítico, havia muitos outros doentes ao redor do pó (João 5.3).

Jesus formulou ao paralítico uma pergunta que tem intrigado a muitos: "Queres ser curado?" (Jó 5:6). Nunca entendi o significado dessa pergunta até começar a orar pelos enfermos. Eu supunha que todas as pessoas enfermas quisessem ser curadas, sobretudo aquelas que têm males crônicos, como a paralisia e a cegueira. Mas agora, tendo orado por milhares de pessoas ao redor do globo, durante os últimos sete anos, tenho descoberto que certas pessoas não desejam a cura. De fato, toda a sua identidade prende-se à doença, e elas têm medo das transformações que ocorrerão em suas vidas caso sejam curadas. Se você suspeita ser este o caso de alguém que você quer ver curado, é importante aconselhá-lo e identificar o problema antes de orar por ele. Seja como for, o homem nunca respondeu se queria ser curado, mas Jesus curou-o instantânea e completamente.

Era de supor que Jesus curasse outras pessoas ali, em redor do pó de Betesda. Em muitas ocasiões, nos evangelhos, Cristo havia curado multidões de pessoas. Por diversas vezes encontramos a declaração "e curou todos os que estavam doentes" (Mateus 8:16; 12:15; Lucas 6:19). Não obstante, Jesus curou somente aquele homem, à beira do pó de Betesda.

Por que motivo ele ignorou os outros enfermos? Imediatamente após a cura, encontramos Jesus envolvido em uma disputa teológica com os líderes religiosos dos judeus. E aqui ele responde à pergunta, além de informar o princípio que governava todo o seu ministério.

João 5.19 revela: "Então lhes falou Jesus: em verdade, em verdade vos digo que o Filho nada pode fazer de si mesmo, senão somente aquilo que vir fazer o Pai; porque tudo o que este fizer, o Filho também semelhantemente o faz". Jesus curou apenas uma pessoa à beira do pó de Betesda, naquele dia, porque o Pai só estava curando uma pessoa. Se o Pai não estivesse curando, Jesus também não poderia curar, pois devotava total obediência à soberana vontade do Pai, em todos os aspectos de seu ministério. Jesus não podia curar conforme sua própria vontade, porquanto estava comprometido não fazer nada independente da vontade do Pai; fazia somente o que agradava a quem o enviara. E esse não é um ensinamento isolado, mas um dos temas principais do Evangelho de João. Por várias vezes, Jesus afirmou só fazer o que seu Pai fazia. Disse também que o ensino que ministrava não era seu; provinha daquele que o enviara (João 3:34; 5:30; 7:16; 8:28; 12:49-50; 14:10:24-31).

Incidentalmente, esse princípio responde a uma pergunta que me vinha fazendo o tempo todo: "Se você acredita em curas e pensa ter esse ministério, por que não sai a esvaziar hospitais? Por que não percorre as favelas ou lugares como Calcutá, na Índia, onde poderia fazer um grande bem?". A resposta a essa pergunta é que o dom de curas não é automático nem pode ser exercido segundo nossos próprios critérios. O próprio Senhor Jesus esteve em um "hospital", mas curou somente um homem. A única maneira de desenvolver um eficaz ministério de curas em algum hospital ou nas favelas de Calcutá seria pela direção do Senhor Jesus Cristo.

O mesmo princípio é válido quando a pergunta é formulada de maneira diferente. Ocasionalmente, perguntam-me por que enfermidades mais sérias não são curadas tão facilmente quanto as "triviais". Por que, em algumas ocasiões, são dadas palavras de conhecimento para orar por pessoas com enxaqueca, mas não por alguém preso a uma cadeira de rodas? Os céticos chamam isso de tragédia e expressam "preocupação" por aqueles presos a cadeiras de rodas que não são curados. E zombam da cura de enfermidades como as psicossomáticas.

Se as pessoas que conduzem as reuniões não são fraudes, mas servos sinceros que realmente procuram seguir a orientação do Senhor, com certeza não saberão dizer quais tipos de cura ocorrerão. De acordo com o princípio de João 5.19, Deus decide quem será curado e dirige seus servos de acordo com sua vontade. É nossa responsabilidade ouvi-lo e seguir a sua orientação, em vez de determinar quem será curado.

As pessoas que zombam quando Deus resolve curar as enfermidades mais corriqueiras em vez de resolver os casos difíceis, podem estar zombando da sabedoria e da vontade de nosso Pai. Por outro lado, se "curadores" *prometem* que Deus livrará pessoas das cadeiras de rodas, da cegueira, e assim por diante, em suas reuniões particulares, e isso não acontece, estão abrindo espaço para críticas. Neste último caso, tanto o discernimento quanto a integridade dos que estiverem dirigindo as reuniões poderão ficar sob suspeita.

Um terceiro incidente demonstra, de forma conclusiva, que Jesus não curava de acordo com sua própria vontade. Ele retornava a sua casa, em Nazaré, deixando atrás de si um povo ofendido, o de sua cidade, porque "não pôde fazer ali nenhum milagre, senão curar uns poucos enfermos, impondo-lhes as mãos. Admirou-se da incredulidade deles" (Marcos 6:5-6). Mateus relata o mesmo incidente, dizendo que Jesus "não fez ali muitos milagres, por causa da incredulidade deles" (Mateus 13:58). Em outras palavras, Deus permitiu que fosse o ministério de seu Filho limitado, pelo menos em determinadas ocasiões, devido à incredulidade do povo. Assim, Jesus não podia curar de forma independente do Pai, pela sua própria vontade ou em qualquer circunstância.[4]

Se isso era verdade quanto ao Filho de Deus, quanto mais com os apóstolos? E, ao examinarmos o ministério dos apóstolos, o que encontramos? Disse-lhes Jesus, em João 15.5: "Sem mim nada podeis fazer". Jesus dissera a mesma coisa a respeito de si: "Eu nada posso fazer de mim mesmo; na forma por que ouço, julgo" (João 5:30). Os apóstolos, igualmente, nada podiam realizar de miraculoso a parte da soberana vontade de Deus. Encontramos numerosas ilustrações desse princípio na vida dos apóstolos.

Por exemplo, quando o Senhor usou Pedro para curar o aleijado da porta Formosa (Atos 3:1ss), o povo olhava admirado para o apóstolo. Pedro sentiu-se horrorizado com a possibilidade de ser a cura creditada a ele, e explicou ao povo: "Israelitas, por que vos maravilhais disto, ou por que fitais os olhos em nós como se *pelo nosso próprio poder ou piedade* o tivéssemos feito andar? O Deus de Abraão, de Isaque e de Jacó, o Deus de nossos pais, glorificou a seu Servo Jesus, a quem vós traístes e negastes perante Pilatos, quando este havia decidido soltá-lo" (Atos 3:12-13, grifo meu). Pedro deixou claro que a cura do paralítico não fora resultado de sua própria virtude, mas da soberana vontade do Pai celestial.

Quem realmente pensa que Pedro poderia entrar no Templo, a qualquer hora, e curar qualquer um que quisesse? Sim, havia derramamentos extraordinários de poder curador e graça na vida de Pedro e dos demais apóstolos, mas esses derramamentos não foram iniciados pelos apóstolos; pelo contrário, foram iniciados pela soberana vontade de seu Pai celeste. Cabia-lhes apenas reconhecer a iniciativa do Pai e obedecer sem originar nenhum ministério a parte de sua direção.

O mesmo princípio é ilustrado na vida de Paulo. O apóstolo estava pregando em Listra, e um homem aleijado desde o nascimento o escutava. Lucas conta que Paulo, "fixando nele os olhos e vendo que possuía fé para ser curado, disse-lhe em alta voz: Apruma-te direito sobre os pés" (Atos 14:9-10). Novamente, a cura não foi uma iniciativa do apóstolo. Antes, ele percebeu que o homem tinha fé, e então o declarou curado.

Não era algo que Paulo pudesse fazer à vontade. Só podia curar quando as circunstâncias conduziam a isso. Não tivesse Deus concedido fé àquele homem, Paulo jamais o declararia curado.[5]

Há também exemplos negativos da vida de Paulo quando não conseguiu que amigos seus fossem curados. Não conseguiu curar Epafrodito (Filipenses 2:25-27); deixou Trófimo doente em Mileto (2Timóteo 4:20); e precisou exortar seu querido filho na fé, Timóteo, a tomar um pouco de vinho, em vista de sua debilidade estomacal e das frequentes enfermidades (1Timóteo 5:23).

Supõem alguns que Paulo não pôde curar seus três amigos por não ter liberdade para utilizar-se dos dons de curar sobre os cristãos; que os dons de curar só podiam ser ministrados aos incrédulos, ou na presença destes, para convencê-los da veracidade do Evangelho.[6] Fosse isso verdade, por qual motivo Paulo curou Eutico, um crente, ressuscitando-o diante de uma assembleia composta exclusivamente de cristãos? (Atos 20:7-12). Outrossim, o dom das curas, mencionado em 1Coríntios 12:9 é declarado como sendo para a *edificação dos que estão na igreja* (ver 1Coríntios 12:7).

Outros têm afirmado que o fracasso de Paulo em curar Epafrodito, Trófimo e Timóteo deveu-se à retirada do poder de curar do apóstolo. É uma explicação inaceitável. Teríamos de admitir que os milagres cessaram antes da morte dos apóstolos. Não há qualquer argumento contextual que apoie tal sugestão.

À luz dos textos mencionados acima, é muito mais fácil acreditar que os apóstolos não podiam curar à vontade, que dependiam da vontade do Senhor Jesus.[7]

Uma ilustração conclusiva dessa verdade é o caso do jovem epiléptico. É especialmente significativa, porque ocorreu após Jesus ter-lhes *dado poder e autoridade sobre todos os demônios e todas as enfermidades* (Mateus 10:1; Lucas 9:1). Contudo, não puderam curar um menino endemoninhado que, além da epilepsia, tentara o suicídio (Mateus 17:16). Depois de Jesus ter curado o menino, os discípulos perguntaram-lhe por que eles não haviam podido expulsar o demônio. Jesus respondeu-lhes: "Por causa da pequenez da vossa fé" (Mateus 17:20).

É simplesmente falta de compreensão das Escrituras supor que alguém possa curar a vontade. A relação entre os apóstolos e o Senhor e a nossa relação com ele são por demais estreitas para admitir uma explicação tão mecânica. Por conseguinte, ao tentar compreender os dons de curar, hoje, não esperemos encontrar pessoas que possam curar indiscriminadamente.

Apesar de tudo, parecia-me que o hiato entre o ministério de curas dos apóstolos e o atual era por demais extenso, para que eu aceitasse os dons espirituais do presente como bíblicos. A qualidade e o número de pessoas curadas pelos apóstolos eram muito superiores ao que eu pensava estar ocorrendo hoje. Foi nesse ponto que percebi a segunda falsa suposição acerca do ministério neotestamentário de curas e milagres.

FALSA SUPOSIÇÃO NÚMERO 2: O MINISTÉRIO DE CURA DOS APÓSTOLOS ERA O MESMO QUE OS DONS DE CURAR

Um dia, quando guiava meu carro de volta para casa, depois de dar várias aulas por um dia inteiro, ocorreu-me que deveria haver uma distinção entre o ministério apostólico de curas e os dons de cura dados ao Corpo de Cristo.

Cheguei a essa conclusão, primeiramente, porque percebi que em 1Coríntios 12:8-10 Paulo estava descrevendo os dons espirituais dados ao Corpo de Cristo, e não somente aos apóstolos. Há evidências abundantes dessa distribuição. O dom de profecia, por exemplo, podia ser encontrado na igreja em Tessalônica (1Tessalonicenses 5:20), Roma (Romanos 12:6), Éfeso (Efésios 4:11) e em outros lugares espalhados por todo o livro de Atos (Atos 11:27; 13:l; 15:32; 19:6; 21:9). Encontramos o dom de línguas em Jerusalém (Atos 2), Samaria (Atos 8.5ss), Cesareia (Atos 10:46), Éfeso (Atos 19:6), bem como Corinto. Milagres havia nas igrejas da Galácia (Gálatas 3:5).

A larga distribuição de dons espirituais ao Corpo de Cristo é o que Joel profetiza ao ver o Espírito Santo derramado sobre a terra, nos últimos dias (Joel 2:28-29). Pedro cita Joel para argumentar que o dom de línguas dado no dia de Pentecoste foi um dos sinais do cumprimento da profecia (Atos 2.16). Com o derramamento do Espírito Santo, no dia de Pentecoste, houve dons para o Corpo de Cristo inteiro. De fato, Pedro diz que cada crente recebeu um dom ministerial, um xárisma (1Pedro 4:10),[8] a mesma palavra que Paulo usa em 1Coríntios 12 (v. 4:9,28,30,31) para indicar os dons espirituais. Ele sustenta que todos os dons espirituais operavam na igreja em Corinto (1Coríntios 1:7). A evidência do Novo Testamento, portanto, força-nos à conclusão de que os dons miraculosos não estavam confinados aos apóstolos, pois foram distribuídos a todo o Corpo de Cristo.

Percebi também que os dons espirituais variam quanto à intensidade e força. Paulo admite isso no tocante ao dom de profecia. Em Romanos 12.6, escreve: "Tendo, porém, diferentes dons segundo a graça que nos foi dada; se profecia, seja segundo a proporção da fé". Há diferentes medidas de graça e fé no exercício dos dons espirituais. O próprio Paulo tinha o dom de línguas mais desenvolvido que qualquer crente de Corinto (1Coríntios 14:18).⁹ Timóteo permitira que um de seus dons espirituais declinasse em força, pelo que Paulo teve de encorajá-lo a que reavivasse "o dom de Deus, que há em ti pela imposição das minhas mãos" (2Timóteo 1:6). Todos esses textos demonstram que os dons espirituais ocorrem com variados graus de intensidade e força.

Ninguém tem dificuldades em reconhecer que os dons não miraculosos variam quanto à força de sua manifestação. Alguns mestres têm maior capacidade para ensinar do que outros. Lucas, por exemplo, retratou Apolo, pregador e mestre, como "homem eloquente e poderoso [no grego, *dunatos*] nas Escrituras" (Atos 18.24). Alguns evangelistas têm maior potencial do que outros, e assim por diante. Por analogia, podemos esperar a mesma coisa no tocante aos dons do Espírito.

Essa diferença parece ser notada até entre os apóstolos, no livro de Atos. Pedro e Paulo são apresentados como os mais notáveis quanto a curas e milagres. O ministério de Pedro era tão extraordinário que, ao que tudo indica, até sua sombra era usada por Deus para curar (Atos 5.15)! Todos os apóstolos foram usados para operar sinais e maravilhas (Atos 5.12), mas Lucas parece destacar Pedro. E, quando Paulo entra em cena, Lucas também o retrata como possuidor de extraordinários poderes de cura, "a ponto de levarem aos enfermos lenços e aventais do seu uso pessoal, diante dos quais as enfermidades fugiam das suas vítimas e os Espíritos malignos se retiravam" (Atos 19.12). Paulo e Pedro foram os únicos apóstolos a quem Lucas mencionou como homens que ressuscitaram mortos. Até entre os apóstolos, portanto, nota-se uma possível variação de força quanto aos dons espirituais.

Minha terceira descoberta foi que, considerados como um todo, os apóstolos são-nos apresentados como os indivíduos notáveis dentro da

Igreja. Embora eu esteja certo de que tenham recebido *charismata*, tal como outros no Corpo de Cristo, o Novo Testamento jamais descreve seus ministérios de cura pelo termo *charisma*. Antes, o ministério miraculoso dos apóstolos era designado pela expressão *sinais e maravilhas*.

O que são os "sinais e maravilhas"? No Antigo Testamento, essa expressão é usada com maior frequência para descrever as grandes pragas que Deus enviou ao Egito e o subsequente livramento de Israel do jugo daquela nação (Deuteronômio 4:34; 6:22; 7:19; 23:9; 26:8; 34:11; Neemias 9:10; Salmos 135:9 etc.). No Novo Testamento, "sinais e maravilhas" descrevem os ministérios de Jesus (Atos 2:22), dos apóstolos (Atos 2:43; 5:12; 14:3; 15:12; Romanos 15:18-19; 2Coríntios 12:12), de Estêvão (Atos 6.8) e de Filipe (Atos 8.6).[10]

A expressão "sinais e maravilhas" é utilizada para descrever um derramamento incomum do Espírito Santo. Não é usada em contextos no qual apenas um ou dois milagres ou curas são mencionados, mas em contextos onde tem lugar uma grande *abundância de milagres* (por exemplo, Atos 5:12; 8:7) e quando os que os contemplam ficam boquiabertos.[11] Até mesmo Simão, habilidoso nas artes ocultas, ficou admirado diante dos sinais de Filipe (Atos 8.13). Sinais e maravilhas ocorrem em meio ao reavivamento, em conexão com a proclamação do Evangelho. E as únicas pessoas que a Bíblia declara terem produzido sinais e maravilhas, fora o Senhor Jesus e seus apóstolos, são Estêvão e Filipe.

Portanto, as conclusões a que cheguei são as seguintes. Primeiro, há uma clara distinção entre os sinais e maravilhas e os dons de curar. Os sinais e maravilhas são um derramamento de milagres, vinculados especificamente ao reavivamento e à proclamação do Evangelho. Os dons de curar são dados à Igreja para sua edificação (1Coríntios 12:7) e não são necessariamente vinculados ao reavivamento ou à abundância de milagres.

Segundo, é um erro insistir que o ministério apostólico de sinais e maravilhas é padrão para os dons de curar, dados aos demais crentes do Novo Testamento. Encontramos vívidas descrições de sinais e maravilhas realizados pelos apóstolos; mas, à parte desse ministério, há poucas ou nenhuma *descrição* de crentes comuns que tivessem dons de curar ou *exemplos* de dons miraculosos operando nas igrejas locais.

Não é razoável insistir que os dons espirituais miraculosos devam ser iguais aos dos apóstolos, em intensidade e força, para serem aceitos como legítimos.[12] Ninguém exigiria o mesmo no tocante aos dons não miraculosos, como o ensino e o evangelismo. Por exemplo, quem, na história da Igreja, poderíamos considerar um mestre igual a Paulo? Lutero? Calvino?[13] Desconheço quem possa fazer tal reivindicação. E, já que não há ninguém que se iguale ao apóstolo Paulo, devemos concluir que o dom de ensino foi retirado da igreja? Por igual modo, devemos supor que todo evangelista realize um trabalho idêntico ao do apóstolo Paulo? Quem já implantou tantas igrejas ou começou tantas novas obras com a sua profundidade e autoridade? Temos de admitir a variação de intensidade e qualidade no trabalho dos evangelistas, dos mestres, e com relação a outros dons espirituais. Por que, então, não admitir a mesma variação quanto aos dons de curar, de milagres, de profecia?

É natural que o ministério de curas dos apóstolos tenha sido maior que o dos demais membros do Corpo de Cristo. Os apóstolos foram especialmente escolhidos pelo Senhor para serem seus representantes especiais, e foi-lhes dado poder e autoridade sobre todos os demônios e todas as enfermidades (Mateus 10:1; Marcos 3:13-15;

Lucas 9:1); receberam a promessa especial de que seriam "revestidos de poder" vindo do alto (Lucas 24:49; cf. Atos 1:8); possuíam uma autoridade que nenhum outro membro do Corpo de Cristo chegou a possuir. Paulo, por exemplo, tinha a autoridade de entregar alguém a Satanás, para a destruição da carne (1Coríntios 5:1-5).

Se tivermos de dizer que o ministério apostólico estabelece o padrão pelo qual devemos julgar os dons relacionados em Romanos 12 e 1Coríntios 12, então seríamos forçados a concluir que nenhum dom, miraculoso ou não, nos foi dado desde aqueles dias! Pois quem pode medir-se com os apóstolos, em qualquer aspecto?

Em terceiro lugar, não devemos concluir que os sinais e maravilhas cessaram com a morte dos apóstolos. Estêvão e Filipe não eram apóstolos, e, no entanto, exerceram um ministério de sinais e maravilhas similar ao dos apóstolos. E pode ter havido outros além deles.

Note-se também que o Novo Testamento não exclui a possibilidade de futuros reavivamentos, acompanhados de sinais e maravilhas. De fato, é bíblico anelar e orar por tais reavivamentos. Consideremos a oração de Atos 4:29-30: "Agora, Senhor, olha para as suas ameaças, e concede aos teus servos que anunciem com toda a intrepidez a tua palavra, enquanto estendes a mão para fazer curas, sinais e prodígios, por intermédio do nome do teu santo Servo Jesus". Se a igreja levasse a sério essa oração, quem sabe quantos sinais e maravilhas seriam derramados sobre nós?

Não vejo, no Corpo de Cristo, a mesma qualidade dos milagres realizados pelos apóstolos. Mas nem por isso sou levado a concluir que Deus não esteja usando pessoas para realizar milagres e curas hoje em dia.

De fato, tem sido meu privilégio ser amigo de pessoas como John Wimber, generosamente agraciado por Deus em poder para curas e milagres, e Paul Cain, a quem já mencionei, a pessoa mais prendada que conheço nesse ministério. Em certas ocasiões tenho visto Paul ser visitado por aquilo que chamo de domínio do poder apostólico: ele ordena ou declara a cura, em vez de orar por ela. Tenho-o visto ordenar a espíritos que façam silêncio ou deixem suas vítimas; e, diante de uma simples ordem, os espíritos partem.

Em março de 1990, participávamos de uma reunião em Melbourne, Austrália, na Waverly Christian Fellowship, cujo pastor é Kevin Connor. Terminada a reunião, Paul orou por algumas pessoas do auditório. Ele apontou para um homem que estava no fim do auditório, e disse: "Seu ombro direito está separado". Paul nunca tinha visto aquele homem e não havia o menor indício de que seu ombro estivesse separado. De fato, somente o homem, que era atleta, e sua mãe, sabiam que seu ombro estava separado. Paul disse: "Estenda a mão ao Senhor Jesus, e seu ombro será curado". Quando o homem estendeu a mão, instantaneamente recebeu a cura. Ele começou a balançar os braços e a dar graças ao Senhor.

Em junho de 1992, Edward e Jewell Levsen, de Turtin, Califórnia, estavam presentes a uma conferência em Kansas City, Missouri, onde Paul Cain era um dos oradores. A família Levsen estava se retirando da vida ativa e se preparava para voltar ao estado de Iowa. Sentiam que sua utilidade para Deus estava terminada ou significativamente minimizada. Já estavam em idade de aposentadoria. Edward tinha um severo caso de artrite nos ombros, e Jewell tinha problemas tanto no pescoço quanto nas costas.

Os Levsens tinham estado presentes em outras conferências onde Paul Cain tinha falado, pelo que estavam familiarizados com a maneira como o Senhor o usava. No entanto, nenhum deles esperava que lhes fosse ministrado algo por intermédio de Paul Cain.

Uma tarde, cerca de uma semana antes da conferência, Jewell orou: "Pai, sei que Paul Cain chama apenas líderes nas reuniões, mas não o usarias para falar com crentes comuns? Não espero ser chamada, mas, se for, chamar-me-ás de Jewell Floyd?" (Floyd era o nome de solteira de Jewell).

"Se falares comigo através de Paul Cain, eu gostaria que me desses uma resposta. Tenho ouvido o que muita gente diz sobre mulheres no ministério; mas quero ouvir-te sobre o assunto. Sei que já sou idosa demais para continuar no ministério, mas ainda quero saber como nos vês no ministério."

O Senhor, então, deu a Paul uma visão sobre Jewell e seu marido, enquanto o conferencista orava em seu quarto de hotel, antes de uma das reuniões. Terminada a mensagem naquela tarde, Paul olhou para o do auditório e disse: "Há alguém aqui de nome Edward. Você veio do Oeste, e o nome de sua esposa é Jewell". E, quando Edward e Jewell se levantaram, Paul olhou para Jewell e disse: "O nome Jewell Floyd significa alguma coisa para você?". Imediatamente Jewell começou a chorar, vencida pela terna onisciência do Senhor.

Em seguida, Paul falou de seu desânimo:

> O Senhor disse que chamou você, e que isso aconteceu lá no estado de Iowa. O Senhor lhe chamou e teve sua mão sobre você. E isso não termina enquanto não terminar!
>
> E algo está acontecendo a Lisa [a filha do casal]. Algo está acontecendo a toda a sua família. Suas orações têm sido ouvidas. E Lisa já está tendo um encontro com o Senhor, sua vida está sendo transformada.

Deixem-me dizer-lhes que vocês são aqueles sobre os quais eu falei esta noite, que poderão ter sonhos após os sessenta anos de idade. Vocês são duas pessoas que verão a glória de Deus ainda vivos. E quero que saibam que ainda não terminou para você, Edward, e nem para você, Jewell.

Então, ao olhar para Jewell, Paul disse: "Você tem dores desde o pescoço e daí para baixo, até o fim da espinha, e em seus pés e suas pernas". Jewell reconheceu que era verdade. Paul disse-lhe que ela seria curada pelo Senhor naquela noite. Em seguida, olhou para Edward e declarou: "Estou tendo uma visão de sua dor agora mesmo. A artrite no ombro quase o tem matado. O Senhor vai curar essa artrite". Em seguida, olhou novamente para Jewell e disse: "Creio que seu aniversário é em julho. O Senhor acaba de curar seu marido como presente de aniversário".

Cerca de seis semanas mais tarde, recebi uma carta de Jewell. Escreveu ela: "Imediatamente após a reunião de sexta-feira à noite, apalpei meu pescoço e soube que ocorrera um milagre: a estrutura muscular havia mudado! Senti-me curada desde o começo do meu pescoço e daí por diante, até o final da espinha. Seriam necessárias algumas páginas para dizer-lhe qual foi o diagnóstico do médico".

Vi Edward e Jewell no outono de 1992. Eles tinham se matriculado na Escola Ministerial de Emmaus Road, em Euless, Texas. Ambos também estavam completamente curados das enfermidades apontadas por Paul e cheios de uma paixão renovada pelo Senhor. Estavam encantados com as curas, mas Jewell estava igualmente agradecida pelas respostas específicas que obtivera de Deus. Ele lhe demonstrara seu terno afeto, chamando-a pelo nome de solteira e fazendo-a saber que mulheres podem ser chamadas e usadas no ministério. Permitira ainda que ela e Edward soubessem que não eram velhos demais para o ministério.

Ambos os exemplos estão próximos do nível de curas apostólicas. Em primeiro lugar, a debilidade foi revelada sobrenaturalmente; e, em segundo lugar, o Senhor declarou que haveria de curar o casal. Paul não orou pela cura dos dois; simplesmente a proferiu. Esse tipo de cura caracterizava, com frequência, o ministério do Senhor Jesus e o dos apóstolos.

Gostaria de dizer que Paul Cain vive nesse terreno, mas não seria verdadeiro. Há oportunidades em que Paul ora pela cura de alguém, tal como o resto de nós. Mas há ocasiões em que essas manifestações parecem mais frequentes e muito semelhantes as do ministério dos apóstolos.

Assim, por que a dificuldade em acreditar que o Senhor usa pessoas dessa maneira hoje em dia? Por que a dificuldade em crer que algumas pessoas são mais dotadas para a cura do que outras? Não temos problemas para acreditar que algumas pessoas são mais dotadas do que outras quanto ao ensino, evangelismo e administração. Por que a dificuldade em aceitar o mesmo princípio no campo das curas e milagres?

Essa explanação solucionou-me o problema da inconsistência entre o modelo apostólico e o que eu estava vendo e ouvindo na igreja.[14] Se não vemos curas apostólicas na igreja atual, não significa que Deus não as esteja concedendo ou que haja retirado do Corpo de Cristo os dons de curar.[15]

É possível que estejamos sendo como Jacó, que teve de confessar: "Na verdade, o Senhor está neste lugar; e eu não o sabia" (Gênesis 28:16).

OS DONS MIRACULOSOS NA HISTÓRIA ECLESIÁSTICA

Se a razão principal de os crentes não acreditarem nos dons miraculosos é porque não os veem, a segunda razão mais poderosa é que alguns sentem que não há evidências de tais dons entre a morte dos apóstolos e os dias atuais. Se os dons são permanentes, como puderam perder-se através da história eclesiástica, ou, pelo menos, por grandes períodos de tempo?

Assumamos por um momento que os dons realmente se perderam. Então, não seria a primeira vez que o povo de Deus teria perdido dons divinamente conferidos. Algum tempo após a morte de Moisés, perdeu-se, ou o Pentateuco inteiro, ou pelo menos o livro de Deuteronômio, sendo descoberto novamente já no ano de 622 a. C., durante o reinado de Josias (2Reis 22:8). Pense nisto o leitor: o povo de Deus perdeu as Escrituras!

Para todos os propósitos práticos, isso ocorreu uma segunda vez, na história eclesiástica, quando as pessoas não mais podiam ler o Antigo e o Novo Testamento originais, nem as traduções latinas da Bíblia. Foi somente na época da Reforma que as Escrituras se tornaram novamente acessíveis às pessoas, em seus próprios idiomas. Certamente não foi Deus quem as ocultou; houve, sim, negligência da Igreja.

Há outros exemplos. Um dos mais preciosos ensinos dados à Igreja é a doutrina da justificação pela fé em Cristo. Pouco depois da morte dos apóstolos, porém, os escritos de alguns dos pais apostólicos começaram a demonstrar que a doutrina da justificação pela fé estava sendo pervertida (cf. *A epístola de Barnabé* e *O pastor de Hermas*). Por fim, essa doutrina perdeu-se e não foi inteiramente recuperada, senão à época da Reforma Protestante, nos séculos xv e xvi. Teria Deus retirado por aproximadamente 1.500 anos uma doutrina fundamental do seio da Igreja? Ou a justificação pela fé não era mais importante para ele?

Os exemplos podem ser multiplicados. Os irmãos dispensacionalistas, por exemplo, afirmam que a Igreja primitiva acreditava no pré-milenismo e no arrebatamento pré-tribulacional. Contudo, precisam admitir que ambas as doutrinas perderam-se na história eclesiástica e só foram recuperadas nos tempos de Darby, no século xix. Como poderia a Igreja perder algo que julgava permanente? A Igreja parece ter extraviado as Santas Escrituras e as doutrinas fundamentais sem qualquer dificuldade. Por que lhe seria difícil perder os dons espirituais?

Saliente-se que o argumento da ausência dos dons não é bíblico; está alicerçado apenas na *experiência*. Se os dons foram perdidos pela Igreja, a questão mais importante não é *se* eles se perderam, mas sim *por que* se perderam. Naturalmente, pode ser o resultado de uma obsolescência divinamente planejada, conforme alguns têm argumentado (no entanto, quando estudamos o propósito dos milagres e dons do Espírito, somos forçados a concluir que não podemos usar essa explicação). Por outro lado, é possível que Deus jamais tivesse a intenção de fazer cessar os dons e que *a Igreja* é quem os tenha rejeitado. A perda dos dons talvez tenha sido causada por uma liderança burocrática, que afastou as pessoas espiritualmente dotadas.[16] O povo, então, cessou de buscar os dons espirituais (*em direta desobediência aos mandamentos de Deus*, 1Coríntios 12:31; 14:1,39) e de exercê-los nas igrejas, deixando, finalmente, de experimentá-los. Ou talvez tenha ocorrido por juízo divino à incredulidade, à apostasia e ao legalismo estabelecidos na igreja. Inúmeros outros motivos podem explicar essa suposta ausência dos dons espirituais na história eclesiástica.

Como já falei, devemos basear nossa posição em afirmações claras e específicas das Escrituras. Em última análise, somente a Bíblia, e não a mera pesquisa histórica, resolverá a questão.

A pesquisa histórica é uma ciência imperfeita. Quem realmente conhece a história eclesiástica assim tão bem? Dispomos apenas de uma fração da literatura do período da morte do último apóstolo até a Reforma Protestante. Em outras palavras, de um período de 1.400 anos restaram pouquíssimos documentos sobre os quais podemos alicerçar nossos estudos. Seriam essas escassas fontes suficientes para convencer de que os dons do Espírito Santo se perderam através da história da Igreja?[17]

Porém, perderam-se *realmente* os dons espirituais? Há amplas evidências da presença dos dons espirituais por toda a história da Igreja. Após ter estudado vários documentos históricos, D. A. Carson, um respeitado erudito do Novo Testamento, concluiu:

> Há evidências suficientes de que, sob alguma forma, os dons "carismáticos" acompanharam a Igreja através dos séculos, a tal ponto que é inútil insistir, sobre bases doutrinárias, que são todos espúrios ou fruto de atividades demoníacas, ou de aberrações psicológicas.[18]

Tais evidências, no entanto, nem sempre foram manuseadas de maneira imparcial. Com frequência, os relatos sobre milagres têm sido lançados no descrédito pela alegação de que as testemunhas eram por demais crédulas, ou que sua teologia era incorreta.

Agostinho acreditava que os dons miraculosos tinham sido retirados da Igreja. No entanto, já no fim da vida, escreveu uma série de retratações, e essa foi uma delas. No livro *A cidade de Deus* (livro 22:8), ele declara que em menos de dois anos soube de mais de setenta milagres, averiguados e registrados, em sua cidade, Hipona. Ninguém, entretanto, corroborou seu testemunho!

Benjamin Warfield, que normalmente aceita Agostinho como digno de confiança e reconhece na sua obra uma grande contribuição a história da doutrina, não aceita o seu testemunho aqui. Essa rejeição deve-se em parte ao fato de que algumas das curas noticiadas por Agostinho teriam sido operadas através de relíquias, especificamente através dos ossos de Estêvão.[19] Aparentemente, para Warfield, isso constitui base suficiente para demonstrar que Agostinho não era uma testemunha digna de confiança. Warfield não se preocupa em provar a possibilidade de tais curas haverem ocorrido, nem discute o fato de que os ossos de Eliseu fizeram um homem ressuscitar (2 Reis 13:21) ou a relevância desse texto nos milagres citados por Agostinho.

De fato, Warfield reconhece haver, do século IV em diante, numerosos relatos de milagres, e que as testemunhas não eram obscuras neuróticas, mas "eruditas notáveis, teólogas, pregadoras".[20] Nessa conexão, Warfield menciona: Jerônimo, o principal erudito bíblico de seus dias; Gregório Nazianzeno; Atanásio; Crisóstomo, o maior pregador da época; Ambrósio, o maior eclesiástico do período; e o próprio Agostinho, a quem Warfield considera "o maior pensador de sua época".[21] A todos esses líderes, considerou-os Warfield testemunhas indignas de confiança. O tratamento preconcebido das evidências históricas tem, pois, merecido severa crítica.[22]

Talvez caiba aqui apontar para o fato de que o caráter estranho não é critério para se estabelecer a verdade ou se algo é bíblico ou antibíblico. As Escrituras relatam fatos estranhos. O profeta Isaías andou despido e descalço por três anos, como sinal contra o Egito e contra Cuxe (Isaías 20:3); o profeta Oseias recebeu ordens de casar-se com uma prostituta (Oseias 1:2); os ossos de Eliseu ressuscitaram um homem (2Reis 13:21); lenços e aventais que haviam tocado em Paulo curaram enfermos e expeliram demônios (Atos 19:12). E coisas ainda mais estranhas podem ser encontradas na Bíblia.

Suponhamos que eu lhe contasse que, numa visão, contemplei o trono de Deus. Nessa visão havia quatro criaturas semelhantes a um leão, um boi, um homem e uma águia, cada qual com seis asas e cheias de olhos por dentro e por fora. Essas criaturas diziam: "Santo, santo, santo", enquanto voavam ao redor do trono de Deus, dia e noite. Quem acreditaria nessa visão, não estivesse registrada em Apocalipse 4:6-8? Não estou sugerindo que creiamos em cada coisa estranha que nos é contada. Mas nada deve ser considerado inverossímil ou antibíblico simplesmente por ser estranho.

Pesquisas recentes tendem a enxergar os relatórios de milagres através da história da Igreja sob uma luz muito mais positiva.[23]

Quando percebi que havia errado ao equiparar o ministério de sinais e maravilhas dos apóstolos com os dons de curas concedidos aos demais crentes, minha principal objeção teológica ao ministério contemporâneo dos milagres desvaneceu-se. Também foi útil compreender que o ministério de curas de Jesus e dos apóstolos não operava de forma automática ou mecânica. Alimentava eu um preconceito teológico, combinado a uma leitura superficial do Novo Testamento. Agora, pela primeira vez, estava pesquisando, com a mente aberta, o que as Escrituras dizem sobre curas e milagres.

Também fiz uma leitura imparcial da história eclesiástica, procurando evidências dos dons do Espírito. E descobri que há muito mais do que eu fora levado a acreditar.

Entretanto, eu ainda tinha de saltar outras duas barreiras, antes de dizer que estudara as Escrituras com imparcialidade. Se, acreditando nos dons do Espírito, eu tivesse de compartilhar dos abusos do movimento pentecostal, não estava seguro de querer acreditar neles. Mas inteiramente à parte de qualquer abuso dos dons, eu sentia uma repulsa aos dons reveladores – especialmente o dom de línguas – porque se me apresentavam por demais subjetivos. Também pareciam diminuir a importância da Bíblia, pondo em perigo a sua autoridade. Não obstante, os ensinos das Escrituras me estavam levando na direção dos dons espirituais – contra a minha vontade.

REAGINDO *aos* ABUSOS ESPIRITUAIS

Quase todos já experimentaram, ou já ouviram falar, dos abusos que ocorrem dentro do movimento pentecostal e em outros grupos que acreditam nos dons do Espírito. Alguns desses abusos podem ser bastante assustadores. Antes da reunião na Vineyard, eu estivera apenas num encontro que poderia ser chamado pentecostal. Isso aconteceu durante meu terceiro ano no colégio. Um grupo de alunos e eu, todos trabalhando num ministério evangélico, resolvemos ouvir um jovem evangelista que estava realizando uma reunião de reavivamento numa igreja pentecostal bem conhecida de nossa cidade. Fomos aquela reunião especialmente para zombar e entreter-nos. E não ficamos desapontados.

Corria o ano de 1970. O jovem evangelista apresentou-se como hippie. Em vez de falar com base nas Escrituras, contou a história de sua conversão. Segundo o seu testemunho, ele se convertera enquanto estava na prisão, acusado de usar drogas. Sentado num canto da cela, certo dia viu o Senhor Jesus e dois anjos flutuando. Jesus, então, parou a fim de olhá-lo, mas um dos anjos segurou-lhe o braço e disse ao Senhor: "Vem, Jesus; vamo-nos embora daqui. Ele não é nada; é apenas lixo". Mas Jesus ordenou ao anjo que esperasse, pois tinha poderosos planos para o jovem. Nada que o jovem evangelista disse naquela tarde tinha o toque da verdade. E, em nossa opinião, nem o seu estilo vistoso aumentava-lhe a credibilidade.

O convite que ele fez na conclusão da mensagem não visava à salvação dos pecadores, mas aos que buscavam receber o batismo no Espírito Santo e o dom de línguas. Feito o convite, alguns de meus amigos foram à frente para verem mais de perto o que estava acontecendo. Lá, viram dois homens orando por um terceiro. Eles diziam a este que abrisse a boca e emitisse sons. O homem assim o fez, e imediatamente foi anunciado que ele havia recebido o dom de línguas.

A experiência daquela noite confirmou o que já sabíamos: os dons do Espírito Santo não estavam sendo distribuídos. Aquelas reivindicações não passavam de pretensões de pessoas crédulas e enganadas. Ou, pior ainda, eram ludíbrios deliberados.

Concluí, por isso, que todas as reuniões pentecostais eram iguais àquela. Não é de surpreender que Deus não me deixasse ver a coisa genuína. Se estamos com a mente fechada, Deus não nos revela seus mistérios. Como não havia sinceridade em meu coração, jamais deveria ter-me surpreendido por Deus não haver lançado suas pérolas aos porcos.

Os abusos que ocorrem no movimento pentecostal são inegáveis. Tenho testemunhado emocionalismos, exageros, profecias manipuladas e ausência de alicerces bíblicos. Não diria ser esta a regra, mas uma triste exceção.[1] Mas também devo admitir que, quando exortados, os líderes pentecostais procuram corrigir rapidamente tais abusos.

O SIGNIFICADO DOS ABUSOS

Que significado dar a tais abusos? Deveríamos vê-los pelo prisma das Escrituras. Parece surpreendente, mas a Bíblia ensina que Deus opera milagres entre os que cometem tais abusos, erros doutrinários e até imoralidade.

Tanto o Antigo quanto o Novo Testamento ilustram amplamente essa assertiva. Sansão não adquiriu sua extraordinária força através de exercícios físicos. Sua força era sobrenatural; as Escrituras não deixam dúvidas quanto a sua procedência (Juízes 14:6-19; 15:14). Certa ocasião, na cidade de Gaza, Sansão passou a noite com uma prostituta (Juízes 16-1). Certamente uma imoralidade como essa o levaria a perder o poder do Espírito Santo. Não obstante, quando os inimigos rodearam a cidade a fim de capturá-lo, Deus o fortaleceu de tal forma que ele arrancou os portões da cidade e os levou para o alto de uma montanha, zombando assim dos filisteus (Juízes 16:2-3).

O Novo Testamento também tem seus próprios exemplos. A igreja em Corinto era tão rica em dons espirituais que Paulo foi obrigado a reconhecer que não lhes faltava qualquer dom (1 Coríntios 1:7). Não obstante, os coríntios eram tão sectários que o apóstolo chegou a chamá-los de "mundanos" (1Coríntios 3:1). Acrescente-se ainda que havia entre eles imoralidade tão sórdida que era pior do que as práticas pagãs — os pagãos toleravam essa imoralidade sexual (1Coríntios 5.1,2). Não satisfeitos, embriagavam-se por ocasião da Ceia do Senhor! E alguns deles afirmavam que não havia ressurreição (1 Coríntios 15.12). Todavia, temos aqui uma igreja dotada com todos os dons espirituais.

Ao escrever as igrejas da Galácia (provavelmente em 49 d.C.), Paulo sabia que a heresia havia arrebatado de tal maneira aquelas igrejas que foi obrigado a afirmar-lhes: "Admira-me que estejais passando tão depressa daquele que vos chamou na graça de Cristo, para outro Evangelho" (Gálatas 1:6). A seriedade da condição espiritual dos gálatas é revelada nesta outra passagem, na qual Paulo lhes indaga: "Ó gálatas insensatos! Quem vos fascinou a vós outros, ante cujos olhos foi Jesus Cristo exposto como crucificado" (Gálatas 3:1).

Embora as igrejas da Galácia estivessem prestes a deixar o verdadeiro Evangelho, Paulo lhes aviva assim a memória: "Aquele, pois, que vos concede o Espírito e que opera milagres entre vós, porventura o faz pelas obras da lei, ou pela pregação da fé?" (Gálatas 3:5). Na frase "que opera milagres entre vós", o verbo *operar* está no tempo presente. Isso significa que Paulo afirmou que os milagres estavam ocorrendo entre os gálatas no exato momento em que ele lhes escrevia.

Esse breve exame leva-nos a três conclusões inevitáveis: 1) Os abusos e até impurezas não descredenciam os dons distribuídos pelo Espírito Santo. Haja vista o que acontecia em Corinto. 2) Os erros doutrinários não invalidam os milagres. Exemplo disso temos nas igrejas da Galácia.[2] 3) Os milagres nem confirmam nem apoiam as doutrinas ou práticas quer de igrejas, quer de indivíduos. Por conseguinte, os sinais e maravilhas que ocorriam nas igrejas da Galácia não corroboravam os ensinos heréticos ali ministrados. O mesmo se pode dizer com respeito a Corinto. Só há uma mensagem que os milagres neotestamentários apoiam e confirmam: a mensagem evangélica acerca da pessoa e da obra de Jesus Cristo.

Grande parte da literatura cessacionista tem falhado por ignorar as três conclusões apresentadas. Cada vez que os dons espirituais aparecem na história, os cessacionistas detêm-se a procurar abusos ou erros doutrinários nas igrejas e grupos que os receberam. E quando constatam alguma heresia ou abuso, imediatamente concluem que os dons não são definitivamente de origem divina.[3] É como se concluíssem não serem reais os dons em Corinto e os milagres nas igrejas da Galácia.

ABUSOS NÃO PENTECOSTAIS DENTRO DA IGREJA ATUAL

Usa-se muitas vezes os exageros ocorridos entre os pentecostais para se provar que os dons do Espírito Santo já não são dados à Igreja hoje em dia. Mas essa espada corta em ambos os sentidos. Há, infelizmente, abusos em todas as expressões do cristianismo. Acontece, porém, que nos acostumamos tanto aos próprios abusos que eles já não nos parecem tão ruins quanto os alheios.

Quando eu ainda era professor do Seminário Dallas, estava almoçando com um grupo de estudantes e um deles, de repente, mencionou John Wimber e Peter Wagner. Mas outro retrucou: "Tenho um problema sério com esses dois homens".

Perguntei: "Por quê?".

"Porque dão aulas no Seminário Fuller."

Indaguei-lhe o que havia de tão mau a respeito do Seminário Fuller. O estudante respondeu que ambos não mais confessam a doutrina da inerrância da Bíblia. Por isso, já não eram dignos de nossa confiança. Quando a discussão progredia, tornou-se ainda patente a indignação daquele jovem seminarista.

Naquele mesmo dia, o estudante foi ao mesmo escritório e confessou que vinha lutando com um vício havia quinze anos: a pornografia.

Disse-me ainda que, mesmo frequentando o seminário, procurara por três vezes a companhia de prostitutas.

O jovem era casado, tinha filhos e pastoreava em uma igreja local. Mas o que me admirou foi o fato de ele não considerar como adultério sair com as prostitutas. Admirou-me ainda mais descobrir que ele mostrou uma reação muito mais forte à visão de inerrância do Seminário Fuller do que em relação ao próprio adultério. Ele se emocionava mais com a doutrina da inerrância do que pelo fato de ter sido um escravo da luxúria durante quinze anos e ter vivido uma mentira diante de sua família e igreja.

Mais tarde, quando os irmãos de uma igreja pentecostal foram orar por ele (a seu pedido), ele sentiu-se muito perturbado por ter um daqueles homens falado suavemente em línguas. Novamente, o jovem mostrou mais preocupação com um aparente abuso do que com a concupiscência que lhe vinha escravizando.[4]

Durante o tempo em que estive tentando ajudar aquele pobre jovem, ponderei frequentemente sua situação. O aspecto mais perturbador não era que ele houvesse caído num gravíssimo pecado sexual e estivesse vivendo, agora, sob o poder da concupiscência. Afinal, isso tem acontecido a crentes em todos os ramos da Igreja hoje em dia.[5] O que mais me perturbou foi o fato óbvio de que ele valorizava mais a doutrina do que a sua vida moral. Essa prioridade não é característica de um coração regenerado. Era algo que os mestres, sem o quererem, lhe haviam instilado. Tal ênfase não pode ser encontrada no ensino do Novo Testamento.

Essa ênfase perverte a doutrina, pois dá mais importância à mente do que ao coração. Afirma que confiar nas coisas certas é mais importante do que fazer as coisas certas. Aquele pastor fazia do conhecimento o valor supremo de sua vida. A exigência pela pureza doutrinal achava-se acima da pureza de sua própria vida.

Considerava eu, agora, o fruto desse tipo de doutrina. Um jovem pastor perdera a capacidade de chorar pelos próprios pecados, mas ainda defendia apaixonadamente a autoridade da Bíblia. A reivindicação intelectual pela pureza doutrinária, às expensas da santidade pessoal, é um abuso tão grande quanto qualquer erro que esteja sendo cometido no movimento pentecostal.

Deixe-me dar-lhe outro exemplo. Conheço um homem formado num seminário. Durante o período de estudo, e mesmo depois, fora homossexual. Ele era tão habilidoso em levar uma vida dupla que nenhum de seus amigos cristãos, nem qualquer membro de sua igreja, chegara a suspeitar dele. Apesar da aparência, achava-se envolvido em tal pecado.

Ele conseguiu levar esse estilo de vida por muitos anos. Subitamente, porém, foi atingido por uma enfermidade que lhe ameaçava a vida. Viu-se confinado a um hospital, onde foi conduzido numa cadeira de rodas à sala de operações. O médico que o atendeu disse-lhe que, com toda a probabilidade, ele não sobreviveria à cirurgia.

Ao ouvir isso, clamou a Deus, rogando-lhe por misericórdia. Enfim, pediu-lhe perdão por ter-lhe sido tão infiel e por haver enganado os amigos por tanto tempo. Arrependeu-se, prometendo que nunca mais voltaria a praticar tais atos. Ato contínuo, implorou a Deus que o curasse e que lhe concedesse mais uma oportunidade. Como você acha que Deus responde a uma oração dessa?

Deus poupou-lhe a vida, recuperando-o prontamente da cirurgia.

Eu não chamaria sua recuperação de milagre, mas de uma forma ou de outra um milagre ocorreu. Ao sair da cirurgia, todo o seu desejo de pecar já o havia abandonado. O cruel capataz, a quem tinha servido por tantos anos, agora já não podia ser encontrado em parte alguma. Aquele servo de Deus estava livre. O poder do sangue da cruz fizera um milagre maior que qualquer cura física de que tenho conhecimento.

Após deixar o hospital, ele decidiu cumprir o voto que fizera a Deus. Pensou que a melhor maneira de fazê-lo seria voltar a sua igreja e confessar publicamente seu pecado. A essa altura, porém, ele já era portador do vírus da aids. E, assim, pediu que os anciãos da igreja o ungissem com óleo em consonância com Tiago 5:14-16.

Você acha que os anciãos da igreja regozijaram-se por ter esse filho pródigo voltando à casa paterna? Não foi o que aconteceu. Em primeiro lugar, duvidaram de sua conversão. Depois, pediram-lhe que deixasse a igreja. E, finalmente, recusaram-se a orar por ele. Nem ao menos apertavam-lhe a mão com medo de contraírem a aids. Vencido, o pobre irmão deixou a igreja.

Quanto a você, não sei. Mas eu preferiria ter o mais infantil dos emocionalismos em minha igreja a viver de forma tão farisaica e com um coração tão frio e indiferente.

Talvez você pense que esses relatos sejam isolados. Mas eles são bastante comuns na ala anticarismática da igreja. Vivi nessa facção por mais de vinte anos e testemunhei muitos desses incidentes.

Essa facção abusa tanto da Palavra de Deus como os pentecostais que deixam de lado as recomendações paulinas quanto ao uso dos dons espirituais. Já que não acreditam na profecia, não o usam para controlar e manipular as pessoas. Mas usam a Palavra de Deus e sua interpretação para lograrem objetivos semelhantes.

J. I. Packer assim descreveu esse grupo:

A insistência com que os cristãos conservadores exigem que os adultos aceitem as tradições de fé e prática como se fossem crianças que recebem ordens para fechar os olhos, abrir a boca e engolir qualquer coisa que se lhes deem evidencia preconceito e tendência para o cultismo.[6]

A ala da igreja que Packer descreve sem dúvida zombaria da ideia da infalibilidade papal. Contudo, trata suas tradições como se fossem infalíveis. E também desonra as Escrituras, dando às passagens controversas as mais ridículas interpretações, sempre que estas discordem de suas práticas e cânones.

QUANDO O FUNDAMENTALISMO TORNA-SE ABUSIVO

Com os exemplos que dei, não estou criticando o meu seminário, pois tenho uma grande dívida para com o Seminário Teológico de Dallas. Meus professores transmitiram-me amor e santo respeito à Palavra de Deus, que são dois de meus mais preciosos tesouros. Eles demonstraram-me carinho e afeto. Minha educação e o magistério que exerci no Seminário Teológico de Dallas foram-me muito valiosos.

Não critico nem o Seminário, nem os ramos não carismáticos da igreja. O que critico é o fundamentalismo abusivo. Não resta dúvida de que os abusos pentecostais são reais e sérios como fiz questão de mostrar. Haja vista também os recentes livros anticarismáticos mostrando *ad nauseam* tais abusos. Todavia, os anticarismáticos não admitem os próprios abusos. E estes são tão sérios quanto aqueles. Os tipos de abuso que mencionei antes não são incomuns em igrejas fundamentalistas ou outras em que a doutrina ortodoxa é o valor mais alto.

Todas as igrejas cometem abusos. Algumas sentem-se mais inclinadas ao emocionalismo; outras a um frio e legalista fariesaísmo que, aos seus olhos, parece justo. Mas ambas estão cometendo erros igualmente sérios. Com frequência mostramo-nos cegos para com os próprios abusos, pois a maioria destes deriva-se de uma ênfase errada ou de aplicações erradas de algo que parece bom. Não abusamos de nossas fraquezas; abusamos dos pontos fortes. Eis porque nossos abusos são vistos com tanta dificuldade – são abusos de pontos fortes, algo que já abençoou nós mesmos e outras pessoas.

NOSSA ATITUDE PARA COM OS ABUSOS ESPIRITUAIS

O propósito deste capítulo não é desculpar os abusos dos grupos carismáticos ou pentecostais nem condenar os abusos das igrejas tradicionais. Pelo contrário: precisamos cultivar uma piedosa e bíblica atitude para com os abusos espirituais – sem importar onde ocorram.

Há duas atitudes diferentes que podemos tomar com respeito aos abusos espirituais. Controlá-los, eliminando-os de vez. Exemplificando: poderíamos eliminar o abuso do dom de línguas proibindo os crentes de falarem em línguas. Também poderíamos eliminar o abuso de várias liberdades proibindo-as. Embora as Escrituras proíbam essa abordagem, ela vem sendo observada desde o começo da história eclesiástica.

Mas como um grupo que professa acreditar na Bíblia poderia fazê-lo? Racionalizando o mandamento bíblico. O apóstolo Paulo diz que não se deve proibir o falar em línguas (1Coríntios 14:39), mas alguns dizem que isso não se aplica aos nossos dias.

Esse método, além de ser desonroso às Escrituras, constitui-se num controle autoritário que entrava a espontaneidade espiritual e mina a vida da igreja local. Também oculta o pecado e o próprio abuso. Tenho visto muito mais maldade e pecado encobertos nas igrejas fundamentalistas autoritárias do que em qualquer outro ramo do cristianismo.[7]

A melhor abordagem consiste em encarar os abusos e os erros doutrinários. Em vez de ficarmos chocados ao vê-los, devemos, graciosa e pacientemente, corrigi-los. Em alguns casos, descobriremos que aquilo que pensávamos ser abuso não o era, mas apenas um passo avante.

Os ministros da época de George Whitefield (1714-1770) consideravam a pregação no campo como desonra ao Evangelho de Jesus Cristo. Eventualmente, porém, a igreja chegou a constatar: os que se opunham a Whitefield é que estavam realmente desonrando o Evangelho. E, assim, a pregação ao ar livre passou a ser aceita como um meio válido e eficaz de se conquistar as almas para Cristo.

Também precisamos de uma dose saudável de humildade, pois o nosso coração é enganoso e desesperadamente enfermo (Jeremias 17:9). Temos de entender que nem as nossas interpretações, nem as nossas práticas são infalíveis. Conforme J. I. Packer havia declarado, "somos vítimas e beneficiários de nossas próprias tradições".

Somente quando nos conscientizarmos de que somos passíveis de ser enganados é que veremos as coisas com mais clareza. Apelaremos, então, para que Deus revele-nos as falhas e liberte-nos das muitas cegueiras que nos prejudicam a vida cristã. Davi assim confessou sua cegueira:

> Sonda-me, ó Deus, e conhece o meu coração;
> prova-me e conhece os meus pensamentos.
> Vê se há em mim algum caminho mau,
> E guia-me pelo caminho eterno. (Salmos 139:23-24)

Se o homem que "era como o coração de Deus", e que teve o privilégio de escrever salmos tão maravilhosos, rogou ao Senhor que lhe revelasse as falhas e pecados, quanto mais devemos buscar este ministério revelador?

Tenho observado que Deus normalmente não viola os preconceitos do orgulho religioso. Haja vista os fariseus. Morreram convencidos da validade de suas tradições e seus erros. Seu orgulho excluiu-os da correção divina, porquanto Deus "resiste aos soberbos, contudo aos humildes concede a sua graça" (1Pedro 5:5).

A tragédia é que muitas de suas doutrinas eram bíblicas e verazes. No entanto, eu preferiria ter alguns erros doutrinários e humildade do que exibir uma perfeita ortodoxia com um coração exaltado. Se uma pessoa que professa uma doutrina falsa for humilde, poderá ser corrigida. Mas os exaltados, apesar de sua ortodoxia, sofrerão resistência do Senhor a quem eles professam servir.

ASSUSTADOS ATÉ *a* ALMA
pelo ESPÍRITO SANTO

Em 18 de abril de 1906, o *Los Angeles Times* noticiou um novo e estranho reavivamento que estava sacudindo a cidade. Sob o título "Estranha Babel de línguas", o repórter assim discorreu sobre o acontecimento:

> Reuniões estão sendo efetuadas numa cabana da rua Azusa, perto da rua San Pedro. Os devotos da estranha doutrina praticam os ritos mais fanáticos, pregam as mais loucas teorias e se esforçam até a excitação em seu zelo peculiar. Negros e um minguado número de brancos compõem a congregação que, à noite, torna-se odiosa a vizinhança devido aos uivos dos adoradores. Estes passam horas balançando o corpo para a frente e para trás, numa atitude nervosa de orações e súplicas. Eles afirmam que possuem o "dom de línguas" e se dizem capazes de compreender semelhante Babel.[1]

Naquele mesmo dia, ocorreu o grande terremoto de São Francisco, destruindo grande parte da cidade. Quando o abalo foi sentido por aqueles que estavam reunidos na rua Azusa, um "tremor espiritual" sacudiu a reunião de maneira singular e inexplicável.[2]

Embora os abalos fossem sentidos em toda a costa do estado da Califórnia, os efeitos do terremoto espiritual da rua Azusa mostraram-se mais fortes: espalharam-se por todo o país. O reavivamento, que prosseguiu ininterruptamente por três anos, deu origem ao pentecostalismo moderno. Desde o início, porém, os fenômenos físicos ocorridos durante o reavivamento jamais deixaram de ser ridicularizados. Eram vistos como um "frenesi de zelo religioso". E os que recebiam o dom de línguas eram caracterizados como se "falassem gorgolejos, sem palavras".

Manifestações físicas incomuns não são raras na história da Igreja, especialmente nos períodos de reavivamento. Elas ocorriam às vezes de forma inesperada e inexplicável.

Durante o Reavivamento Evangélico da Inglaterra, em fins de 1730 e começos de 1740, John Wesley testemunhou numerosos "sinais externos" durante a sua prédica. Em 17 de junho de 1739, por exemplo, quando pregava numa área rural e "convidava ansiosamente a todos os pecadores a que entrassem 'na santidade' por meio desse 'novo e vivo caminho'",

> muitos dos que o ouviram começaram a clamar a Deus com fortes gritos e lágrimas. Alguns caíram, não lhes restando nenhuma força; outros tremiam e se balançavam terrivelmente; ainda outros eram despedaçados com uma espécie de movimento convulsivo, e isso com tanta violência que, com frequência, quatro ou cinco pessoas não eram capazes de segurar os que assim se encontravam.[3]

Quando seu amigo e companheiro de ministério, George Whitefield, ouviu falar desses sinais, apresentou enérgica objeção. Mas, em 7 de julho de 1739, Wesley registrava em seu diário:

Tive oportunidade de falar com ele sobre aqueles sinais que, por tantas vezes, tinha acompanhado a obra interior de Deus. Descobri que suas objeções eram baseadas em grosseiros mal-entendidos. Mas, no dia seguinte, ele teve oportunidade de informar-se melhor. Pois nem bem tinha ele começado a chamar os pecadores à frente quando quatro pessoas caíram perto dele quase ao mesmo momento. Uma delas jazia sem qualquer sentido. A segunda tremia excessivamente. A terceira sentia fortes convulsões por todo o corpo, mas não fazia ruídos, a não ser profundos gemidos. A quarta igualmente convulsionava-se, clamando a Deus com fortes choros e lágrimas.

Wesley concluiu suas notas com a seguinte declaração: "A partir de hoje, confio, todos permitiremos que Deus efetue a sua própria obra da maneira que melhor lhe aprouver".[4]

Por essa mesma época, quem teria imaginado que semelhantes "sinais" estariam ocorrendo também num acomodado recanto da Nova Inglaterra? Episódio este que passaria a ser conhecido como um dos maiores reavivamentos da história norte-americana – o Grande Despertar? Não obstante, era o que ocorria regularmente nas reuniões de Jonathan Edwards, considerado o maior teólogo da América do Norte.

Assim Jonathan Edwards descreveu uma dessas reuniões em sua igreja:

> O contágio propagou-se rapidamente por todo o salão. Muitos jovens e crianças [...] pareciam vencidos pelo senso de grandeza e glória das coisas divinas. Portavam-se com admiração, amor, alegria, louvor e compaixão para com os que se consideravam perdidos.

Outros achavam-se vencidos pela agonia em razão de seu estado pecaminoso. *Enfim, no salão não havia senão choros, desmaios e coisas parecidas* (a ênfase é minha).[5]

Durante o outono, Edwards deixou escrito que

> era mui frequente ver uma casa repleta de clamores, desmaios, convulsões, tanto em meio à agonia quanto em meio a admiração e alegria... *Isso acontecia com tanta frequência, que alguns nem conseguiam voltar para casa, mas permaneciam a noite inteira onde estavam* (a ênfase é minha).[6]

Noutra ocasião, Edwards descreveu o ministério de Buell, o qual

> permaneceu aqui por três semanas depois que retornei: continuou havendo grandes sinais que acompanhavam seus labores; muitas de suas afeições religiosas eram multiplicadas além de tudo quanta se vira. *E houve casos de pessoas que jaziam quietas, num estado de transe, permanecendo imóveis por vinte e quatro horas*; mas, depois, davam a impressão de haverem estado no céu e presenciado objetos gloriosos e deleitosos. Mas quando as pessoas foram elevadas às alturas, Satã se aproveitou, e sua interferência se tornou evidente em diversas instâncias; e muita cautela e esforço foram tomados para evitar que as pessoas ficassem à deriva (a enfase é minha).[7]

Essas manifestações causaram preocupação em duas frentes. Conforme Edwards sugeriu, embora fossem elas reações legítimas à obra do Espírito, podiam ser pervertidas por Satanás, induzindo os crentes a desviarem-se dos caminhos do Senhor.

Numa outra frente, essas manifestações levaram diversos ministros evangélicos conservadores a criticarem as reuniões de Jonathan Edwards, qualificando-as como obras da carne ou do diabo. Eles estavam certos de que esses tipos de manifestação provavam que a obra em questão não era de Deus.

Edward Gross é um exemplo de quem, atualmente, formaria ao lado dos oponentes de Jonathan Edwards. Citando Charles Hodge, Gross concluiu

> que nada existe na Bíblia capaz de levar-nos a considerar tais manifestações como efeitos legítimos dos sentimentos religiosos. Nenhum resultado similar seguiu a pregação de Cristo ou de seus apóstolos. Não ouvimos falar de clamores, desmaios, convulsões ou alucinações nas assembleias que eles dirigiam.[8]

Contrariamente a declaração de Hodge, a Bíblia indica que as "expressões corpóreas" podem ser efeitos legítimos do Espírito Santo. Elas ocorrem tanto no Antigo quanto no Novo Testamento.

MANIFESTAÇÕES FÍSICAS NAS ESCRITURAS

De acordo com as Escrituras, o Espírito Santo produz, nos santos, estas reações: tremores, balanços, transes, fraquezas e colapsos físicos.

Tais reações podem ser causadas por fenômenos espetaculares operados pelo Espírito Santo, ou por teofanias[9] (Êxodo 19:16-25), aparições angelicais (Mateus 28:4), voz audível de Deus (Mateus 17:6-7), visões (Daniel 8:27; 10:1-11; Atos 10:10-23);[10] foram causadas ainda pela presença de Cristo durante seu ministério terreno (João 18:6), e por seu aparecimento já glorificado (Atos 9:1-9). Todos os fenômenos alistados são mais ou menos tangíveis e experimentáveis.

As Escrituras também registram reações físicas diante de obras menos visíveis e tangíveis de Deus. Os salmistas, por exemplo, estremeciam ao experimentar a presença de Deus. O autor do Salmo 119 escreveu: "Arrepia-me a carne com temor de ti; e temo os teus juízos" (v. 120).

Não era incomum o povo de Deus tremer em sua presença. Aliás, o Senhor esperava tal reação de seus filhos. Disse ele, através da boca de Jeremias: "Não temereis a mim? Diz o Senhor; não tremereis diante de mim...?" (Jeremias 5:22).[11]

Entre os que o temem, até sua presença intangível e motivo de tremores e reações semelhantes (Isaías 66:2; Esdras 9:4). Os que não o temem, porém, não se deixam impressionar de maneira alguma.

O choro é outra manifestação à intangível presença do Senhor. Ao ler o livro da Lei ao povo, todos começaram a chorar, derramando abundantes lágrimas (Neemias 8:9). O choro não era resultado de histeria ou de manipulações psicológicas, porquanto os líderes judeus não queriam ver o povo reagir dessa maneira (Neemias 8:9). O choro era realmente espontâneo.

O choro causado pela leitura ou pregação das Escrituras e por nossa falha em observar a Palavra de Deus é algo que deveríamos cultivar. Não se trata de fraqueza nem de instabilidade emocional. E, sim, de sensibilidade para com a Palavra de Deus. É um sinal do quanto aborrecemos o pecado. Serve também para evidenciar nossa saúde espiritual e emocional. Neste sentido, a incapacidade de chorar só revela uma coisa: um coração endurecido e traumatizado.

O arrebatamento de sentidos pode também ser uma reação à presença do Senhor. Eis como Paulo narra a sua experiência: "Tendo eu voltado para Jerusalém, enquanto orava no templo, sobreveio-me um êxtase, e vi aquele que falava comigo: Apressa-te, e sai logo de Jerusalém, porque não receberão o teu testemunho a meu respeito" (Atos 22:17-18). Como resultado dessa experiência, o apóstolo pôde salvar a própria vida e dar novo rumo ao seu ministério (Atos 22:19-21).

Outras vezes, ainda, os crentes, em virtude da presença do Senhor, podem entrar num estado que parece embriaguez. Isso aconteceu a Ana durante sua oração (1Samuel 1:12-17). E Saul, embora o texto sagrado não o explicite, certamente pareceu estar embriagado quando o Espírito veio sobre ele. Saul tirou toda a roupa e caiu por terra o dia inteiro (1Samuel 19-2324).

No dia de Pentecoste, muitos peregrinos que se achavam em Jerusalém para adorar supuseram que os discípulos de Cristo estavam embriagados. Essa conclusão foi tomada não porque eles falassem línguas, pois isso seria sinal de inteligência, mas por causa de sua reação à descida do Espírito Santo.

Finalmente, há uma outra categoria da obra do Espírito que, frequentemente, produz larga gama de manifestações físicas. Refiro-me à expulsão de demônios, que pode resultar em gemidos, convulsões, inconsciência etc. (Marcos 1:23-28; 9:14-29).

Todas essas manifestações fazem sentido quando percebemos que Deus pode tocar em nossas emoções, corpos e mentes. Além do mais, a Bíblia apoia o fato de que as reações físicas podem ocorrer diante da obra do Espírito das mais variadas maneiras.

O ESPÍRITO PÕE A ORDEM EM MEIO AO CAOS

Nos dias de Jonathan Edwards, muitos deixaram de ver o Grande Despertar como obra do Espírito, alegando que Deus jamais agiria daquela maneira por ser ele um Deus de ordem, e não de confusão (1Coríntios 14:33-40). Os tais acreditavam que Deus não poderia ser o responsável por aquelas manifestações porquanto resultavam em confusão. Semelhante acusação ainda é bem comum hoje. Edward Gross cita novamente Charles Hodge:

> O testemunho das Escrituras não é meramente negativo sobre o assunto. Antes, exorta que todas as coisas sejam feitas com decência e ordeiramente. Ensina-nos que Deus não é o autor de confusão, mas é um Deus de paz, em todas as igrejas dos santos (1Coríntios 14:33-40). Tais passagens dizem respeito particularmente à maneira de nos conduzirmos na adoração pública. É evidente que clamores em voz alta e convulsões são incoerentes com tais coisas, pelo que deveriam ser desencorajadas. Elas não podem provir de Deus, porquanto ele não é o autor da confusão.[12]

A resposta de Jonathan Edwards aplica-se também aos modernos críticos:

> Se Deus agrada-se em convencer as consciências de modo que não possamos evitar as manifestações externas a ponto de interrompermos a liturgia, não penso que essa confusão ou interrupção seja infeliz. É como se estivéssemos no campo a orar por chuva e fôssemos de repente interrompidos por um aguaceiro abundante.

Oxalá quisesse Deus fossem todas as assembleias interrompidas com tal confusão no próximo domingo! Não precisamos ficar tristes por interromper a ordem dos meios se a finalidade dessa ordem for obtida. O que busca um tesouro não há de ficar triste por ser interrompido bruscamente pelo precioso achado.[13]

Noutras palavras, Edwards dizia que Deus pode usar meios caóticos para gerar a ordem. Observar uma pessoa estrebuchar-se por estar sendo libertada do demônio não é nada agradável. Mas, libertada, sua vida passará a refletir a mais perfeita das ordens; uma ordem que somente Deus pode produzir.

Seria grave equívoco, pois, usar a admoestação paulina, no sentido de que todas as coisas sejam feitas com decência e ordem, para apagar o Espírito.

TESTES QUE REVELAM A GENUÍNA OBRA DE DEUS

Não raro, o que consideramos abuso espiritual é, na verdade, genuína obra do Espírito Santo. Como, porém, discernir o genuíno do falso?

As críticas recebidas por Jonathan Edwards durante o Grande Despertar impeliram-no a escrever o seu ensaio intitulado "As marcas distintivas de uma obra do espírito de Deus". Nesse clássico, Edwards estabeleceu os critérios para se determinar o que é uma obra genuína do Espírito Santo. Seu primeiro problema consiste em determinar a significação das manifestações corpóreas que ocorriam durante as suas reuniões. Escreveu ele que uma obra não deve ser julgada por quaisquer manifestações físicas como lágrimas, tremores, gemidos, gritos, agonias, fraqueza. A influência sobre as pessoas não deve ser julgada de nenhuma forma por tais efeitos no corpo, porque as Escrituras não nos dão tal regra em lugar nenhum.[14]

Em síntese, as manifestações nada provam, porque a Palavra de Deus não nos fornece qualquer regra pela qual possamos julgá-las. Além do mais, elas podem ser reações legítimas diante de alguma obra divina. Contudo, nem sempre são genuínas. Nalguns casos, têm origem meramente humana e até demoníaca. Por outro lado, o Espírito pode operar independentemente de tais manifestações. As pessoas podem ser curadas ou salvas sem gemidos, tremores ou outros fenômenos semelhantes. E até mesmo possível que os demônios sejam expulsos sem qualquer manifestação física.

O primeiro e principal teste de qualquer ministério, obra ou ensino é a concordância com a Palavra de Deus. O padrão, por conseguinte, deve ser as Escrituras e não a nossa interpretação das Escrituras.

Antes, era comum entre os fundamentalistas afirmar que as mulheres eram imodestas e violavam as instruções de Paulo em 1Timóteo 2:9 ao usarem cosméticos. Hoje, poucos concordariam com essa interpretação. Mulheres que usavam maquiagem na primeira parte do século xx não desobedeciam às Escrituras, mas sim a interpretação dos fundamentalistas. Antes de afirmar que uma prática é anti-Escritura, nós devemos ter certeza de que ela é uma violação clara e uma lição sem ambiguidade.

Edwards concluiu: se as Escrituras não falam diretamente sobre uma questão em particular, o único teste para se determinar a genuinidade da obra de Deus consiste em verificar *se tal obra manifesta o fruto do Espírito Santo*.¹⁵ Esse é o teste que Jesus nos deu para discernirmos entre o verdadeiro e o falso ministério profético:

> Pelos seus frutos os conhecereis. Colhem-se, porventura, uvas dos espinheiros ou figos dos abrolhos? Assim toda árvore boa produz bons frutos, nem a árvore má produz frutos bons. Toda árvore que não produz bom fruto é cortada e lançada ao fogo. Assim, pois, pelos seus frutos os conhecereis. (Mateus 7:16-20)

Testar o fruto de uma obra é absolutamente essencial nos casos em que as Escrituras não se manifestam. Esse teste também é aplicável aos que, embora esposem doutrinas corretas, têm frutos de suas vidas e de seu ministério que não se harmonizam com tais doutrinas. Consciente ou inconscientemente, os tais enganam-se a si mesmos.

Não devemos avaliar algo mediante a sua bizarria ou estranheza. O estranho não é regra bíblica para se determinar se uma ação ou ministério procedem ou não de Deus.

Suponhamos que víssemos um alcoólatra, que espanca a sua esposa e é inimigo de Deus, gritando e, de repente, caindo imóvel por 24 horas durante uma reunião religiosa. E se o tal homem se levantasse para nunca mais beber ou bater na esposa? E se ele começasse a amar a Deus acima de tudo? E começasse a amar a Deus e a sua Palavra? Por mais bizarro que isso nos parecesse, teríamos de extrair daí a seguinte conclusão: o Espírito Santo realmente operou nessa vida. Pois nem o diabo nem a carne produzem amor a Deus, à família, nem libertam do vício. Tais coisas aconteceram e continuam a acontecer durante os avivamentos.

REAGINDO DIANTE DAS MANIFESTAÇÕES FÍSICAS DE HOJE

Diante das manifestações físicas causadas pela obra de Deus, devemos nos alegrar, mas jamais glorificá-las. Se as glorificarmos, estaremos levando o povo a falsas crenças e ênfases equivocadas. Pois o mais importante não são as manifestações, mas as obras que as provocam. A obra do Espírito deve ser honrada na convicção, no perdão, na salvação, na cura e no livramento; jamais deve ser honrada por causa de sua reação.

Se emprestarmos significação às manifestações, o povo haverá de equipará-las ao Espírito, considerando-as evidência do espiritual.

Erro igualmente significativo seria suprimir tais manifestações. Imaginemos alguém que esteja sob a intensa convicção gerada pelo Espírito Santo, e que esteja tremendo em virtude dessa convicção. Imaginemos agora que tolice a nossa se lhe ordenássemos a se controlar. Correríamos o perigo de apagar as chamas do Espírito.

Não devemos temer, pois, as manifestações genuínas. Com frequência, tenho encontrado crentes que acreditam facilmente que os demônios podem falar com voz audível, jogar-nos pensamentos ruins, produzir sensações físicas e outros efeitos corporais. Mas eles têm dificuldades para acreditar que Deus possa ou queira manifestar-se em nossos dias. São justamente esses crentes que são levados a confundir a legítima manifestação do Espírito.

Todo temor do diabo é um temor *irracional*. Nenhum crente deveria temer a Satanás. O único ser a quem somos ensinados a temer é a Deus. Ora, se Deus é a causa dessas manifestações, ele as usará para o bem. Mas se o diabo é a causa de alguma manifestação em particular, ele tem de ser barrado pelo poder do sangue de Cristo. Em ambos os casos, não temos qualquer base bíblica para temer as manifestações físicas.

Finalmente, jamais nos devemos sentir desapontados se alguma obra do Espírito não for acompanhada por qualquer manifestação física. E se tentarmos manufaturar tais reações, estaremos mistificando uma pura e genuína obra do Espírito.

Neste particular, ofereço um último conselho. Costumava perturbar-me ao ver alguém "fingindo" manifestações físicas nas reuniões. Ora, isso também acontecia nos dias de Edwards, e acontecerá em qualquer lugar onde as genuínas obras do Espírito Santo se manifestem. O genuíno sempre será imitado. Algumas vezes, essa imitação é fácil de ser percebida, mas às vezes não pode ser percebida. Minha experiência com falsas manifestações tem-me levado a acreditar que elas não são tão sérias quanto havia imaginado.

Os que, *voluntariamente,* são levados a levantarem as mãos ou tremerem, normalmente não são "perigosos". São pessoas inseguras e solitárias. Só querem um pouco de atenção. Elas não causam nenhum transtorno. Os únicos que se deixam espantar são os visitantes que ainda não estão a par do que está ocorrendo. Se estes forem sinceros, certamente haverão de buscar uma explicação plausível.

Nos casos de comportamento bizarro e exibicionista, os pastores devem aproximar-se dessas pessoas, e, gentil, mas firmemente, exortá-las a se comportarem convenientemente. Aliás, quando falamos sobre a significação bíblica das manifestações físicas e as discutimos abertamente, há bem pouco abuso nessa área.

ERAM *OS* MILAGRES TEMPORÁRIOS?

Nenhum cessacionista chegou à conclusão de que Deus não opera mais sinais e maravilhas, e que os dons do Espírito Santo já passaram, pela simples leitura da Bíblia. A doutrina do cessacionismo não se originou do estudo cuidadoso das Escrituras. Ela nasceu da *experiência*.

O fracasso em ver milagres na própria experiência e em localizá-los na história passada requer uma explanação. Como você explica a ausência de milagres em sua experiência quando o Novo Testamento está recheado deles? Essencialmente, há três possibilidades. A primeira é que há algo de errado com a sua experiência. A segunda, que Deus retirou os milagres porque seu propósito para eles era temporário. E a terceira, que isso está guardado entre os mistérios divinos, como os da eleição e da predestinação. A primeira resposta o levaria a esperar o elemento miraculoso, quando sua experiência seria corrigida. A segunda o conduziria a não mais esperar por qualquer milagre. E a terceira deixaria a questão em aberto.

Até onde sei, ninguém realmente tentou argumentar a favor da terceira possibilidade. Desde os dias da Reforma, muitos teólogos protestantes têm argumentado em prol da segunda, ou seja, que os dons do Espírito tinham natureza temporária. Os reformadores tinham duas grandes razões para argumentar contra os milagres. Seus adversários, os católicos-romanos, apelavam para os milagres da Igreja Romana em apoio à doutrina católica. Com efeito, diziam: "Temos milagres que mostram que Deus aprova a nossa doutrina. Outrossim, contamos com uma longa história de milagres que se estende até os tempos do Novo Testamento. Para quais milagres vocês podem apontar como evidência de que Deus aprova a doutrina de vocês?". Esse ataque levou os reformadores protestantes a negar a validade dos milagres católicos – os passados e os de sua época – e a formular argumentos teológicos contra eles.[1]

Porém, não acredito fosse essa a principal razão de os reformadores terem buscado argumentos contra os milagres. Creio que a principal razão era a falta de experiência com milagres. Tivessem eles testemunhado milagres dignos de nota, jamais teriam argumentado que seu propósito era temporário.

Os reformadores viram-se obrigados a se definir: a falta de milagres devia-se a algum defeito em sua experiência ou a uma obsolescência divinamente programada? E preferiram a última alternativa. Agora, tinham a sua frente a monumental tarefa de explicar por que Deus tinha sido tão liberal em operar milagres no primeiro século da era cristã e tão avesso a eles nos séculos seguintes. O trunfo consistiria em provar que Deus tinha propósitos temporários com os milagres. Mas como fazê-lo?

Eles dispunham, essencialmente, de três maneiras. A primeira – e a melhor – seria encontrar declarações bíblicas específicas que demonstrassem essa intenção de Deus. A segunda era a dedução teológica. Essa maneira de argumentar não era tão decisiva quanto a primeira, embora fosse um meio válido de provar doutrinas. A terceira era a experiência. Poderiam tirar suas conclusões da própria experiência e da experiência de outros, na história passada. Assim, examinariam 1.300 anos de história eclesiástica, em busca de evidências dos dons espirituais entre os cristãos de séculos anteriores.

O argumento baseado na experiência, sem qualquer sombra de dúvida, é o mais débil dos três. Pois o exame da história passada, com frequência, não nos dá a certeza dos fatos ou de sua interpretação. Outrossim, quando examinamos a nossa própria experiência, podemos conhecer os fatos, mas não a *razão* deles. Para exemplificar, podemos saber que entramos em depressão, mas não por que estamos deprimidos. Fizemos alguma coisa para despertar essa depressão? Seria ela resultante de circunstâncias fora do nosso controle? Assim, mesmo quando podemos precisar acuradamente, talvez não compreendamos a razão dos fatos.

Os reformadores, portanto, não deixaram dúvidas sobre qual dos três argumentos valorizavam acima dos demais. *Sola Scriptura* ("somente as Escrituras") foi o lema da Reforma. Contudo, eles agora enfrentavam um obstáculo não apenas formidável, mas também intransponível, porquanto não podiam oferecer um único texto das Escrituras que ensinasse que os milagres e dons espirituais estavam confinados ao período do Novo Testamento. E pessoa alguma foi capaz de fazê-lo.[2]

Privados do que seria a mais poderosa arma de seu arsenal, ou seja, o claro apoio das Escrituras, os reformadores viram-se forçados a apelar para deduções teológicas. Mas como haveriam de provar que os milagres tinham caráter temporário, com base em um livro que começa, persiste e termina com milagres?

O ARGUMENTO CESSACIONISTA PRIMÁRIO

Eis como conseguiram fazê-lo: argumentaram que o propósito primário dos milagres do Novo Testamento era autenticar os apóstolos como autores fidedignos das Santas Escrituras. Como esse argumento provaria que os milagres eram temporários? Escrito o Novo Testamento, *os milagres teriam cumprido o seu propósito e não mais seriam necessários*, porque agora a Igreja estava de posse da Palavra de Deus escrita e miraculosamente confirmada.³ Este permanece como o argumento primário dos cessacionistas modernos.

Seria inútil argumentarem que o propósito primário dos milagres era autenticar o ministério de Jesus. Fosse isso verdade, não haveria como explicar os milagres realizados pelos apóstolos. Nem poderiam dizer que seu propósito era autenticar a mensagem acerca de Jesus, pois os milagres continuariam sendo necessários enquanto fosse propagada. Em outras palavras, se a geração de novos convertidos do primeiro século precisava dessas autenticações, por que as gerações seguintes não precisariam?

Nem os cessacionistas poderiam dizer que o maior propósito do milagre era autenticar a mensagem de Jesus. Se fosse verdade, eles não teriam uma explicação de por que os milagres não eram necessários para a autenticação da mensagem de Jesus. Em outras palavras, se a nova geração de convertidos do primeiro século precisasse de uma autenticação dos milagres para a mensagem gospel, por que as próximas gerações de pontenciais convertidos não precisariam da mesma autenticação dos milagres para a mensagem?

A única posição defensável era a de que os milagres autenticavam o ministério dos apóstolos. Até hoje, se alguém perguntar por que somente os apóstolos precisavam de autenticação para seu testemunho, os cessacionistas têm uma resposta na ponta da língua. Os apóstolos não eram testemunhas comuns. Eles eram únicos, por serem os autores das Santas Escrituras. Por conseguinte, precisavam de mais credibilidade do que qualquer outra testemunha da história. Portanto, o propósito dos milagres não era simplesmente autenticar os apóstolos como fiéis testemunhas de Jesus, mas também demonstrar serem os apóstolos mestres dignos da doutrina. Os milagres, em última análise, transformavam autores humanos em pessoas divinamente acreditadas. Em termos práticos, os cessacionistas afirmam que o real propósito dos milagres foi confirmar as Escrituras, e que, portanto, não são mais necessários, pois a Igreja possui agora a Palavra de Deus escrita.

Mas os cessacionistas têm de provar duas coisas. Primeira, precisam mostrar que os milagres autenticavam o ministério dos apóstolos. Segunda, que esse era o propósito *primário* dos milagres. Se ficasse demonstrado que os milagres não autenticavam os apóstolos, ou que houve outros propósitos igualmente importantes por detrás dos milagres, toda a sua teologia entraria em colapso.

À semelhança das pessoas de meu círculo teológico, eu havia aceitado a explicação dos mestres cessacionistas para o propósito dos milagres, sobretudo conforme no livro de Benjamin Breckenridge Warfield, *Counterfeit Miracles* [Milagres falsificados]. Como outros fundamentalistas, eu tinha certeza de estar crendo num "claro ensino das Escrituras".

Quando relembro aquele período de minha vida, sei que não era assim. Eu aceitava os argumentos cessacionistas porque nunca tinha visto um milagre e precisava de uma justificação bíblica para minha falta de experiência. Aquele telefonema do Dr. White levou-me a examinar essa posição com a mente bem mais aberta. E descobri que aquele argumento tinha tanta força quanto um pardal em meio a uma tempestade de vento. Meu argumento mais forte tornou-se minha "mais forte fraqueza".

Após minha conversa com o Dr. White, determinei examinar cada referência a curas e milagres no Novo Testamento para ver o que descobria acerca dos propósitos dos milagres. Eu jamais fizera isso! E o que descobri convenceu-me de que as curas e os milagres não tinham caráter temporário.

UM EXAME MAIS CUIDADOSO

A primeira coisa que notei foi que há bem poucas declarações no Novo Testamento acerca dos propósitos dos milagres. Não encontrei nada do tipo: "Deus deu milagres a fim de que...". Mas descobri que sua finalidade é algumas vezes indicada por palavras como "função". Marcos, por exemplo, diz que os milagres "confirmam" (Marcos 16.20); João afirma que eles "testificam" (João 5.36); e Pedro declara que Jesus foi "aprovado" pelos milagres (Atos 2.22). Em outras passagens, infere-se o propósito pelo contexto ou pelos resultados.

Um dos claros propósitos dos milagres era autenticar o caráter de Jesus e seu relacionamento com o Pai celestial. Quanto a isso, os milagres demonstram: Deus estava com Jesus (João 3:2); Jesus viera de Deus (João 3:2-9; 32-33); Deus enviara a Jesus (João 5:36); Jesus tinha autoridade, na terra, para perdoar pecados (Marcos 2:10-11; Mateus 9:6-7; Lucas 5:24-25); Jesus foi aprovado por Deus (Atos 2:22); o Pai está em Jesus e Jesus está no Pai (João 10:37-38; 14-11); o Reino de Deus veio por meio de Jesus (Mateus 12:28; Lucas 11:20); Jesus é o Messias (Mateus 11:1-6; Lucas 7:18-23) e o Filho de Deus (Mateus 14:25-33).

Um segundo propósito era a autenticação da mensagem de Jesus. Essa era a principal função dos milagres, até onde o ministério dos apóstolos dizia respeito. Marcos disse que o Senhor confirmava "a palavra [que os apóstolos pregavam] por meio de sinais, que se seguiam" (Marcos 16:20).[4] Lucas, ao descrever o ministério de Paulo e Barnabé em Icônio, diz que o Senhor "confirmava a palavra da sua graça, concedendo que por mão deles se fizessem sinais e prodígios" (Atos 14:3). Notemos que, em ambos os textos, o Senhor confirmava não os apóstolos, mas "sua palavra", ou seja, a mensagem que os apóstolos pregavam. Assim, temos dois propósitos principais: os milagres confirmavam o Senhor Jesus e sua mensagem.

Fiquei chocado ao descobrir que nenhuma referenda a milagres dava testemunho[5] dos apóstolos ou os confirmava.[6] Em suma, os milagres não confirmam os apóstolos! E isso ajusta-se perfeitamente à teologia do Novo Testamento. Com a vinda de Jesus Cristo, Deus queria toda a atenção voltada para seu Filho. A tarefa primária do Espírito Santo e exaltar a Jesus Cristo. Deus não está interessado em dar testemunho de seus servos, mas sim de seu Filho e da mensagem do Evangelho.

ARGUMENTO BASEADO EM 2CORÍNTIOS 12:12

Algumas pessoas apontam 2Coríntios 12:12 como prova de que os sinais e maravilhas tinham o propósito de confirmar os apóstolos. A tradução da NVI dá exatamente essa impressão: "As coisas que marcam um apóstolo – sinais, maravilhas e milagres – foram feitas entre vós com grande perseverança". Essa tradução, porém, não é exata. Uma tradução mais literal seria: "Os sinais de um apóstolo foram realizados entre vós todos com toda a perseverança, com sinais, milagres e maravilhas".

Nessa passagem, Paulo usa a palavra "sinal" (no grego, *semeion*) de duas maneiras diferentes. A frase "sinais de um apóstolo" não pode referir-se a milagres, porquanto Paulo estaria dizendo que "os milagres de um apóstolo foram feitos entre vós com sinais e maravilhas e milagres". Paulo não diz que "os sinais de um apóstolo" eram milagres, mas que eram acompanhados por sinais, maravilhas e milagres.[7] Se Paulo quisesse dizer que os sinais do apostolado eram sinais, maravilhas e milagres, teria usado uma construção diferente no grego.[8]

Quais os sinais do apostolado de Paulo? Em contraste aos falsos apóstolos (2Coríntios 11:13-15), Paulo apela para os seus próprios sofrimentos como vindicação de seu apostolado (2 Coríntios 11:16-33; cf. Gálatas 6:17; 1Coríntios 4:9-13; 2Coríntios 6:3-10).[9] Hughes sugere que a vida impoluta de Paulo era um dos sinais de seu apostolado.[10] Plummer aponta que a eficácia da pregação de Paulo, isto é, as muitas conversões entre aqueles a quem Paulo pregava, era também um desses sinais.[11] Martin acrescenta a chamada divina (1Coríntios 1:1; 2Coríntios 1:1).[12] Segundo ele, visto que os milagres podem ser fraudados pelos falsos apóstolos,

> Paulo estava insistindo, em 2Coríntios 12:12a, que tais sinais não eram o principal critério para se identificar um apóstolo. O apóstolo estaria sugerindo que os verdadeiros sinais do apostolado – sua vida e seu ministério – são os que mais importam [...] Afirmar que "sinais, maravilhas e obras poderosas" são os sinais primários do apostolado contradiz os ensinos de Paulo nos capítulos 11-13 (bem como nos capítulos 1-9).[13]

Concordo com as conclusões de Martin: "As obras de Paulo (em 12:12a) são as realizações, e não a prova de seu apostolado".[14]

Quando comecei a ponderar sobre a ideia de que os milagres foram dados para confirmar os apóstolos e seu ministério, descobri que era não somente antibíblica, mas também ilógica. Se o propósito primário dos sinais, maravilhas e milagres fosse confirmar os apóstolos, por que Estêvão e Filipe fizeram sinais e maravilhas? A alegação de que os apóstolos lhes haviam imposto as mãos não responde à pergunta. Por que teriam outros também seu ministério caracterizado por sinais, maravilhas e milagres? E por que foram concedidos à Igreja dons de curas e milagres? (1Coríntios 12:7-10; Gálatas 3.5). Jamais ouvi ou li uma resposta convincente.

Há outro problema sério com essa argumentação. Retornemos a um ponto já estabelecido: se os milagres de Jesus foram suficientes para confirmá-lo, e à sua mensagem, por que os apóstolos também realizaram milagres? A resposta-padrão é que os apóstolos tinham de fazer milagres para mostrar que eram testemunhas fidedignas de Jesus Cristo e mestres dignos de confiança da doutrina cristã. Mas por que não podiam apenas pregar acerca dos milagres, conforme faz a Igreja atualmente? Não somos nós, hoje, considerados testemunhas dignas de confiança, sem fazer milagres? Se é assim, por que então os apóstolos precisavam de milagres? Os reformadores argumentavam que os apóstolos eram mais do que meras testemunhas – eram os escritores das infalíveis Escrituras. Os milagres, pois, seriam necessários para confirmar essa missão. Mas seria bíblico esse argumento? Os milagres seriam necessários para confirmar as Escrituras?

A AUTORIDADE DAS ESCRITURAS REPOUSA SOBRE MILAGRES?

Nenhum dos autores das Escrituras apela aos milagres para comprovar sua inspiração. Por certo eles sabiam que estavam elaborando as Escrituras. Paulo, por exemplo, escreveu: "Se alguém se considera profeta, ou espiritual, reconheça ser mandamento do Senhor o que vos escrevo" (1Coríntios 14:37; cf. 1Tessalonicenses 4:15). Não obstante reivindicar autoridade divina para seus escritos, Paulo jamais apela para os milagres a fim de comprová-la. Tampouco o faz Pedro, ao referir-se aos escritos de Paulo como Escrituras (2Pedro 3:16).

Nenhum texto bíblico afirma que a autoridade das Escrituras repousa sobre milagres! Na realidade, dá-se precisamente o contrário. As Escrituras testam os milagres, mas os milagres não podem confirmar as Escrituras. Moisés esclareceu isso há muito tempo. Ele advertiu o povo de que se um profeta ou sonhador anunciasse algum sinal ou maravilha, e não se cumprisse, deveriam ignorar o milagre (Deuteronômio 13:1-5). Se a função principal dos milagres fosse confirmar as Escrituras, como alguém julgaria os milagres e profetas falsos (Mateus 7.15-23), os falsos cristos (Mateus 24.24) ou o anticristo? (2Tessalonicenses 2-9).

Essa teoria é incoerente com o caráter do cânon das Escrituras. Há autores que não foram apóstolos e que nunca tiveram um único milagre registrado! Esses incluem Marcos, Lucas e Judas (o irmão do Senhor, que escreveu a epístola de Judas). O livro de Hebreus é até anônimo! Todos esses escritores eram não apóstolos e acerca de nenhum deles ficou registrado um só milagre. Esses livros têm menor autoridade do que as epístolas de Paulo? Se a autoridade das Escrituras repousa sobre os milagres feitos por seus autores, então esses escritos necessariamente revestir-se-iam de uma autoridade secundária.

Se aqueles que mantêm essa teoria responderem que Lucas era amigo ou associado de Paulo, no ministério, e que esse é o motivo pelo qual seus escritos devem ser considerados como inspirados, então eles teriam que abandonar a ideia de que os milagres eram necessários para confirmar as Escrituras. E teriam que adicionar um novo critério para a canonicidade: a amizade ou associação com um dos apóstolos. Esse critério também não conta com qualquer apoio das Escrituras. E, se argumentarem que Pedro comissionou Marcos a fim de que escrevesse o Evangelho que têm seu nome, então já estarão dependendo das tradições, e não da própria Bíblia. Ademais, isso requer que se defenda a estranha posição de que as tradições estabelecem a autoridade das Escrituras.

Seja como for, temos cinco obras que constituem uma porção considerável das Escrituras – os evangelhos de Marcos e Lucas, o livro de Atos, as epístolas de Judas e aos Hebreus – que não podem ser explicados pela teoria de que os milagres serviram para confirmar a Bíblia.

A teologia ortodoxa tem assegurado que a autoridade das Escrituras jamais dependeu dos milagres, mas repousa sobre o seu autor.[15] Embora certo número de fatores ajudem a convencer-nos, somos levados a crer nessa autoridade pelo testemunho do Espírito Santo.[16]

FORAM NECESSÁRIOS MILAGRES PARA LANÇAR A IGREJA?

As pessoas que consideram os milagres restritos ao primeiro século veem as obras por Jesus e seus apóstolos como um foguete, que "lançou" a Igreja – um artifício para chamar a atenção do mundo ao Evangelho. Mais tarde, quando a Igreja estava firmemente estabelecida e o Evangelho era destaque entre as religiões do mundo, o "foguete" pôde ser então abandonado, sem grande perda para a Igreja.

Thomas Edgar expressou esse ponto de vista ao escrever:

> A Igreja, em seus primeiros passos, estava em uma situação diferente da Igreja após o primeiro século da era cristã, onde o Cristianismo se firmava nos principais centros do mundo conhecido [...]

Os estágios iniciais do Cristianismo, entretanto, não tinham como pano de fundo a perspectiva humana. A mensagem era incomum e assustadora. Um homem executado em um pequeno país estava sendo apresentado como o Filho de Deus, o qual viera a fim de morrer por todos os homens; e aqueles que nele confiassem, Deus, por sua graça, lhes perdoaria os pecados. Poucas pessoas fora dos limites de Israel tinham ouvido falar de Jesus. Ele morreu antes de a Igreja ser estabelecida, executado depois de uma breve carreira. Esses fatos pelo menos mostram a dificuldade enfrentada pelos primeiros evangelistas. Quem poderia aceitar tal mensagem?

Entretanto, os dons de sinais miraculosos punham aquela mensagem sob uma perspectiva diferente, visto que os milagres a evidenciavam como procedente de Deus. A situação, desde o primeiro século, nunca mais foi a mesma. Hoje, missionários em áreas longínquas fazem referenda a um indivíduo que têm reputação mundial, bem como a uma religião universalmente reconhecida. Esses missionários vêm de países onde o Cristianismo prevalece. Os milagres, hoje, podem ajudar na confirmação do Evangelho. Isso pode ser verdadeiro ou não, visto que uma completa e bem testemunhada confirmação já foi dada por Cristo e pelos apóstolos, mas continua ignorada até por pessoas que vivem em países onde o Evangelho é bem conhecido. Pouca dúvida há, no entanto, de que a necessidade de confirmação era maior no começo do que hoje em dia.[17]

De acordo com esse argumento, a Igreja infante precisava dos milagres para crescer; mas a Igreja madura podia dispensá-los. O discurso de Edgar encerra uma contradição que ele não tenta resolver. Se a Igreja, no primeiro século, precisava de milagres para expandir-se, por que não precisa mais no nosso século xx? Se os milagres eram benéficos no princípio, por que não agora? Warfield denuncia essa explicação como antibíblica.[18] De fato, durante sua longa discussão, Edgar não cita um único versículo das Escrituras em apoio a sua teoria. Warfield também salienta que essa linha de raciocínio é ilógica, e a declara "inútil".[19]

A explicação de Edgar também é falsa porque substitui o poder de Deus pela aceitação por parte do mundo. Edgar defende que o Cristianismo, depois de *reconhecido* e possuidor de alguma *reputação*, não mais necessitava dos milagres. Porém, quem haveria de trocar o poder miraculoso de Deus pela reputação terrena? Warfield responde a uma teoria semelhante ao escrever: "Quando a proteção do maior poder sobre a terra estava assegurada [isto é, o Império Romano], a ideia parece ser a de que o poder de Deus não era mais necessário".[20] Onde, nas Escrituras, pode alguém encontrar sustento para tal ideia?

Finalmente, há mais uma coisa nesse argumento que me perturba. Já declarei que uma das funções legítimas dos milagres era confirmar o Senhor Jesus e sua mensagem. Mas em que ponto foram os milagres *necessários* para que as pessoas cressem no Evangelho? Edgar, porém, escreve como se essa fosse a realidade, pelo menos no começo da Igreja. Por quê? E que, para Edgar, a obscuridade histórica e a novidade da mensagem pareciam requerer milagres. Ele pergunta: "Quem poderia aceitar tal mensagem?".

Isso chega muito perto de diminuir o poder da mensagem do Evangelho, que "é o poder de Deus para a salvação" – ou seja, é suficiente a parte dos milagres. Certamente Deus não precisava operar milagres a fim de atingir essa finalidade.

O maior milagre do mundo é Deus nos amar a ponto de entregar seu Filho para morrer por nós. Seu amor é uma realidade e permanecerá para sempre um mistério inexplicável. A encarnação foi o mais notável dos eventos sobrenaturais, seguido da morte do Filho de Deus e de sua ressurreição. E certamente a maior maravilha de todas é que, tão somente mediante a fé em Jesus Cristo, recebemos o dom da vida eterna. Por certo, o maior dos poderes conhecidos da humanidade é o poder da cruz. Por meio da cruz, não somente recebemos o perdão de nossos pecados como também o acesso à gloriosa presença de Deus.

O poder da morte de Cristo é tão grande que nenhum crente precisa viver sob qualquer escravidão moral ou à mercê da concupiscência, da ira, do pecado, do temor, da morte ou de Satanás. Certamente essas boas-novas são as melhores que a humanidade recebeu. A mensagem do Evangelho é maior do que qualquer milagre que a acompanhe; é capaz de, por si mesma, conquistar os corações!

Quando eu estava com 17 anos de idade, e entregue à rebeldia, meu coração foi totalmente capturado por Jesus quando um amigo falou-me da inexplicável graça que há no Evangelho. Eu não conhecia o restante do Novo Testamento e nada sabia dos milagres. No entanto, em 18 de dezembro de 1965, às duas horas da madrugada, mediante a fé no Senhor Jesus Cristo, tornei-me nova criatura, exatamente como descreve o apóstolo Paulo:

> Pois não me envergonho do Evangelho, porque é o poder de Deus para a salvação de todo aquele que crê, primeiro do judeu e também do grego; visto que a justiça de Deus se revela no Evangelho, de fé em fé, como está escrito: "O justo viverá por fé". (Romanos 1:16-17)

Paulo tinha suprema confiança no glorioso Evangelho de Jesus Cristo. Não estava ela depositada nos milagres, na habilidade ou piedade humanas. A gloriosa mensagem do Evangelho é a única resposta ao dilema humano.

Diz Edgar, porém: "Quem poderia aceitar essa mensagem?". Lídia e seus familiares não tiveram dificuldade alguma em aceitar a mensagem de Paulo, sem o acompanhamento dos milagres (Atos 16:14-15). No primeiro século, o Espírito Santo era perfeitamente capaz de produzir convicção sem os milagres (João 16.8). O ministério de João Batista produzia convicção e arrependimento, e, no entanto, João não realizava milagres (João 10.41). Até mesmo as religiões do mundo e os cultos têm nascido e estão florescendo sem o poder dos milagres. Queremos, a sério, reivindicar algo menor que o poder do Evangelho de Jesus Cristo?

Acredito terem os milagres função autenticadora. E, mais adiante, discutiremos como podem abrir portas para a prega ao do Evangelho e levar pessoas ao arrependimento. Entretanto, a simples pregação do Evangelho pode fazer todas essas coisas sem o auxílio dos milagres. Os milagres, quando ocorrem para autenticar a pregação do Evangelho, são feitos na base da graça, não pela necessidade de contrabalançar alguma deficiência. Os milagres são dons de Deus, e podem servir a muitas funções. Mas não se deve isolar nenhuma delas como último e necessário propósito dos milagres, a menos que tenhamos claras evidências bíblicas para assim pensarmos.

USANDO OS EVANGELHOS E OS ATOS PARA APOIAR OS MILAGRES ATUAIS

Alguns têm afirmado que não podemos usar os evangelhos e o livro de Atos como evidência de que Deus cura ou opera milagres atualmente, por serem livros de "transição". Atos dá-nos o registro da transição da era do Antigo Testamento para a do Novo Testamento. Mostra a Igreja em sua fase inicial, e, portanto, não poderia determinar o que é normal na vida eclesiástica. Tudo o que séria possível estabelecer com base no Livro de Atos é o que era normal naquele período de imaturidade da Igreja. Acima de tudo, argumentam, não podemos extrair doutrinas do livro de Atos; para a Igreja, as doutrinas devem ser extraídas das epístolas de Paulo.

Se esse argumento fosse válido, os evangelhos e o livro de Atos nada nos diriam sobre a atitude de Jesus para com as curas e milagres, hoje. Isso apenas refletiria sua atitude nos primórdios da Igreja. Esse argumento, contudo, é falso por algumas razões.

Em primeiro lugar, os teólogos sempre usaram os evangelhos e o livro de Atos para apoiar suas doutrinas. Para exemplificar, desde os dias de Calvino a teologia reformada tem-se deleitado em usar os textos de João 6:44 e Atos 13:48 para provar a doutrina da eleição incondicional. De igual modo, os dispensacionalistas apelam para João 1.17, usado para provar que há clara distinção entre as dispensações da Lei e da graça. Professores de missões e evangelistas regularmente utilizam os mesmos livros para ensinar sobre missões e evangelismo. Os evangelhos e o livro de Atos são fontes primarias para a cristologia. São essenciais para o estudo de como o Novo Testamento se utiliza do Antigo. O livro de Atos é crucial na questão do governo eclesiástico (cf. Atos 20:17ss). Portanto, não é verdadeiro o argumento de que não podemos utilizar os evangelhos e o livro de Atos para estabelecer doutrinas. Porque, na prática, todos fazem isso.

O que esse argumento pretende realmente é impedir que sejam utilizados os evangelhos e o livro de Atos para defender a atualidade dos dons espirituais. As pessoas que se utilizam desse argumento estão empregando uma hermenêutica antissobrenatural na leitura do livro de Atos.

Deixe-me explicar.

A hermenêutica é a ciência da interpretação. Dela nos utilizamos para interpretar as Escrituras (ou qualquer texto escrito). Hermenêutica antissobrenatural é um sistema de interpretação que elimina os elementos sobrenaturais da Bíblia. Teólogos liberais alemães, como Bultmann, "desmistificam" os milagres do Novo Testamento, afirmando que jamais ocorreram milagres, sob hipótese alguma; antes, teriam sido histórias criadas para dar expressão aos mitos correntes no Oriente Próximo antigo. Escritores tradicionais, que jamais sonhariam em tratar as Escrituras desse modo, empregam a hermenêutica antissobrenatural de outra maneira. Para estes, ocorreram milagres naqueles tempos, porém não mais se prestam para os dias de hoje.

Sempre que um de meus estudantes declarava ter sido inspirado a tornar-se missionário mediante a leitura da história de Paulo, no livro de Atos, dava-lhe minha benção. Pensava ser essa uma maneira válida de usar as Escrituras. Por outro lado, se algum aluno me dissesse que, pela leitura do livro de Atos, sentiu-se desejoso de ser usado por Deus no ministério de curas, então eu o corrigia imediatamente. Dizia-lhe que estava fazendo uso indevido das Escrituras. Meu veredito era: "Você pode copiar os elementos não miraculosos dos evangelhos e do livro de Atos, mas não os milagres".

Eu lia os evangelhos e o livro de Atos através das lentes da hermenêutica antissobrenatural, e, cada vez que chegava a uma história de milagre, elas me permitiam enxergar sua veracidade, mas filtravam qualquer aplicação que tivessem para os dias atuais.

Como justificar a hermenêutica antissobrenatural? Onde, nas Escrituras, somos informados de que devemos ler a Bíblia dessa maneira? Onde, nas Escrituras, somos orientados a copiar os elementos não miraculosos e a descartar a atualidade dos milagres?

Esse argumento também é falso por uma segunda razão. No mundo antigo, no Oriente Próximo, do qual a Bíblia faz parte, a maneira mais comum de comunicar uma doutrina teológica era contando uma história. Às vezes os escritores modernos tratam os evangelhos e o livro de Atos como se fossem nada mais do que relatos jornalísticos. Definitivamente, são mais que isso; eles são, em si mesmos, teologia. Lucas, ao escrever o terceiro evangelho e o livro de Atos, selecionou o material com extremo cuidado, para ensinar verdades teológicas bem definidas aos seus leitores.[21]

A prática de utilizar histórias para ensinar teologia ainda é comum no Oriente. Participei de uma grande conferência em Cingapura, e um dos pastores locais informou-me que um dos anciãos chineses de sua igreja costumava responder a perguntas teológicas com histórias. Quando pensamos acerca de quanto do Antigo e do Novo Testamento consiste em narrativa, somos forçados a concluir que Deus também aprecia esse método de ensinar teologia.

Em minha cópia do Novo Testamento da Versão King James, os evangelhos e o livro de Atos ocupam 205 páginas, e as epístolas de Paulo, 87; outras epístolas, 34 páginas; e o Apocalipse, 22. Os evangelhos e o livro de Atos ocupam 59% do Novo Testamento. Todas as epístolas juntas perfazem 35%. Fosse verdadeiro o argumento de que não podemos usar os evangelhos e o livro de Atos como fontes doutrinárias, seríamos forçados a considerar 59% do Novo Testamento como doutrinariamente sem valor. Teríamos apenas 35% do Novo Testamento para estabelecer nossas doutrinas!

Obviamente, ninguém acredita nisso. Dizer que não se pode utilizar os evangelhos e o livro de Atos para determinar a relevância dos milagres pela Igreja atual é mera arbitrariedade. Tal afirmativa não tem base nas Escrituras, mas em preconceito.

Temos ainda uma terceira razão para considerar falso tal argumento: ele contradiz as Escrituras. O apóstolo Paulo disse: "Toda Escritura é inspirada por Deus e útil para o ensino, para a repreensão, para a correção, para a educação na justiça" (2Timóteo 3:16). Paulo disse: "Toda Escritura" – e não: "Somente as epístolas", ou: "Exceto os evangelhos e o livro de Atos" – é útil para o ensino.

Há também uma outra contradição. Paulo, em suas epístolas, pelo menos seis vezes ordena aos crentes que sigam o seu exemplo conforme ele seguia o exemplo de Cristo, ou aprova aqueles que seguiam o seu exemplo (1Coríntios 4:16-17; 11:1; Filipenses 3:17-4.9; 1Tessalonicenses 1:6; 2Tessalonicenses 3:9). Paulo não estabelece qualquer distinção entre elementos miraculosos e não miraculosos, em sua vida. Paulo imitava a Cristo, que tinha uma história de milagres, e o mesmo sucedia com Paulo. Por que, então, competiria a nos imitar somente a parte que não envolvia milagres nas vidas de Jesus e de Paulo? São eles nossos exemplos apenas na vida moral? Paulo não estabelece tal distinção.

Lembremos que o único registro inspirado da história eclesiástica é o livro de Atos! Esse é o único período da vida da Igreja apresentado sob a ótica divina e cujo registro podemos creditar cem por cento de precisão. É o único período da história em que podemos ter certeza da opinião de Deus sobre a vida e o ministério da igreja.

O livro de Atos é a melhor fonte de que dispomos para saber como deve ser a vida quando o Espírito Santo está presente e operando na Igreja. Encontramos nesse livro uma Igreja apaixonada por Deus, disposta ao sacrifício – ao ponto do martírio – e que operava milagres. Por que Deus a desejaria diferente hoje? Alguém, sinceramente, preferiria a Igreja dos dias de Calvino ou a do século xx, nos Estados Unidos da América, como modelo?

Lembre-se de um ponto já mencionado: se um recém-convertido, que nada sabe de história do Cristianismo ou de Novo Testamento, fosse trancado numa sala por uma semana, com uma Bíblia, sairia dali crendo que os milagres fazem parte da experiência atual da Igreja. Seria necessário um teólogo muito astuto para convencê-lo do contrário.

Quaisquer que sejam os propósitos atribuídos aos milagres do Novo Testamento, não se pode afirmar que Deus os tenha realizado por necessidade, ou por supostas deficiências que circundavam a pregação inicial do Evangelho. As curas e os milagres eram dádivas da parte de Deus. O Evangelho jamais dependeu deles. Também não se pode dizer que os milagres tinham o propósito de confirmar os apóstolos ou provar a autoridade das Escrituras.

Não obstante, o Novo Testamento – incluindo os evangelhos e o livro de Atos – revela que Deus realizava milagres. Ele curava pessoas, e tinha importantes propósitos com essas curas. Exploraremos esses propósitos mais amplamente, nos próximos dois capítulos.

POR QUE DEUS CURA?

Já faz mais de 18 anos quando descobri, numa sexta-feira à tarde, que minha esposa estava grávida daquele que seria nosso primogênito. Foi uma grande celebração! Mas no sábado pela manhã, Leesa teve de ser levada às pressas para o hospital, pois estava prestes a abortar. O médico, que era também um bom amigo, declarou: "Serei honesto. Sei o quanto vocês querem a criança, mas é provável que essa gravidez termine em aborto. Darei a Leesa o medicamento apropriado, e a enviarei para casa a fim de descansar. Em todo o caso, não quero que vocês percam a esperança".

Sentamo-nos no divã de nosso pequeno apartamento, e aí choramos. Passamos por todas as emoções oriundas de tal situação. Mas em meio à tristeza, pensei: "Espere um minuto. Se não aceito passivamente as opiniões dos teólogos, como aceitaria as de um médico?".

Tinha outro amigo que era médico, e que havia escrito um manual sobre ginecologia. Chamei-o pelo telefone, e lhe disse: "Acabamos de chegar do médico, e ele diz que Leesa pode ter um aborto. Quero a sua opinião".

"Quais os sintomas dela?", perguntou-me ele.

Então listei todos os sintomas de Leesa.

"O caso de Leesa foi diagnosticado corretamente. Se essa criança vier a nascer, há 80% de chance de que ela seja deficiente tanto física quanto mental. E vocês gastariam grande parte de sua vida e de seu dinheiro cuidando dela. O mais provável, contudo, é que Leesa perca a criança. E, isso, afinal, pode representar uma benção para vocês, que ainda são jovens e poderão ter outros filhos. Se vocês não fossem crentes, eu lhes diria que essa é a maneira pela qual a natureza livra-se dos que não são suficientemente fortes para sobreviver. Como vocês são crentes, penso que Deus está lhes poupando de grande dose de sofrimento e gastos, ao permitir que o bebê não sobreviva".

Há 18 anos, consolei-me com essas palavras; resignei-me a perder o filho. Hoje, firmado no que sei sobre a natureza, propósito e poder de Deus, não me conformaria. Mas naquele tempo, infelizmente, era uma pessoa diferente, dotado de uma teologia menor, e que punha restrições à obra de Deus.

Tomei a pôr o telefone no gancho e voltei ao quarto onde estava Leesa. Eu queria que ela também se consolasse com aquelas palavras. Ela continuava sentada no divã, chorando. Seu rosto estava vermelho e inchado; o nariz, escorrendo; os olhos, congestionados. Disse-lhe eu: "Leesa, tudo dará certo. Acabo de falar com outro médico". Relatei-lhe tudo quanto nosso segundo amigo me dissera. Leesa, entretanto, parecia não ouvir uma palavra do que eu lhe dizia.

Pensei que ela estivesse perturbada para ouvir-me. Por isso, aproximei-me e repeti-lhe tudo quanto ouvira do médico. Entretanto, ela continuou recusando-se a reconhecer-me. A essa altura, comecei a ficar exasperado, por ela não estar me dando ouvidos.

Sua reação, porém, não se fez por esperar. Embora seus olhos estivessem quase cerrados pelo inchaço, desferiam raios como relâmpagos. Suas palavras foram ainda mais surpreendentes: "Não me importo com o que você está dizendo. Não há maneira de eu crer que a perda desse bebê seria uma benção. Eu amo esse bebê de todo o meu coração. A pior coisa no mundo que me poderia acontecer seria perdê-lo. Não me importa que ele tenha deficiência. Passarei o resto de minha vida cuidando dele, se Deus permitir que eu o tenha".

Fiquei boquiaberto. Tive o sentimento de estar pisando terra santa. Resolvi não dizer mais nada, pois me era difícil compreender os sentimentos de minha esposa em relação àquela criança que estava sendo gerada.

Como podia ela sentir-se daquela maneira acerca de uma criança que ainda não havia nascido? Além do mais, ela sabia estar grávida há menos de 24 horas. E, nesse período, a novidade só lhe havia causado tristeza e pesar. Não obstante, a pior coisa que lhe poderia acontecer, segundo suas próprias palavras, era perder a criança! Onde ela havia obtido aquela espécie de amor? De onde lhe viera tanta compaixão? Enquanto, estonteado, ponderava aquelas questões, a palavra *raham* explodiu-me no cérebro como se fora a bala de algum franco-atirador angelical.

A melhor maneira de exprimir a compaixão de Deus, no Antigo Testamento, era mediante o termo hebraico *raham*, "ventre".[1] Mas de onde haviam os hebreus selecionado tal palavra para expressar a compaixão divina? Muito provavelmente das observações de um marido hebreu ao ver os intensos sofrimentos de sua esposa grávida pelo infante que estava sendo gerado em seu ventre. Ele sabia que ela tinha um amor tão grande por aquela criança que ele ainda não podia experimentar.

Em meu Espírito, olhei para o céu, e disse: "Este é o sentimento que minha esposa nutre pelo nosso filho que ainda não nasceu. E creio que tu sentes o mesmo por nós. Não é verdade, Senhor?".

Somos como aquele infante no ventre: moralmente debilitados e em tudo dependentes de Deus quanto as nossas próprias vidas. A criança que Leesa trazia no ventre causava-lhe dor e ameaçava-lhe a vida. Nós, igualmente, causamos dor a Deus. Custamos a vida de seu único Filho. Eis por que o Pai celeste é tocado por nossa dor. Ele não quer que os seus "pequeninos" se percam (Mateus 18:6). Visto ser Deus compassivo, ele deseja ajudar-nos em todas as nossas dificuldades.

Quando alguém me diz que Deus não está mais curando ou que cura muito raramente, tenho vontade de lhe perguntar: "E para onde foi a compaixão do Senhor? Jesus Cristo não visita mais as nossas igrejas? Não nota mais a nossa dor? Não cuida mais de nossos entes queridos que se acham nos hospitais e hospícios? Não se importa mais com nossos bebês que nascem com deficiência?". Não, não penso que a compaixão divina tenha diminuído. Pelo contrário: ela continua tão disposta hoje como no primeiro século a tocar-nos os espíritos e corpos. A Igreja é que mudou; Deus não.

Neste capítulo, pois, exploraremos não somente a compaixão de Deus, mas também algumas das razões pelas quais ele curava no passado e continua a curar em nossos dias.

DEUS CURA MOVIDO PELA COMPAIXÃO E PELA MISERICÓRDIA

O ministério de curas de Jesus foi motivado por sua compaixão. Um incidente típico acha-se registrado em Mateus 14:13-14:

> Jesus, ouvindo isto, retirou-se dali num barco, para um lugar deserto, a parte; sabendo-o as multidões, vieram das cidades

seguindo-o por terra. Desembarcando, viu Jesus uma grande multidão, compadeceu-se dela e curou os seus enfermos.

Foi a compaixão que motivou Jesus a curar leprosos (Marcos 1:41-42), o jovem endemoninhado (Marcos 9:22), o cego (Mateus 20:34), e até a ressuscitar mortos (Lucas 7:11-17). Em Mateus, a multiplicação de pães às quatro mil pessoas não foi motivada pelo desejo de Cristo em demonstrar que é o pão da vida, mas pela sua compaixão por aquela multidão pobre e faminta (Mateus 15:32). De igual modo, Jesus curou o cego (Mateus 9:27-31; 20:29-34), o endemoninhado (Mateus 15:22-28; 17:14-21) e os leprosos (Lucas 7.13-14) em resposta aos seus respectivos clamores. E até mesmo a cura do mais notório endemoninhado de Novo Testamento é atribuída à misericórdia divina (Marcos 5:19).

Os textos que acabamos de mencionar demonstram que a compaixão e a misericórdia divinas foram os fatores predominantes nas curas narradas no Novo Testamento.[2] Enquanto Jesus percorria as estradas poeirentas da Palestina, ia sendo tocado pelas dores e enfermidades dos que o rodeavam. Ele não se desgostava daqueles cujos corpos estavam infectados pela lepra. Mas impunha-lhes as mãos e os curava. Certo dia, sentiu-se movido em seu espírito ao ver um cortejo fúnebre que conduzia o cadáver do filho único de uma viúva. Sentiu-se movido de íntima compaixão e o ressuscitou! Quando lhe traziam os aleijados, os cegos e os deficientes, ele não se mantinha indiferente. Jesus não lhes fazia dissertações teológicas; antes, curava a todos.

Compreender a compaixão de Cristo pelos enfermos e baqueados pela sorte tem grandes implicações práticas. Com frequência, deparo-me com pessoas entusiasmadas que devotam grande parte de seu tempo a orar pelos enfermos e problemáticos. Algumas delas veem quase nenhum resultado neste ministério. Conversando com elas, não é difícil descobrir por que obtêm tão pouco sucesso. Em primeiro lugar, sua motivação primaria não é a compaixão; é a expectativa de algo excitante, sobrenatural ou provar a seus oponentes teológicos que Deus continua a curar.

Tais motivos não são apropriados para se obter a cura divina. Deus não tem a obrigação de satisfazer-nos a curiosidade nem ajudar a seus filhos a vencer disputas desnecessárias. O grande motivo de Deus é justamente demonstrar compaixão por seus filhos. E se você demonstrar a mesma compaixão pelos enfermos e oprimidos, o poder curador de Cristo fluirá através do ministério que ele lhe entregou. Rogue ao Pai celeste que lhe permita sentir compaixão pelos doentes e amargurados de Espírito.

Afirmar que Jesus haja retirado seu ministério curador da Igreja atual é admitir que ele também já não sente compaixão por nós. Se crermos, porém, num Salvador compassivo, precisamos estar cientes de seu amor em dispensar-nos a cura sobrenatural.

DEUS CURA PARA GLORIFICAR A SI MESMO E A SEU FILHO

O propósito explícito de algumas curas era o de glorificar o nome de Deus. Haja vista a ressurreição de Lázaro. Na ocasião, disse Jesus a seus discípulos: "Esta enfermidade não é para a morte, e, sim, para a glória de Deus, a fim de que o Filho de Deus seja por ela glorificado" (João 11:4). Depois disse a Marta: "Não te disse eu que se creres verás a glória de Deus?" (João 11:40). Embora tenha o milagre demonstrado também ser Jesus a ressurreição e a vida, o propósito declarado era o de glorificar a Deus. Na realidade, ambos os propósitos não formam uma contradição. Pois quando Jesus ressuscitou Lázaro, demonstrou ser ele próprio a ressurreição e a vida e, com isso, levou o povo a glorificar a Deus.

O mesmo propósito pode ser visto nas curas apostólicas. Lucas assim narrou a cura do aleijado que ficava na porta Formosa do templo:

> A vista disto, Pedro se dirigiu ao povo, dizendo: israelitas, por que vos maravilhais disto, ou por que fitais os olhos em nós como se pelo nosso próprio poder ou piedade o tivéssemos feito andar? O Deus de Abraão, de Isaque e de Jacó, o Deus de nossos pais, *glorificou a seu Servo Jesus*, a quem vós traístes e negastes perante Pilatos, quando este havia decidido soltá-lo. (Atos 3:12-13, a ênfase é minha)

Essa cura também alcançou seu intento, como Lucas o registra: "porque todos glorificavam a Deus pelo que acontecera" (Atos 4:21 NASB).

Essa foi uma reação normal do povo, que já vinha observando o ministério miraculoso de Jesus. Com frequência, louvavam e glorificavam ao Deus de Israel. Para exemplificar, citamos Mateus:

> E vieram a ele muitas multidões trazendo consigo coxos, aleijados, cegos, mudos e outros muitos, e os largaram junto aos pés de Jesus; e ele os curou. De modo que o povo se maravilhava ao ver que os mudos falavam, os aleijados recobravam saúde, os coxos andavam e os cegos viam. *Então glorificavam ao Deus de Israel.* (Mateus 15:30,31, a ênfase é minha NASB)

Esse é um dos grandes temas do Evangelho de Lucas. O povo glorificou a Deus ao ver Jesus curar o paralítico que fora descido através do eirado da casa (Lucas 5:24-26), ressuscitar o filho da viúva de Nairn (Lucas 7:16), libertar a mulher encurvada pelo Espírito imundo (Lucas 13:13-17) e dar vista ao cego (Lucas 18:42-43). Lucas leva o tema a uma conclusão apoteótica: "E quando se aproximava da descida do monte das Oliveiras, toda a multidão dos discípulos passou, jubilosa, a louvar a Deus em alta voz, por todos os milagres que tinham visto" (Lucas 19:37).

Jesus realmente esperava que o povo acolhesse o poder curador de Deus a fim de o glorificar. Havendo curado os dez leprosos, Jesus entristeceu-se ao ver que somente um voltara para agradecer: "Não eram dez os que foram curados? Onde estão os nove? Não houve, porventura, quem voltasse para dar glória a Deus, senão este estrangeiro?" (Lucas 17:17-18 NASB).

A natureza dos milagres do Senhor Jesus tinha como essência glorificar a Deus. Quando ele transformou água em vinho, por exemplo, sua glória foi manifestada (João 2:11).[3] Todos esses textos demonstram que os seus milagres não serviam apenas para autenticar-lhe a mensagem, mas também para que o Pai fosse glorificado no Filho.

À semelhança da compaixão de Deus, esse propósito não está arraigado em alguma circunstância histórica. Deus sempre esteve preocupado em trazer a glória a si mesmo e ao seu Filho. Por isso é que as curas constatadas hoje têm de servir, necessariamente, para o mesmo propósito. Aliás, tenho observado, em não poucas ocasiões, que, quando Deus cura alguém, quer pública quer privadamente, os circunstantes reagem imediatamente louvando e glorificando a Deus.

Glorificar a Deus através de curas e milagres era muito proeminente no ministério de William Duma. Esse famoso pregador negro sul-africano foi usado por Deus em muitos milagres notáveis até o fim de seus dias em 1977. A reputação de Duma era tão grande que até os brancos visitavam a sua igreja, buscando ser curados por Jesus Cristo. Isso numa época e num lugar onde os brancos eram proibidos de visitar igrejas negras.

Duma era um homem realmente santo. Fazia um jejum anual de vinte dias, na mais completa solidão, para obter direção e poder para o seu ministério. Contudo, não lançava sua santidade como o segredo dos milagres e curas que o Senhor realizava por seu intermédio. O seu segredo é encontrado no título de sua biografia, *Take Your Glory, Lord*. Em português: "Tome a sua glória, Senhor". Quando impunha as mãos sobre os enfermos para orar, seu pensamento dominante era que o Filho de Deus fosse glorificado. E o Senhor jamais deixou de o honrar com muitos milagres notáveis, incluindo a ressurreição de uma menina.[4]

Isso me leva a um dos principais obstáculos para a cura da igreja hoje. Conheço muitos obreiros que almejam ter um ministério de curas, mas confessam que, quando impõem as mãos sobre os enfermos, ficam preocupados. E se Deus não operar? Como serão considerados pelos presentes?

Preocuparmo-nos com a nossa própria glória não é a maneira correta de se obter a resposta divina. Pois Deus não se preocupa primariamente com a maneira pela qual parecemos aos olhos do mundo. Ele permitiu que seu próprio Filho se passasse por tolo diante do mundo no Calvário (1Coríntios 1:18-25). Também permitiu que os seus apóstolos se tornassem espetáculos diante do Universo inteiro (1Coríntios 4:9-13). Por que pensaríamos fosse Deus se preocupar com a nossa reputação quando permitiu que seus apóstolos parecessem "loucos" por causa de Cristo (1Coríntios 4:10)? Ele não há de curar para impedir-nos de parecer tolos. Entretanto, ele o fará para que o seu Filho seja glorificado. E o que nos dizem as Escrituras é a própria experiência cristã.

Passei por esse temor quando comecei a orar pelos enfermos. Entre outras coisas, o que os meus colegas, no seminário, pensariam de mim? E os meus amigos? Por muitos anos, havia ensinado que Deus raramente curava por meios sobrenaturais em nossos dias. Por conseguinte, o que eles diriam de mim se eu começasse a orar pelos enfermos e as pessoas não fossem curadas?

Naqueles primeiros dias, o Senhor "fez um acordo" comigo. Foi como se ele dissesse: "Se você não tomar o crédito quando alguém for curado, não terá de levar a culpa quando outro alguém não o for". Noutras palavras: se tivermos o cuidado de dar ao Senhor a devida glória, então ele arcará com todas as responsabilidades quanto aos que forem e aos que não forem curados.

O amor à fama tem colocado muitos ministérios em dificuldade. Infelizmente, os ingênuos e mal orientados demonstram grande deferência para com os que são usados no ministério de cura. Não raro, pastores e evangelistas encorajam tal prática, contando histórias em que eles mesmos são o centro da atenção. E, assim, usurpam o lugar do Senhor Jesus. Os que agem assim serão repreendidos (João 5:44).

Quanto a mim, acredito que muitos dos que alegam terem grandes ministérios de curas são, na verdade, fraudulentos. Embora alguns deles tenham sido realmente usados pelo Senhor, perderam com o tempo a prioridade do Reino e passaram a se autopromover, atraindo grandes multidões e significativas somas de dinheiro. Os que se promovem acabam perdendo o ministério e a comunhão com o Senhor.

Se você deseja ser usado pelo Senhor de maneira significativa, cultive o desejo de ver o Filho de Deus glorificado. Glorificando-o, jamais naufragaremos na fé nem seremos induzidos ao erro.

DEUS CURA EM RESPOSTA À FÉ

A mulher que sofria do fluxo de sangue há 12 anos veio quase se arrastando por detrás de Jesus, tocou-lhe na orla do manto e foi instantaneamente curada. Jesus, sentindo que virtude saíra de si, voltou-se à mulher: "Tem bom ânimo, filha, a tua fé te salvou" (Mateus 9:22). De igual modo, foi a fé duma cananeia que impeliu a Jesus a curar-lhe a filha endemoninhada. Disse-lhe ele: "Ó mulher, grande é a tua fé! Faça-se contigo como queres" (Mateus 15:28). Foi ainda a fé que motivou-o a curar o paralítico que lhe baixaram do eirado em Cafarnaum. As Escrituras dizem que "vendo-lhes a fé" (Mateus 9:2), ele curou o paralítico.[5]

Esse mesmo princípio encontra-se no ministério dos apóstolos. Lucas deixou registrado que

> em Listra costumava estar assentado certo homem aleijado, paralítico desde o seu nascimento, o qual jamais pudera andar. Esse homem ouviu falar de Paulo, que, fixando nele os olhos e vendo que possuía fé para ser curado, disse-lhe em alta voz: "Apruma-te direito sobre os pés". Ele saltou e andava. (Atos 14.8-10)

O Novo Testamento ensina claramente que Deus responde à fé, curando os enfermos.

Três histórias de curas, no ministério de Jesus, revestem-se de particular significação para os crentes de hoje. A primeira descreve dois cegos que vieram a Jesus, solicitando-lhe a cura. O Senhor, então, lhes pergunta: "Credes que eu possa fazê-lo?" (Mateus 9:28). A pergunta não somente sublinha a importância da fé para a cura, mas também realça a natureza da própria fé. Ter fé em Deus significa confiar que ele tem poder também para curar. Embora eu já tenha me deparado com muitos incrédulos na igreja, a vasta maioria dos crentes afirma que ele pode curar. Apesar de estes dizerem que Deus possa fazer qualquer coisa, seus corações acham-se distantes dessa profissão.

Certa ocasião, discutia eu com um grupo de teólogos profissionais quando o assunto passou a girar em torno da cura divina. Eles, então, começaram a enumerar as coisas que não pediriam a Deus que curasse. Uns citavam a cegueira; outros, a surdez; e outros ainda, a deformidade física ou o restabelecimento de um membro amputado. Como se vê, eles só poderiam orar por resfriado e dor de cabeça. Antes que a discussão terminasse, aqueles doutos senhores já haviam negado, virtualmente, a possibilidade de qualquer milagre em nossos dias.

Em síntese, aqueles homens disseram que Deus *poderia* curar a cegueira ou ressuscitar os mortos. Chegaram até a afirmar que Deus *cura* atualmente. Todavia, não estavam dispostos a orar pelas enfermidades citadas. Intelectualmente, assentiam que Deus pode curar, mas em seu coração não tinham real confiança em Deus. A questão, pois, não é se Deus pode curar, mas se Deus realmente cura. Você nunca vai pedir algo a Deus que você não acredita que ele faz.

Na segunda narrativa, um leproso veio a Jesus e lhe rogou: "Senhor, *se quiseres*, podes purificar-me" (Mateus 8:2; a ênfase é minha). Esse homem certamente acreditava na habilidade de Jesus em curar qualquer enfermidade terminal. Mas também compreendeu que não seria curado simplesmente porque acreditava no poder curador de Cristo. Por isso, disse: "Se quiseres". A fé que Deus requer não é uma *certeza psicológica*, mas a confiança em sua capacidade e vontade em curar. E a confiança de que Deus ama seus filhos e os cura de fato.

Há, em nossos dias, uma doutrina da cura que anda à beira da presunção. Ensina que é da vontade de Deus curar todas as enfermidades. De acordo com os seus promotores, tudo quanto nos resta fazer é confessar e reivindicar a nossa cura, pois Deus é *obrigado* a curar-nos. Outra, porém, foi a atitude do leproso: "Senhor, se quiseres, podes purificar-me". E Jesus honrou-lhe a fé: "Quero, fica limpo!" (Mateus 8:3).[6]

Certa ocasião, ouvi o relato de uma mulher que fora curada após ter confessado por 184 vezes: "Eu estou curada". O homem que deu o relato indagou: "Que aconteceria se ela tivesse parado na centésima octogésima terceira vez?". Ora, não estou negando que a cura tenha realmente ocorrido. Pois Deus não requer que sejam a nossa teologia e prática perfeitas para que ele possa operar. Mas tal ensino pode ser destrutivo, porque desvia-nos da fé em Deus para uma mera certeza psicológica. Uma certeza que Deus realmente não requer.

Sei que há ocasiões em que Deus nos dá uma certeza psicológica quanto à realização da cura. Em minha vida, tem havido ocasiões em que, ao orar por um enfermo, não paira qualquer dúvida sobre a cura deste.

Certa vez, uma jovem mãe de nossa igreja, chamada Karen Hersom, telefonou-me. Em prantos, contou-me que se achava grávida novamente, mas que a criança que trazia no ventre enfrentava sérios problemas. Segundo revelara a ultrassonografia, o rim da menina estava atrofiado. Apesar de o médico lhe haver assegurado que o outro rim era normal, e que o bebê seria capaz de viver bem com apenas um rim, Karen não se conformava.

Enquanto ela me narrava os fatos, uma paz divina instalou-se em mim, impelindo-me a dizer àquela mulher: "Não se preocupe, Karen. Nós oraremos por você, e Deus curará o seu bebê".

"O senhor realmente pensa assim?", indagou ela.

"Sim", respondi. "Tudo ficará bem."

Ao colocar o fone no gancho, comecei a perceber a gravidade do que eu havia dito. Tinha feito algo que raramente faço quando oro pelos enfermos. Eu tinha prometido a cura a Karen.

Quando Karen veio ao meu escritório no dia seguinte, meu amigo, Steve Zarit, e eu, oramos por ela. E houve algumas manifestações físicas do poder de Deus sobre Karen naquele momento. Dez dias mais tarde, ela foi novamente ao mesmo médico, que pediu uma segunda ultrassonografia. E lá estava o milagre! Ambos os rins do bebê exibiam agora as mesmas dimensões; ambos saudáveis e normais. O bebê nasceria três meses mais tarde sem nenhum problema físico.

Depois dessa ocasião, já orei diversas vezes por bebês prematuros que vieram a morrer. E isso levou-me a compreender que não sou capaz de produzir qualquer certeza psicológica. Ela é um dom de Deus; não pode ser manufaturada pela mente humana. Se você realmente não acredita na capacidade e na boa vontade divina para curar, provavelmente jamais experimentará esse tipo de fé.

A terceira narrativa é acerca do menino endemoninhado e epiléptico do capítulo nove do Evangelho de Marcos. O pai o trouxera aos discípulos, mas estes não puderam expulsar o demônio. Se aquele homem tinha qualquer fé no começo, o fracasso dos discípulos certamente dissipou-lha. Então ele rogou a Jesus: "Mas se tu podes alguma cousa, tenha compaixão de nós, e ajuda-nos". Jesus retrucou-lhe: "Tudo é possível ao que crê". Esse é um princípio enfatizado por Jesus de modo consistente (Mateus 21:21-22). Jesus não impôs qualquer limitação ao que podemos pedir a Deus. E por que haveríamos nós de limitá-lo?

Os professores que mencionei não pediriam a Deus que curasse cegueiras e paralisias. Limitar-se-iam a rogar-lhe que guiasse as mãos do médico numa cirurgia e no aviamento das receitas. Por que limitar a Deus? Eles limitam o poder curador de Deus quando se recusam a ensinar sobre a cura divina ou não encorajam a oração em favor dos enfermos.

Talvez você jamais tenha visto o Senhor curar um cego ou um paralítico, mas por que deixaria sua experiência estabelecer limites a Deus? Você acredita que ele pode atuar sobrenaturalmente de outras maneiras. Então creia que ele, de fato, cura de maneira sobrenatural!

Durante o tempo em que fui estudante e professor de seminário, ouvia constantemente os estudantes testemunharem acerca de como Deus lhes havia suprido sobrenaturalmente as necessidades. Não era raro ouvir um estudante dizer que precisava de 139 dólares para pagar as despesas e, sem saber de onde, eis o cheque de 139 dólares. Já ouvi numerosas histórias dessa natureza. A maioria dos crentes não tem qualquer dificuldade em acreditar que Deus age sobrenaturalmente em questões como essas. Por que, então, é tão difícil acreditar que ele possa endireitar uma coluna ou regular a química de algum diabético? Teria Deus capacidade apenas para resolver problemas financeiros? Não poderia ele endireitar uma coluna vertebral? Acontece, porém, que nos limitamos a orar por nossas necessidades, mas não o fazemos em relação às nossas enfermidades. Se Deus curava, em resposta à fé, nos dias do Novo Testamento, então por que ele não nos responderia hoje mediante a mesma fé? Se não há curas hoje, o problema repousa sobre a capacidade da Igreja em crer em Deus quanto à cura.

Será que Deus tem mais dificuldade de ajeitar uma coluna torta do que atender as necessidades financeiras? É claro que não. Nós apenas oramos mais frequentemente sobre as nossas finanças, mas não oramos por nossa saúde com fé. Se Deus cura em resposta à fé no Novo Testamento, então por que ele não curaria atualmente? Onde há falta de cura hoje, eu não acredito que o problema esteja na habilidade de Deus ou em sua vontade, mas, em vez disso, na habilidade da Igreja de acreditar na cura de Deus.

Relembremo-nos destas três características da fé:

1. A fé no poder curador de Jesus é confiar que ele realmente cura.
2. A fé no desejo que Jesus tem de curar não deve ser equiparada a certeza psicológica. Ele curara até mesmo quando não temos nenhuma certeza psicológica.
3. A fé não impõe restrições a habilidade de Deus em favor de seus filhos, porquanto "tudo é possível àquele que crê".

DEUS CURA EM RESPOSTA A SUA PRÓPRIA PROMESSA

Há outra razão irrefutável para crermos ser a cura um ministério primário da Igreja atual. Em Tiago 5:14-16, Deus comissiona a Igreja a exercê-lo:

> Está alguém entre vós doente? Chame os presbíteros da igreja, e estes façam oração sobre ele, ungindo-o com óleo em nome do Senhor. E a oração da fé salvará o enfermo, e o Senhor o levantará; e, se houver cometido pecados, ser-lhe-ão perdoados. Confessai, pois, os vossos pecados uns aos outros, e orai uns pelos outros, para serdes curados. Muito pode, por sua eficácia, a súplica do justo.

Agora, pois, pergunte a si mesmo por que Deus ordenou à Igreja que orasse pelos enfermos, fazendo-lhe uma promessa que, de há muito, se constitui numa norma. Muitas igrejas que acreditam na infalibilidade de suas Bíblias não sabem que Tiago 5:14-16 faz parte do texto sagrado. Lecionei no seminário por dez anos antes de haver encorajado os alunos a aplicarem essa passagem de Tiago. Quanto aos que me haviam discipulado, jamais disseram ser responsabilidade da igreja orar e ungir os enfermos.

Os membros da igreja jamais pedirão a seus pastores que orem por eles, a menos que sejam ensinados a fazê-lo. E também jamais terão confiança no poder curador de Deus, se não forem doutrinados corretamente. Assim que nos pusemos a ensinar e a pôr em prática Tiago 5:14-16, Deus começou a curar em nossa igreja. Ruth Gay, a irmã que mencionei no segundo capítulo deste livro, foi a primeira beneficiada por esta nossa tomada de posição. Jesus a curou de um aneurisma.

Não são apenas os anciãos, ou presbíteros, da igreja que devem orar pelos enfermos. No versículo 16, Tiago ordenou a todos os crentes: "E orai uns pelos outros, para serdes curados". Se a Igreja inteira levasse mais a sério a ordem divina, mais curas seriam operadas em nosso meio.

Neste capítulo, vimos que o ministério de curas está arraigado ao eterno desejo do Pai em glorificar a si mesmo e ao Filho, a sua profunda compaixão pelos que sofrem e a sua constante disposição em responder aos que exercem a fé. Ele também cura em resposta a sua própria ordem e promessa que fez à Igreja. Bastam essas quatro razões para convencer-nos de que o propósito divino à cura acha-se baseado sobre sua natureza imutável, e não sobre circunstâncias históricas.

As Escrituras oferecem-nos ainda outras razões pelas quais Deus cura. Embora sejam elas discutidas longamente no Apêndice A, mencioná-las-ei abreviadamente aqui. Ele cura para levar o pecador ao arrependimento e abrir-lhe as portas para o Evangelho. Ele cura para ensinar-nos a respeito de si mesmo e de seu Reino. Ele cura a fim de demonstrar a presença de seu Reino. Ele cura para atender às pessoas que lho pedem. E ele cura por suas razões soberanas, conhecidas somente por ele mesmo.

Nenhuma dessas razões está alicerçada sobre as circunstâncias históricas que caracterizaram a Igreja do primeiro século de nossa era. Elas encontram-se arraigadas ao caráter e aos propósitos eternos de Deus. Se o Senhor curava no primeiro século da era cristã por estar motivado pela sua compaixão e misericórdia pelos que sofriam, por que retiraria ele essa compaixão pelo simples fato de os apóstolos não se encontrarem mais entre nós? Não sente ele mais compaixão pelos leprosos? Será que não se comove diante de um aidético? Se Jesus e os apóstolos curaram no primeiro século a fim de trazer glória a Deus, por que não iriam permitir hoje que seu Filho fosse glorificado através do ministério da cura?

Os propósitos bíblicos para a cura continuam válidos até hoje. À medida que nos alinhamos a eles, passamos a comprovar que, realmente, Jesus Cristo é o mesmo ontem, hoje e eternamente. Ele continua a curar.

POR QUE DEUS CONCEDE DONS MIRACULOSOS?

No outono de 1987, estava eu dirigindo um estudo bíblico de uma semana. Na noite de quarta-feira, particularmente, havia cerca de cem pessoas reunidas. Ao término da reunião, demos ao povo a oportunidade de compartilhar publicamente qualquer coisa que pensassem ter sido revelada pelo Senhor e trouxesse edificação aos presentes. Uma jovem mulher, de nome Karen Fortson (hoje sra. Tom Davis) estava sentada na fileira da frente. Ela imediatamente levantou-se e disse, de modo gentil: "O Senhor mostrou-me um jovem senhor, que pela primeira vez se reúne conosco. Ele é escravo da pornografia. O Senhor quer ajudá-lo, mas não pretende deixá-lo envergonhado. Depois da reunião, deve procurar e pedir oração a um dos líderes". Karen mais tarde revelou-me estar tão certa de que o Senhor lhe havia falado que teve medo de olhar em volta. Tinha certeza de que o Senhor lhe mostraria o jovem, e ela não queria saber!

Quando a reunião terminou, o jovem veio até mim, pálido, tremendo e suando. E confessou-me: "Sou aquele de quem a jovem estava falando". Ele estava preso à pornografia desde a adolescência. E, apesar de ser, agora, um estudante de seminário, com esposa e filhos, continuava escravo – mais do que nunca. No entanto, fez uma completa confissão a mim e a outro pastor, e oramos por ele.

Em 1Coríntios 14:24-25, Paulo descreve o que aconteceu naquela noite:

> Porém, se todos profetizarem, e entrar algum incrédulo, ou indouto, e ele por todos convencido, e por todos julgado; tornam-se-lhe manifestos os segredos do coração, e assim, prostrando-se com a face em terra, adorará a Deus, testemunhando que Deus está de fato no meio de vós.

Aquele seminarista não acreditava que os dons do Espírito tivessem validade para hoje, e era hostil ao dom de línguas. Qualificava quem falasse em línguas como ignorante. Ele viera aquela noite ao nosso estudo bíblico justamente para avaliá-lo. Mas Deus resolveu que o jovem era quem devia ser avaliado.

Histórias como essa não são incomuns. Contudo, a despeito dos testemunhos de que Deus ainda hoje opera milagres na igreja, muita gente insiste em afirmar que os dons espirituais cessaram com a morte dos apóstolos. Essa questão deve ser estabelecida por declarações específicas das Escrituras, e não por vagas deduções teológicas ou simples asserções pessoais. Os capítulos 12 a 14 de 1Coríntios oferecem-nos seis razões para a permanência dos dons miraculosos na igreja até a volta do Senhor. E a mais importante dessas razões é o propósito declarado dos dons espirituais.

PROPÓSITO DOS DONS ESPIRITUAIS: FORTALECER A IGREJA

Paulo não deixa dúvidas quanto ao propósito dos dons espirituais. Cada dom foi concedido para fortalecer e edificar a Igreja. Em 1Coríntios 12:7, o apóstolo escreve: "A manifestação do Espírito é concedida a cada um, visando *ao bem comum*" (grifo meu). Que dons Paulo tinha em mente quando fez essa declaração? Nos quatro versículos seguintes, ele prossegue:

> Porque a um é dada, mediante o Espírito, a palavra da sabedoria; e a outro, segundo o mesmo Espírito, a palavra do conhecimento; a outro, no mesmo Espírito, fé; e a outro, no mesmo Espírito, dons de curar; a outro, operação de milagres; a outro, profecia; a outro, discernimento de Espíritos; a uma variedade de línguas; e a outro, capacidade para interpretá-las. Mas um só e o mesmo Espírito realiza todas estas cousas, distribuindo-as, como lhe apraz, a cada um, individualmente.

Paulo reafirma o propósito dos dons espirituais em 1Coríntios 14:26. Notemos, uma vez mais, os dons específicos que ele menciona: "Que fazer, pois, irmãos? Quando vos reunis, um tem salmo, outro doutrina, este traz revelação, aquele outro língua, e ainda outra interpretação. Tudo isso deve ser reunido *para a edificação da igreja*" (grifo meu).[1]

Visto ser o propósito dos dons espirituais fortalecer a Igreja, as curas, os milagres, as línguas e a profecia não se confinavam aos apóstolos, ou a umas poucas pessoas do primeiro século da era cristã. Antes, esses dons foram largamente distribuídos no seio da Igreja. Como já disse, o dom de profecia encontrava-se na igreja em Roma (Romanos 12:6), Corinto (1Coríntios 12:10), Éfeso (Efésios 4:11), Tessalônica (1Tessalonicenses 5:20) e Antióquia (Atos 13.1). O Novo Testamento também cita alguns indivíduos não apóstolos, mas que eram chamados profetas ou exerciam dons de revelação: Ágabo (Atos 11:28; 21:10-11), Judas e Silas (Atos 15:32), as quatro filhas de Filipe, que profetizavam (Atos 21:9), e Ananias (Atos 9:10-19). Milagres eram operados em Corinto (1Coríntios 12:20) e nas igrejas da Galícia (Gálatas 3:5). Havia dom de línguas em Jerusalém (Atos 2:1-13), em Cesareia, entre os convertidos gentios (Atos 10:44-48), em Éfeso (Atos 19:1-7), em Samaria (Atos 8:14-25) e em Corinto (1Coríntios 12:14).[2]

O propósito de fortalecer a Igreja é particularmente verdadeiro quanto ao dom da profecia. Paulo mantém que "o que profetiza, fala aos homens, edificando, exortando e consolando" (1Coríntios 14:3). E, novamente: "O que profetiza edifica a Igreja" (1Coríntios 14:4).

Visto ser a edificação o propósito primário dos dons espirituais, como poderia alguém concluir que foram retirados da Igreja? Se esses dons edificaram a Igreja no primeiro século, por que não a edificariam no século xx? As próprias declarações da Bíblia forçam-nos a crer na sua continuidade. Só então não haverá mais necessidade para dons espirituais.

DEUS ORDENA QUE DESEJEMOS ARDENTEMENTE OS DONS ESPIRITUAIS

Visto serem os dons espirituais que edificam o Corpo de Cristo, não é de surpreender que Paulo tenha ordenado por três vezes aos crentes coríntios que "desejassem" intensamente ou "se esforçassem" pelos dons espirituais (1Coríntios 12:31; 14:1-39). Não lhes disse simplesmente que aceitassem ou tolerassem os dons, mas que fossem "zelosos" acerca deles.[3]

Paulo não queria que os crentes coríntios – ou quaisquer outros cristãos do Novo Testamento – mantivessem uma atitude passiva em relação aos dons espirituais. A questão reveste-se de maior significado quando consideramos a situação em Corinto, onde o abuso dos dons espirituais causara sérios problemas. A solução de Paulo para a controvérsia, entretanto, não era o abandono nem a passividade, mas o cuidado em exercer os dons conforme as regras por ele estabelecidas nos capítulos 12 a 14 de 1Coríntios.

Essas regras têm sido ignoradas por grande parte da Igreja atual. Igrejas há que não só se mostram passivas como também são hostis aos dons espirituais. Perseguem os que aceitam os dons e desencorajam a outros de segui-los. Isso é pura desobediência à Palavra de Deus.

A maioria dos cessacionistas declaram encerrado o ministério dos dons ao término do Novo Testamento ou a morte do último dos apóstolos. O último livro – Apocalipse – foi escrito em torno de 95 d.C., segundo a maioria dos estudiosos, embora alguns o datem tão cedo quanto 69 d.C. Provavelmente, o último apóstolo a morrer foi João, pouco depois de 95 d.C. Paulo escrever 1Coríntios em cerca de 55 d.C. De acordo com a teoria cessacionista, as regras estabelecidas por Paulo só tiveram valor, para a Igreja, durante quarenta anos, aproximadamente! Ao morrer o último apóstolo, ou ao término do livro de Apocalipse, 1Coríntios 12:31; 14:1 e 14:39 teriam sido postos de lado. É-me impossível acreditar que Paulo tenha ordenado aos crentes que buscassem com tanto zelo algo cuja validade seria de apenas quarenta anos. Desconheço qualquer analogia que favoreça tal interpretação.

Por que Paulo ordenou aos crentes que desejassem ansiosamente os dons espirituais? Porque o seu valor consiste na edificação da Igreja. Então, são valiosos agora.

DEUS ORDENA QUE NÃO PROIBAMOS O FALAR EM LÍNGUAS

O dom das línguas certamente é o que tem gerado mais controvérsia na Igreja atual. O mesmo ocorreu na igreja em Corinto, no primeiro século. Há muitas razões para desconfiança, mas a principal delas é a atitude de algumas pessoas que receberam o dom. Elas supõem ser o dom de línguas o maior dos dons, e acreditam serem mais espirituais que os outros crentes porque o possuem.

Um dos motivos pelos quais devemos considerar os outros mais importantes do que nós mesmos (Filipenses 2:3) é que, quando começamos a nos ver como espiritualmente superiores, sempre causamos confusão na Igreja. A contenda, associada ao abuso, tem levado alguns pastores a me dizer que, mesmo que o dom de línguas seja atual, eles não o querem em suas igrejas.

Posso entender seus sentimentos. Mesmo depois de ter começado a acreditar na atualidade dos dons do Espírito, por um bom tempo ainda sentia forte aversão ao dom de línguas. Não me interessava por ele, e muito menos o desejava. Por causa dos abusos que esse dom pode produzir, essa é uma reação natural. No entanto, não era a reação que Paulo queria nas igrejas.

Visto ser o dom de línguas tão controverso e potencialmente explosivo, talvez pensássemos que o mais sensato seria recomendar aos coríntios: "Não mais faleis em línguas". O apóstolo, porém, insiste no oposto: "Não proibais o falar em outras línguas" (1Coríntios 14:39). Quer gostemos ou não, a infalível Palavra de Deus ordena que não sejam proibidas as línguas. Fossem as línguas um dom temporário, a ser retirado de circulação em quarenta anos, o mandamento de Paulo não teria sentido. Por que suportar algo tão controverso por quarenta anos? Por que não proibi-lo inteiramente?

Certa vez, em conversa com um professor de seminário, desafiei a regra de sua instituição, que não admitia estudantes pentecostais. Lembrei-lhe as palavras de Paulo: "Não proibais o falar em outras línguas". Ele retrucou: "Essa não é a Palavra de Deus para hoje". Mas, quando o desafiei a prová-lo biblicamente, ele não conseguiu. Não obstante, estava convicto de que 1Coríntios 14:39 não mais se aplicava à Igreja de hoje.

O que diriam os teólogos conservadores se fosse aplicado o mesmo proceder a outros textos paulinos? Suponhamos que eu afirmasse que a ordem paulina: "Tudo, porém, seja feito com decência e ordem" (1Coríntios 14:40) não mais se aplica aos dias de hoje. Não poderia provar isso biblicamente, mas estou certo de que tinha ligação direta com o ambiente cultural de Paulo. Poderia também alegar que se tratava de um problema específico da Igreja em Corinto. E o que aconteceria se eu dissesse que também não é válida para hoje esta instrução paulina: "Ora, aos casados, ordeno, não eu mas o Senhor, que a mulher não se separe do marido" (1Coríntios 7:10)? Como no primeiro exemplo, não teria como provar minha afirmativa por meio de textos específicos das Escrituras, mas poderia arranjar alguns argumentos teológicos e históricos para defender essa ideia. Se eu publicasse tais pensamentos, em pouco meses seria apontado como um teólogo liberal, alguém que não mais valoriza a Palavra de Deus.

Mas é precisamente isso que teólogos ortodoxos e mestres bíblicos têm feito com 1Coríntios 14:39. Eles têm separado uma parte da Palavra de Deus como se não fosse válida. E sem qualquer prova bíblica! Se eu tivesse de anular parte do Novo Testamento, não poderia fazê-lo à base de deduções teológicas ou de experiências históricas posteriores. Antes, precisaria da autorização específica de algum texto do Novo Testamento.

O APÓSTOLO PAULO VALORIZAVA O DOM DE LÍNGUAS

Antes de convencer-me da atualidade dos dons do Espírito, tinha verdadeira aversão a duas passagens de 1Coríntios 14. Não podia compreender por que Paulo as tinha incluído. A primeira encontrava-se no versículo 5: "Eu quisera que vós todos falásseis em outras línguas". Como poderia o apóstolo Paulo dizer tal coisa? E como era perturbadora a declaração seguinte: "muito mais, porém, que profetizásseis"!

Eu não podia aceitar que Paulo estivesse afirmando que todos os crentes deveriam falar em línguas. Para exemplificar, ele via o seu celibato como um dom espiritual e desejava que todos os crentes fossem celibatários (1Coríntios 7:7 usa a palavra charisma em referenda ao celibato de Paulo). E, com certeza, não estava insinuando que todos os crentes devam ser celibatários. Ele simplesmente tinha um alto conceito de seu próprio celibato. Meu problema era que ele parecia estar colocando o dom de línguas no mesmo pedestal! O que haveria de tão grandioso nesse dom que levou Paulo a desejar que todos os crentes o cultivassem?

A segunda passagem era o versículo 18: "Dou graças a Deus, porque falo em outras línguas mais do que todos vós" (1Coríntios 14:18). Daqui podemos tirar três conclusões a respeito de Paulo. Primeira, ele passava mais tempo falando em línguas do que qualquer outra pessoa em Corinto. Segunda, seu dom de línguas era maior em sua intensidade do que o dom de línguas de qualquer outra pessoa em Corinto.[4] E terceira, Paulo estava se referindo a sua vida devocional, porquanto afirma no versículo 19: "Contudo, prefiro falar na igreja cinco palavras com o meu entendimento, para instruir outros, a falar 10 mil palavras em outra língua".

Como poderia aquele homem, sobrecarregado de responsabilidades, passar tanto tempo falando em línguas? Ele só faria isso se o dom de línguas fosse imensamente valioso a sua vida espiritual. De fato, era precisamente o que ele ensinava: "O que fala em outra língua a si mesmo se edifica" (1Coríntios 14:4).[5] Eis, portanto, a razão de ele desejar que todos os crentes tivessem o dom de línguas. Porventura seria tal preocupação coerente com algo de valor temporário? E não nos esqueçamos de que Paulo estava escrevendo sob a inspiração do Espírito Santo! Ele não estava transmitindo sua opinião pessoal, mas o pensamento de Deus.

Não há outro exemplo, nos escritos de Paulo, onde tão alto valor seja atribuído a algo que, supostamente, estaria limitado ao primeiro século da era cristã. Tenho de confessar que me perturbava o fato de Paulo valorizar tanto aquele dom que me causava repulsa.

OS DONS ESPIRITUAIS SÃO NECESSÁRIOS À SAÚDE DO CORPO DE CRISTO

Em 1Coríntios 12:4-11, Paulo enfatiza que há diferentes tipos de dons concedidos ao Corpo de Cristo, mas que todos são dados pelo Espírito Santo. Em seguida, o apóstolo compara, nos versículos 12-27, a variedade de dons na igreja a um organismo humano. O ponto firmado por ele é que todos esses dons são necessários à saúde da igreja, tal como as várias partes do corpo humano dependem umas das outras: "Se todo o corpo fosse olho, onde estaria o ouvido? Se todo fosse ouvido, onde o olfato?" (v. 17). E: "Não podem os olhos dizer à mão: não precisamos de ti; nem ainda a cabeça, aos pés: não preciso de vós" (v. 21). Paulo conclui a seção, dizendo: "Se um membro sofre, todos sofrem com ele" (v. 26).

A metáfora do organismo humano pretende mostrar que todos os dons são necessários à saúde do Corpo de Cristo.[6] Quem afirma que os dons miraculosos descritos nos versículos 8-10 cessaram com a morte dos apóstolos oblitera a analogia do corpo humano. É como se declarasse, contrariando Paulo: "Nem todas as partes do corpo são necessárias". Mas quem poderia arrancar desses versículos tal declaração?

OS DONS ESPIRITUAIS CESSARÃO COM A VOLTA DE CRISTO

Paulo escreve aos coríntios: "De maneira que não vos falte nenhum dom, aguardando vós a revelação de nosso Senhor Jesus Cristo" (1Coríntios 1:7). Parece estar sugerindo aos crentes de Corinto – bem como aos demais cristãos – que os dons espirituais lhes serão úteis até a volta de Cristo. Entretanto, em 1Coríntios 13:8-12, Paulo vai além de mera sugestão, afirmando claramente que os dons do Espírito só serão interrompidos quando Jesus voltar:

> O amor jamais acaba; mas havendo profecias, desaparecerão; havendo línguas, cessarão; havendo ciência, passará; porque em parte conhecemos, e em parte profetizamos. Quando, porém, vier o que é perfeito, então o que é em parte será aniquilado. Quando eu era menino, falava como menino, sentia como menino, pensava como menino; quando cheguei a ser homem, desisti das cousas próprias de menino. Porque agora vemos como em espelho, obscuramente, então veremos face a face; agora conheci-o em parte, então conhecerei como também sou conhecido.

Paulo admite que as profecias, as línguas e o dom do conhecimento um dia cessarão. De fato, haverá um tempo quando todos os dons espirituais chegarão ao fim – por ocasião da volta do Senhor Jesus Cristo. Três frases levam-nos a essa conclusão: (1) "Quando vier o que é perfeito"; (2) quando virmos "face a face"; e (3) quando "conhecerei como também sou conhecido" (vv. 10-12). Examinemos de maneira breve o significado de cada uma dessas frases.

Alguns argumentam que a palavra "perfeição" (v. 10) refere-se à maturidade da Igreja. Se a plena maturidade da Igreja estivesse em vista, essa seria uma interpretação aceitável. A palavra traduzida aqui por "perfeição" pode referir-se à maturidade, e a analogia do versículo 11 envolve o termo. Os dons espirituais foram dados à Igreja para levá-la à plena maturidade; ocorrendo isso, os dons não serão mais necessários. No entanto, as Escrituras ensinam claramente que a plena maturidade, ou "perfeição", só será atingida por ocasião da volta de Cristo (1João 3:2-3; Efésios 5:27).

Entretanto, se está em pauta alguma forma inferior de maturidade, essa interpretação enfrentará dificuldades insuperáveis. Quem, na igreja de hoje, pode afirmar que contempla Jesus face a face? Quem pode dizer com certeza como é conhecido por Deus? E quem ousaria ao menos insinuar ser a Igreja de hoje mais madura que a do primeiro século?

Outros tentam argumentar que a "perfeição" refere-se à conclusão do cânon das Escrituras. Assim, concluída a Bíblia, a Igreja não mais precisaria dos dons espirituais. Porém esse ponto de vista encerra argumentos decisivos contra ele mesmo. Em primeiro lugar, não há no contexto nenhuma alusão às Escrituras ou à coletânea dos livros sagrados. Em segundo lugar, não podemos afirmar que, pelo fato de termos as Escrituras, vemos Cristo face a face, ou que alcançamos o pleno conhecimento das coisas. Fosse essa teoria correta, estaríamos dizendo que Paulo viu apenas um reflexo, como num espelho, mas nós vemos face a face; que Paulo conhecia em parte, e nós, plenamente. Embora tenhamos hoje a Bíblia completa, qual de nós poderia alegar conhecimento e experiências espirituais superiores aos do apóstolo Paulo?[7]

A expressão "face a face" (v. 12) também aponta para o retorno de Cristo. No Antigo Testamento, significava ver a Deus pessoalmente. Jacó viu Deus face a face quando lutou contra o Anjo do Senhor (Gênesis 32:30). Gideão, após ter recebido a visita do Anjo do Senhor, exclamou: "Ai de mim, Senhor Deus, pois vi o Anjo do Senhor face a face" (Juízes 6:22). Êxodo 33.11 diz: "Falava o Senhor a Moisés face a face, como qualquer fala a seu amigo".[8] Paulo, portanto, referia-se ao tempo em que veremos Jesus face a face. Esse tempo só pode referir-se ao retorno de Cristo, quando "todo olho o verá" (Apocalipse 1:7).

Finalmente, a declaração: "Então conhecerei como também sou conhecido" (v. 12) só pode significar a volta do Senhor.[9] Paulo não está afirmando que nos tornaremos oniscientes, mas que nosso conhecimento será mais acurado, sem informações ou concepções equivocadas. No momento, nosso coração é enganoso e está doente (Jeremias 17:9). Porém o Senhor, ao retornar, removerá todo traço de pecado de nossos corações, pelo que então conheceremos conforme somos conhecidos.

Por que Deus continua a conceder dons miraculosos à Igreja? Conforme vimos neste capítulo, 1Coríntios 12:14 apresenta seis razões que se aplicam tão bem aos dias de hoje quanto no primeiro século da Igreja:

1. Deus concede dons miraculosos para fortalecer o Corpo de Cristo.
2. Deus ordena que anelemos ardentemente os dons espirituais miraculosos, especialmente o de profecia.
3. Deus ordena que não proibamos o falar em línguas, mesmo quando houver abusos.
4. O alto valor que Paulo dava ao dom de línguas indica ser esse dom de valor significativo no cultivo da intimidade com o Senhor.
5. A analogia do corpo humano indica que todos os dons espirituais são necessários à saúde do Corpo de Cristo.

6. As Escrituras afirmam que os dons miraculosos só irão cessar com a volta do Senhor Jesus.

À luz dessas declarações, é praticamente impossível argumentar que Paulo ou as Escrituras tenham previsto a cessação dos dons espirituais antes do retorno do Senhor.

POR QUE DEUS NÃO CURA?

No dia 15 de janeiro de 1990, Duane Miller, pastor da Primeira Igreja Batista em Brenham, Texas, perdeu a voz ao término do culto matutino dominical, impossibilitando-o de pregar à noite. O médico recomendou-lhe, então, descansar por seis meses. No final desse período, constatou-se que a camada de mielina de suas cordas vocais havia sido danificada, prejudicando-lhe irremediavelmente a voz. Ele tentou diversas terapias, mas em vão. E, assim, foi obrigado a renunciar ao pastorado no outono de 1990. Nos primórdios de 1992, ele começou a lecionar a uma classe de Escola Dominical na Primeira Igreja Batista em Houston. Ele o fazia mediante o uso de um microfone especial, que lhe deixava a garganta muito irritada, prejudicando-lhe a ingestão de alimentos sólidos e líquidos.

Num domingo pela manhã, em 17 de janeiro de 1993, quando concluía a leitura de Salmos 103:3 a sua turma de Escola Dominical: "Ele é quem perdoa todas as tuas iniquidades...", ele deteve-se nessa passagem para dizer que há dois pontos de vista extremos acerca da cura. Ouçamos as próprias palavras de Duane:

> Há o grupo que acredita que Deus sempre cura miraculosamente; e há o grupo daqueles que dizem que isso nunca ocorre. Mas tais

posicionamentos acabam por encerrar a Deus numa caixa. E ele não pode submeter-se a tal capricho.

Com respeito à cura divina, você só precisa fazer uma coisa. Recuar e dizer: "Sei que Deus opera de tempos em tempos, mas não sei dizer por quê. Não posso compreender por que alguns são curados e outros não o são. Mas, de uma forma ou de outra, tudo depende da soberania de Deus".

Terminado este comentário, comecei a ler o versículo seguinte daquele salmo: "Quem da cova redime a tua vida..."

E A MINHA VOZ mudou. Eu ouvi a primeira palavra e senti-a em minha garganta que o que eu sentia se fora. Nenhum sentimento que tivera durante três anos estava mais lá.

Gostaria de dizer que sabia exatamente o que estava acontecendo e que não me achava surpreendido. Mas, na verdade, estava assustado até a morte.

Parei, gaguejei, e então disse mais duas ou três palavras. "Estou mesmo me ouvindo?"

Embora não compreendesse o que estava acontecendo, sabia que Deus estava fazendo algo.

Tentei voltar à lição, mas não pude. E ninguém se importou com isso. Todos começaram a glorificar o nome de Deus e a chorar. Naquelas duzentas pessoas que se encontravam na sala de aula, não havia olhos secos. Alguém começou a cantar a doxologia. Outro declarou que acabáramos de ser testemunhas do poder de Deus. Agradecendo ao Senhor pelo que ele havia feito, saímos da igreja.[1]

O Senhor não deu qualquer explicação a Duane Miller. Simplesmente, de acordo com a sua soberania, devolveu-lhe a voz.

Nos dois últimos capítulos, tentei explicar algumas das razões pelas quais Deus cura e concede, ainda hoje, os seus dons miraculosos. No entanto, há ocasiões em que nenhum motivo pode ser encontrado para a concessão ou retenção de tais tipos de operação. A introdução à narrativa do paralítico, descido através do telhado, simplesmente afirma: "E o poder do Senhor estava com ele para curar" (Lucas 5:17).[2]

Deus pode recusar-se a curar, ou a livrar, sem que para isso tenha de dar-nos qualquer explicação. No capítulo doze de Atos, por exemplo, tanto Tiago quanto Pedro foram postos na prisão por Herodes. Deus permitiu que Tiago fosse executado, mas libertou Pedro sobrenaturalmente. As Escrituras não explicam por que Deus agiu dessa forma. Nem razões divinas, nem humanas são oferecidas. De qualquer forma, a morte de Tiago e o livramento de Pedro serviram aos propósitos soberanos de Deus. Procurando entender por que Deus cura, ou deixa de curar, sempre devemos ter em mente que os seus caminhos não são os nossos caminhos (Isaías 55:8). Não obstante, a Bíblia nos oferece algumas razões bem definidas para explicar por que o poder miraculoso de Deus é retido em várias ocasiões.

APOSTASIA

O que entristece Deus impede-o de operar sobrenaturalmente.[3] Quando o povo apostata da fé[4] e afasta-se de Deus a fim de seguir coisas vãs, ele não mais o abençoa. Isso pode acontecer a um indivíduo, a um grupo ou mesmo a uma nação inteira.

Temos vários salmos que foram compostos durante períodos de apostasia na história de Israel. O salmo 74, por exemplo, foi escrito durante o exílio babilônico.[5] No primeiro versículo, o salmista lamenta por haver Deus rejeitado a seu povo. E, nos versículos seguintes, descreve as devastações provocadas pelos adversários. Então, ele muda a natureza de seu lamento:

> Já não vemos os nossos símbolos; já não há profeta; nem, entre nós, quem saiba até quando. Até quando, ó Deus, o adversário nos afrontará? Acaso blasfemará o inimigo incessantemente o teu nome? Por que retiras a tua mão, sim, a tua destra, e a conservas no teu seio?

A ausência de sinais e prodígios, bem como a ausência do ministério profético, não era uma situação normal em Israel. Pelo contrário: era evidência do juízo divino sobre a terra. A apostasia dos israelitas, portanto, obrigou Deus a retirar sua mão miraculosa de sobre toda a nação.

O Salmo 77 é similar, porém provavelmente foi escrito em outro momento da história de Israel. No meio do salmo, o autor descreve o julgamento divino em consequência da apostasia e oferece uma resposta a ele:

> Rejeita o Senhor para sempre? Acaso não torna a ser propício? Cessou perpetuamente a sua graça? Caducou a sua promessa para todas as gerações? Esqueceu-se Deus de ser benigno? Ou, na sua ira, terá ele reprimido as suas misericórdias? Então disse eu: isto é a minha aflição: mudou-se a destra do Altíssimo. Recordo os feitos do Senhor, pois me lembro das tuas maravilhas da antiguidade. Considero também nas tuas obras todas, e cogito dos teus prodígios.

O teu caminho, ó Deus, é de santidade. Que deus é tão grande como o nosso Deus? Tu és o Deus que operas maravilhas, e, entre os povos, tens feito notório o teu poder. (Salmos 77.7-14)

De acordo com o salmista, Deus estava tão indignado contra o seu povo que parecia havê-los rejeitado para sempre.[6] Pois a apostasia impedia-os de experimentar o favor, o amor imutável e a compaixão divinos. A evidência de que Deus não mais demonstrava compaixão por seu povo era a ausência de poder e milagres na nação. O salmista referiu-se aos milagres como algo que tinha acontecido somente na "antiguidade" (v. 11). Ele não mais queria viver sob esse tipo de julgamento.

O salmista já havia rogado a Deus que demonstrasse novamente o seu poder (v. 11). Só lhe restava relembrar os "feitos do Senhor". Embora não estivesse mais experimentando o poder divino, refere-se ele a Deus como o "Deus que operas maravilhas". Aliás, o salmista faz questão de usar o verbo operar no presente, e não no passado (v. 14). Noutras palavras, percebe-se claramente que a ausência de prodígios devia-se à apostasia do povo, e não a alguma mudança em relação à atitude divina quanto aos milagres.

Talvez a melhor ilustração sobre o efeito da apostasia se encontre em Juízes. Este livro foi escrito num padrão cíclico, cada ciclo com quatro fases. Primeira: o povo comete apostasia. Segunda: Deus os entrega aos opressores. Terceira: o povo se arrepende e clama por misericórdia. E quarta: Deus levanta um libertador que os livra de seus opressores.

Durante sua apostasia, eles experimentaram a ausência de Deus e, portanto, de seu poder milagroso. Entretanto, quando o povo se arrepende e clama a Deus, ele envia um libertador como Sansão, e por meio deste flui o poder de Deus, e o povo é resgatado de seus inimigos. Conforme ilustra o livro de Juízes, uma das maneiras mais certas de perder a presença de Deus e, portanto, seu poder milagroso é por meio da apostasia.

No Antigo Testamento, a apostasia geralmente assumia a forma de idolatria. Hoje, essa forma de apostasia expressa-se de diferentes maneiras na cultura ocidental. A ganância, por exemplo, é uma forma de idolatria (Colossenses 3:5). Nos Estados Unidos, alguns segmentos da Igreja usam a ganância como a principal motivação para se contribuir para a obra do Senhor. Alguns pregadores falam de Jesus como alguém rico, cujo principal desejo é que todos sejamos ricos. De acordo com tais pregadores, quanto mais dermos, mais teremos. Esse "batismo de ganância" é, na verdade, uma forma de idolatria, e, se persiste, acabará por expulsar Deus e fará a Igreja perder seu poder.

Também podemos cometer outras apostasias. Quando um crente entrega-se à imoralidade, comete apostasia moral. Escreveu o apóstolo João: "Se dissermos que mantemos comunhão com ele, e andarmos nas trevas, mentimos e não praticamos a verdade" (1João 1:6). Se andarmos nas trevas, perderemos tanto a sua presença quanto o seu poder.

Finalmente, deparamo-nos com a apostasia doutrinaria. Era exatamente esse tipo de apostasia que Himeneu e Alexandre cometiam (1Timóteo 1:20). As igrejas liberais, que negam a deidade de Jesus, sua expiação vicária, seu nascimento virginal, sua ressurreição corporal e seu breve retorno, jamais experimentarão o poder de Deus em seu meio. Jamais presenciarão curas divinas ou milagres.

O poder de Deus pode permanecer num indivíduo ou num grupo por algum tempo, mesmo depois de haverem estes embarcado nalgum trajeto da apostasia. Até a Jezabel, de Tiatira, foi dado um tempo para que se arrependesse de sua imoralidade (Apocalipse 2:21-23). Isso deve-se à bondade de Deus, que Paulo diz ser destinada para o arrependimento dos filhos de Deus. Todavia, mesmo a paciência divina pode exaurir-se, e, quando isso acontece, Deus retira sua presença do meio de seu povo e o julgamento começa.[7]

O LEGALISMO E A FÉ MORNA

Isaías deixou-nos o registro destes trágicos juízos divinos contra a nação de Israel:

> Porque o Senhor derramou sobre vós o Espírito de profundo sono, e fechou os vossos olhos, que são os profetas, e vedou as vossas cabeças, que são os videntes.[8]

O estupor que Deus infligiu a Israel impediu-o de entender por que estava sendo julgado, portanto o impediu de se arrepender para que o julgamento terminasse. O Senhor chegou inclusive a cegar os olhos espirituais dos homens mais sensíveis de Israel: os profetas e os videntes, que deveriam atuar como vigias. Isaías disse que, mesmo que sua visão do julgamento fosse escrita e entregue a eles, a cegueira era tamanha que eles não conseguiriam ler (Isaías 29:11-12). O que levou o Senhor a remover o ministério do Espírito de seu povo? A este respeito, Isaías também escreveu:

> O Senhor disse: "Visto que este povo se aproxima de mim, e com a sua boca e com os seus lábios me honra, mas o seu coração está

longe de mim, e o seu temor para comigo consiste só em mandamentos de homens, que maquinalmente aprendeu...". (Isaías 29:13)

O legalismo dos israelitas expulsou a presença de Deus do meio de seu povo. Externamente, pareciam piedosos; internamente, achavam-se longe de Deus. O legalismo cega e extingue o Espírito Santo. Pense nisso por um minuto. Quantos legalistas você conhece? Quantos confessaram que eram legalistas? Eu já ouvi pessoas pegas no meio da imoralidade admitirem ser imorais, mas nunca ouvi de um legalista que ele era um legalista. O mais interessante é que os legalistas não querem admitir seu legalismo. Há algo ofuscante nesse pecado.

O pior aspecto do legalismo é que ele expele para longe a presença de Deus. No começo de seu ministério, Isaías teve uma visão, na qual o Senhor se queixava da multidão de sacrifícios que lhe eram oferecidos em meio ao legalismo (1:11). Ele ouviu o Senhor exclamar: "Não continueis a trazer ofertas vãs" (1:13). O Senhor também afirmou que não olharia para os israelitas quando estivessem orando (1:15). Nem mesmo aos seus jejuns daria ele atenção (58:3). O legalismo simplesmente nos corta da presença do Senhor.

O legalismo é mais do que seguir regras ou posturas criadas pelo homem, enquanto nosso coração se afasta de Deus. Essas são formas de legalismo, mas a essência dele é muito pior: é cofiar na atividade religiosa ao invés de confiar em Deus. É confiar na prática, e não no Senhor. E, sem falta, nos levará mais a amar a prática do que Deus.

O objetivo da vida é amar a Deus de todo o nosso coração, alma, força e mente. Neste particular, o legalismo ergue-se como o mais sério desafio ao maior dos mandamentos, porque desvia nossa atenção e confiança de

Deus para as atividades religiosas. Ora, Deus não tolerou o legalismo entre o antigo Israel, nem Jesus o tolerou entre os escribas e os fariseus. E ele não o tolerará entre nós hoje. O legalismo prevalece na Igreja, assim como era no judaísmo do primeiro século durante o ministério de Jesus. Os escribas e fariseus nunca conheceram o poder de Deus, nem os legalistas de hoje.

A irmã gêmea do legalismo é a fé morna e complacente. Exemplo disso é a igreja em Laodiceia. Embora fosse uma das igrejas mais ricas da Ásia Menor, não passava de uma congregação morna (Apocalipse 3:16). Apesar de sua triste condição, ela teimava em dizer: "Estou rica e abastada, e não preciso de cousa alguma" (Apocalipse 3:17). Se estamos satisfeitos com nossa condição espiritual, é porque já nos tornamos mornos espirituais. Não resta dúvida de que devemos sempre ser gratos por tudo quanto possuímos em Deus, mas jamais nos conformar com a nossa condição espiritual. Devemos querer sempre mais de Deus, de sua presença, e do caráter de Cristo (Gálatas 4:19). Caso contrário, entraremos num estado de complacência, redundando em mornidão. E se permanecermos mornos, Jesus nos repreenderá como o fez com o anjo de Laodiceia: "Estou a ponto de vomitar-te da minha boca" (Apocalipse 3:16, NASB). Seja lá o que "vomitar-te da minha boca" significa, certamente inclui a perda de sua presença benéfica e seu poder.

Se a apostasia é a perda da pureza espiritual, o legalismo e a fé morna são a perda da intimidade com Deus e da comunhão com os santos, ambas indispensáveis para o ministério. Jesus só operava aqueles grandes sinais por causa de sua comunhão com o Pai (João 5:19). Os apóstolos, por seu turno, também dependiam de sua comunhão com Jesus para realizar grandes obras (João 15:5). Por conseguinte, a perda da intimidade com Deus significa fracasso ministerial.

A falta de intimidade com Deus invariavelmente conduz à perda da unidade entre os crentes. Esta repousa sobre o alicerce dos profetas e dos apóstolos. Jesus orou pela unidade dos fiéis para que o mundo saiba que o Pai enviou a Jesus e ama a Igreja (João 17:23). Sem unidade, a Igreja nunca terá credibilidade diante do mundo nem terá poder para cumprir a sua missão.

A apostasia, o legalismo e a fé morna são os mais sérios problemas que a Igreja atual enfrenta. E tais coisas impedem o ministério miraculoso que o Espírito Santo quer desenvolver em nossos dias. Entretanto, acredito que exista outro fator ainda mais prejudicial. Refiro-me à incredulidade.

INCREDULIDADE

Ao visitar sua própria cidade, Nazaré, Jesus teve de se deparar com a incredulidade e até com o desdém. Por causa disso, conforme registra Marcos, "não pôde fazer ali nenhum milagre, senão curar uns poucos enfermos, impondo-lhes as mãos. Admirou-se da incredulidade deles" (Marcos 6:5-6). Ora, sendo o Filho de Deus onipotente, por que "não pôde fazer ali nenhum milagre"? É que há coisas que nem mesmo o onipotente pode fazer. Ou seja: ele não pode ir contra a própria natureza (Hebreus 6:18). Ele não pode ter comunhão com as trevas (1Coríntios 5:14; 1João 1:6). Estaria Marcos 6:5 na mesma categoria?

Mateus escreveu a respeito do mesmo incidente, mas não disse que Jesus não pôde fazer milagres em Nazaré. Antes, registrou: "E não fez ali muitos milagres, por causa da incredulidade deles" (Mateus 13:58, a ênfase é minha). Penso que Mateus ajuda-nos a compreender o que

Marcos quis dizer. Não devemos interpretar o "não pôde" de Marcos num sentido absoluto. Aliás, em diversas ocasiões, Jesus operou milagres apesar da flagrante falta de fé.[9] Tiago trata esse princípio de outra maneira: "Nada tendes, porque não pedis" (Tiago 4:2). Noutras palavras: você não pedirá a Deus algo que não acredita que ele lho dará.

Lembra-se da história daqueles teólogos que haviam preparado uma lista das enfermidades pelas quais não orariam? Enquanto eles faziam aquela lista, não pude deixar de pensar em Tiago 4:2. Quando um deles declarou que não oraria por um cego, pensei: fique tranquilo. Você nunca presenciará tal milagre! Eles jamais orarão por curas miraculosas, e provavelmente nunca as verão. "Nada tendes, porque não pedis."

Se você ainda não viu nenhuma cura verdadeiramente divina, pergunte a si mesmo: "Quantas vezes já orei pedindo um milagre?". Não estou falando de orações ritualistas. Esse tipo de oração não passa de cortesia pastoral, sem real expectação quanto a um milagre. O que eu quero saber é se você já entrou num quarto de hospital e orou pelo enfermo para que este fosse miraculosamente curado. A maioria dos crentes com quem já tive oportunidade de falar nunca viu um milagre, pois jamais se deu ao trabalho de impor as mãos sobre os enfermos.

A coisa que mais me surpreende hoje não é a frequência com que Deus cura, mas a própria presença de cura entre os evangélicos. A igreja está tão cheia de descrentes, que fico verdadeiramente admirado que alguém seja curado.

A maioria dos seminários conservadores que conheço não ensina acerca da disposição de Deus em curar os enfermos. Muitos, aliás, chegam a ensinar que desejar os milagres é um mal que precisa ser banido.[10] Como esses formandos estão assumindo igrejas, passarão a estas exatamente o que aprenderam. Eis porque tão poucas igrejas estão experimentando hoje as maravilhas divinas.

Embora eu não seja mais professor, ainda sou convidado a fazer preleções em seminários e noutros ambientes acadêmicos. E tenho descoberto que um crescente número de professores e líderes eclesiásticos já começam a se abrir aos dons espirituais. Frequentemente, ouço: "Sou aberto aos dons do Espírito, e ao fato de que Deus continua a operar milagres". Mas ser aberto às realidades divinas não é tudo. É necessário crer nessas realidades.

Se um não cristão morrer enquanto acha-se aberto à possibilidade de que Jesus morreu na cruz pelos nossos pecados, ele, o não cristão, irá para o inferno. Estar aberto não garante as bênçãos de Deus; é preciso crer e seguir o que ele ordenou. Jesus nunca disse: "Bem-aventurados os abertos".

Você entregaria seu dinheiro a um corretor que declarasse estar aberto a tirar lucros com o dinheiro que você vem poupando a vida toda? Ser aberto não significa muita coisa. Em certo sentido, é melhor ser hostil às coisas espirituais do que estar aberto a elas. Paulo não recomendou que estivéssemos abertos aos dons espirituais, mas que os buscássemos diligentemente (1Coríntios 12:31; 14:1,39). No primeiro século, as pessoas seguiam a Jesus e aos apóstolos para receberem curas e milagres. Levavam-lhes os seus enfermos, esperando que fossem estes curados e libertados dos demônios. Não acredito que a Igreja atual veja curas e milagres até que venha a ter fome do poder de Deus.

O VALOR REMIDOR DOS SOFRIMENTOS

Na maioria das vezes, quando o Novo Testamento fala sobre o sofrimento, não está se referindo a suportar doenças físicas, mas suportar a provação pelo bem dos justos. Mesmo assim, ainda estou convencido de que, às vezes, algumas doenças são bênçãos divinas. Nesses casos, Deus não cura uma condição ou concede um milagre pelo qual oramos; em vez disso, nos dá a graça de suportar uma condição desagradável.

Ninguém realmente sabe em que consistia "o espinho na carne" de Paulo. Talvez fosse uma enfermidade, embora também seja possível que fosse algum tipo de perseguição. De qualquer forma, Deus preferiu não removê-lo, como o próprio apóstolo o declara:

> Por causa disso, três vezes pedi ao Senhor que o afastasse de mim. Então ele me disse: A minha graça te basta, porque o poder se aperfeiçoa na fraqueza. De boa vontade, pois, mais me gloriarei nas fraquezas, para que sobre mim repouse o poder de Cristo. Pelo que sinto prazer nas fraquezas, nas injúrias, nas necessidades, nas perseguições, nas angústias por amor de Cristo. Porque quando sou fraco, então é que sou forte. (2Coríntios 12:8-10)

Paulo era sustentado pela graça remidora quando era obrigado a suportar algum tipo de sofrimento por amor a Cristo.

Pedro expressou o valor dos sofrimentos de uma maneira diferente:

> Nisso exultais, embora, no presente, por breve tempo, se necessário, sejais contristados por várias provações, para que o valor da vossa fé, uma vez confirmado, muito mais precioso do que o ouro

perecível, mesmo apurado por fogo, redunde em louvor, glória e honra na revelação de Jesus Cristo. (1Pedro 1:6-7, NASB)

Pedro diz quatro coisas que deveriam proporcionar-nos grande consolo diante dos sofrimentos. Primeira: o sofrimento é para "agora". No entanto, algumas vezes somos tentados a pensar que ele há de perdurar para sempre. Segunda: a duração desse sofrimento é "por algum tempo". A luz da eternidade, não passa ele de um hálito ou de um vapor. Terceira: Pedro afirma que o sofrimento só nos vem "se for necessário". Finalmente, o sofrimento é comparado a um processo de refinamento. Somos "testados pelo fogo" para que o nosso caráter seja aperfeiçoado, resultando em louvor, glória e honra ao Senhor Jesus Cristo. Portanto, se você crê que o Senhor Jesus cura, mas não obtém a cura de suas enfermidades, tenha certeza de uma coisa: esse seu sofrimento redundará em maior glória para o Filho de Deus. Se essa é a intenção do Pai celeste, ele dar-nos-á a graça necessária para suportar a aflição.

Cabe aqui uma advertência. O sofrimento remidor e o julgamento divino são duas coisas distintas. Quando Pedro usa a expressão "se necessário", ele não se refere ao julgamento, pois Deus pode permitir que o sofrimento nos advenha por variadas razões. Jó, por exemplo, foi considerado pelo próprio Deus como o mais reto e inculpável de todos os homens. Todavia, o Senhor permitiu que fosse ele objeto de duríssima prova. Portanto, esse sofrimento refinou o caráter de Jó, mas em nenhum momento a Bíblia diz que o sofrimento de Jó é o julgamento de Deus sobre ele. Acredito que muitos filhos de Deus consideram suas angústias como julgamento divino.

Embora possa Deus enviar-nos juízos catastróficos por causa de nossos pecados (1Coríntios 5:1-5), ele só o faz devido a nossa pertinácia em porfiar no caminho da injustiça. Mas se você está em paz com Deus, e mesmo assim acha-se em terrível sofrimento, não permita que o diabo o atormente com as suas acusações.

Persevero em orar para que os meus sofrimentos sejam removidos, a menos que o Senhor me diga ser sua intenção submeter-me a tal prova. Nesse caso, passo a confiar ainda mais nele como o meu amoroso Pai. E, assim, rebato os pensamentos que "o acusador de nossos irmãos" tenta lançar em minha alma (Apocalipse 12:10).

TEMPO SOBERANO E MISTÉRIOS SOBERANOS

No começo deste capítulo, mencionei que, às vezes, Deus não apresenta qualquer razão por que ele cura ou deixa de curar. Quando Jesus estava à beira do poço de Betesda, ele só curou um paralítico (João 5:1-15), embora houvesse outros enfermos ao redor do tanque. Não somos informados por que foi da vontade de Deus curar uma pessoa e deixar as outras com suas enfermidades.

Certa vez, fui orar por um bebê que nascera somente com uma parte do cérebro. A criança viera a um lar cujos pais já haviam perdido dois filhos em mortes trágicas. Solicitado a ir à UTI do hospital orar pela criancinha, comecei a repensar a minha fé. Lembrei-me de uma famosa cura, medicamente documentada, de um bebê que nascera em Vancouver, na Colúmbia Britânica, sob condições semelhantes. O pai da criança, Paddy Duclow, me havia descrito a cura que deixara os médicos perplexos. Pensava ainda naquela cura quando entrei na sala para orar pelo nenê.

Fiquei admirado ao ver o garotinho. Ele era bonito! Parecia tão saudável e normal. Os pastores da família e eu oramos pela criança. Embora não tivéssemos um senso perfeito da presença divina, sabíamos que havia boas chances de o menino ser curado. No dia seguinte, porém, o garoto morreu. Ao voltar para a minha cidade, fiquei sabendo que o Senhor havia curado uma mulher que sofria de uma doença venérea. Uma mulher, aliás, que ainda não havia dado mostras de sincero arrependimento. Senti a ira avolumar-se dentro de mim. E perguntei por que Deus curou uma mulher que não merecia ser curada, e deixou um bebê inocente morrer.

Foi como se o Senhor me dissesse: "Mas quem merece ser curado? Como devo dispensar minha misericórdia?". Essa reprimenda foi-me suficiente. Deus não me explicou por que o bebê morrera e por que havia curado a mulher. Mas me relembrou o fato de ser ele soberano.

Estou certo de que há outros fatores que influenciam os milagres ou a ausência deles. Existem paradas e recomeços nos derramamentos das curas miraculosas, tal como acontece na história dos reavivamentos. Em todas as eras, pessoas são salvas e curadas, mas, nas épocas dos derramamentos soberanos da graça, tais coisas acontecem com abundância. Na história da Igreja, o avivamento não é constante, pois vemos, nestes 2 mil anos, o Corpo de Cristo sair e entrar dos reavivamentos. Alguns segmentos da Igreja, aliás, jamais experimentaram reavivamento. Com exceção dos aborígenes, os australianos ainda não tiveram um reavivamento. Mas isso não significa que Deus não esteja mais reavivando a Igreja, porque ele sabe a hora certa de agir.

Além das paradas e dos fluxos do tempo divino, estou certo de que há outros fatores bíblicos que influenciam a frequência dos milagres. Mas também há fatores humanos que inibem o derramamento do poder de Deus: apostasia, em todas as suas formas, legalismo, mornidão espiritual e incredulidade.

Qualquer igreja – pentecostal, terceira onda, não carismática, ou mesmo anticarismática – pode ser culpada por esses três erros mencionados para Deus não curar (apostasia, legalismo e fé morna, incredulidade). Mesmo uma igreja com crenças teóricas fortes na cura divina pode na verdade estar cheia de descrença na hora de orar pela cura de seus membros. Na minha própria experiência, acredito que esse fenômeno não seja incomum.

Eu não creio que tais fatores venham a ser vencidos pela nossa mera resistência. O antídoto para esses pecados é ter uma comunhão mais íntima com o Senhor, que deu a Salomão esta promessa, válida ainda hoje:

> Se o meu povo, que se chama pelo meu nome, se humilhar, orar e me buscar, e se converter dos seus maus caminhos, então eu ouvirei dos céus, perdoarei os seus pecados e sararei a sua terra. (2Crônicas 7:14)

Se a Igreja seguisse esse conselho, Deus nos daria qualquer coisa que lhe pedíssemos segundo a sua soberana vontade: reavivamentos, milagres, revelações e uma intimidade maior com ele. Uma das grandes tarefas dos pastores de nossa geração é levar a Igreja a acreditar nessa promessa. Por conseguinte, deixemos de lado nossa incredulidade para seguir diligentemente o Senhor.

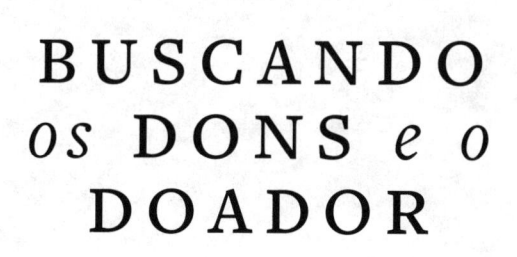

BUSCANDO os DONS e o DOADOR

BUSCANDO os DONS com DILIGÊNCIA

Leesa e eu temos uma amiga, muito querida, que é afligida por severas dores de cabeça. Até hoje, nenhum médico foi capaz de curar-lhe ou pelo menos diagnosticar-lhe as dores. Às vezes, estas são tão terríveis que chegam a prostrá-la. Nossa amiga é uma dona de casa exemplar. Ama a Deus de todo o coração, passa as primeiras horas da manhã meditando na Bíblia e lutando em oração pelo avanço do Reino de Deus. Disse-nos ela, certa vez, que aquelas poucas horas matutinas eram a razão para o seu viver. Ela está convicta de que Deus a colocou sobre a terra para labutar em oração a fim de que a sua glória seja revelada.

Temos orado ao Senhor para que a cure, mas até agora ela só tem piorado. Recentemente, um médico prescreveu-lhe um medicamento infalível contra a dor. O problema é que ela tem de tomar o remédio antes de dormir, e este a deixa tonta metade da manhã. Agora, nossa amiga acha-se no seguinte dilema: se tomar o remédio, não poderá concentrar-se na oração e leitura bíblica. Se não o tomar, terá de sofrer aquelas severas dores de cabeça. No entanto, seu tempo de oração é-lhe tão importante que, com frequência, ela se esquece do medicamento, preferindo suportar aquelas dores.

Frequentemente, perguntam-me por que acredito que a cura seja tão importante. Esta pergunta deveria ser feita a nossa amiga que vem padecendo com aquelas dores de cabeça. Ela responderá que a dor física, às vezes, é insuportável, mas deixar de orar e meditar é ainda mais frustrante. Ela, porém, preferiria ter a graça da cura e, com mais refrigério, dedicar-se ao Senhor.

Os enfermos não têm dificuldade alguma em responder-nos por que a cura é importante. Os médicos e hospitais existem porque a cura é importante. Como, no mundo ocidental, a medicina tornou-se muito eficiente, as pessoas acham que não precisam mais de Deus. Mas os desenganados encontram na cura divina uma nova perspectiva.

Já me pus ao lado de um leito de hospital para observar um pequeno e lindo menino morrer de aids. O médico fez tudo quanto foi possível para salvá-lo. A igreja da família tinha dito aos pais da criança que o caso era irremediável. E o seu pastor, inclusive, havia chegado ao extremo de pregar contra a cura divina. Contudo, os pais do menino ainda mantinham a esperança na cura divina.

Não é preciso ter aids para perceber quanto a cura divina é importante. Nenhuma de nossas enfermidades, ou dores, é insignificante aos olhos do amoroso Deus. Ele, na verdade, ordena-nos: "... lançando sobre ele toda a vossa ansiedade, porque ele tem cuidado de vós" (1Pedro 5:7). É legítimo, pois, apresentar-lhe qualquer coisa que nos cause ansiedade: uma enfermidade simples ou crônica. Qualquer que seja a questão, temos a sua permissão para lançar-lhe nossas ansiedades.

A cura é tão importante para o nosso Pai celeste que ele ordenou aos anciãos da igreja que orassem pelos enfermos, como parte de seu ministério pastoral (Tiago 5:14-16). Deus interessa-se por todo o nosso ser. Ele preocupa-se com nosso corpo e não apenas com a nossa mente e vontade. Há uma mentalidade gnóstica na Igreja atual, que ensina não estar Deus interessado em nosso corpo. O apóstolo João não compartilhava dessa doutrina. João mostrou o interesse de Deus pelo nosso corpo, quando, sob a inspiração do Espírito Santo, escreveu a Gaio: "Amado, acima de tudo faço votos por tua prosperidade e saúde, assim como é próspera a tua alma" (3João 2).

A cura não é o único dom espiritual importante. O Senhor exortou-nos a que desejássemos ansiosamente os dons, especialmente o de profetizar (1Coríntios 12:31; 14:1,39). Eles são-nos dados como instrumentos para edificar o corpo (1Coríntios 12.7). Por isso, não podemos prescindir deles. Aliás, o apóstolo Paulo, apesar de seu conhecimento das coisas de Deus, jamais descartou o uso dos dons espirituais.

Cada dom contribui de maneira maravilhosa para o crescimento do corpo de Cristo. Mas tais contribuições jamais serão sentidas, a menos que a liderança da igreja aprenda a cultivá-los.

COMO CULTIVAR OS DONS DO ESPÍRITO

Alguns crentes acham difícil cultivar ou desenvolver os dons espirituais.[1] Essa dificuldade deriva-se do fato de se ver os dons como se fossem mágicos ou mecânicos. Um professor pode crescer no dom do ensino, e um evangelista, no dom do evangelismo. Por que alguém, então, não cresceria nos dons de cura ou de profecia?

A verdade é que podemos crescer em cada exercício e dom espiritual. Mas há algumas coisas que precisamos observar para que os dons do Espírito sejam cultivados em nossas vidas e igrejas.

Primeiramente, você precisa estar convicto de que o ensino bíblico acerca dos dons aplica-se também aos dias de hoje. E que eles são destinados a todos os crentes (1Pedro 4:10), e não apenas a uns poucos privilegiados.

Em seguida, deve-se passar a procurar diligentemente os dons espirituais. Uma das coisas mais importantes que já fiz foi orar especificamente pelos dons que eu sentia que o Senhor queria dar-me. Embora o Espírito Santo distribua os dons a cada um conforme ele quer (1Coríntios 12:11), somos encorajados por Paulo a buscá-los. Se você possui o dom de línguas, por exemplo, deve orar, pedindo o de interpretação (1Coríntios 14:13). Não se mostre passivo. Não diga: "Receberei o dom que Deus me quiser dar". Deus também poderia fazer de você um grande erudito da Bíblia, mas não conheço ninguém que haja chegado a esta condição sem esforço e dedicação total. Também não conheço nenhum grande evangelista que não tenha se dedicado integralmente as almas perdidas.

Relembremos esta passagem: "Nada tendes, porque não pedis" (Tiago 4:2). Oro todos os dias especificamente pelos dons do Espírito que quero ver operando em minha vida. A cura, por exemplo, é um dom que quero experimentar regularmente em meu ministério. Portanto, oro constantemente ao Senhor para que me dê autoridade e poder neste particular. Além disso, menciono especificamente as enfermidades que desejo ver curadas.

A segunda coisa que devemos observar é que os dons espirituais têm de ser exercidos sob uma base regular. Assim que comecei a pedir a Deus que me desse o ministério de curas, passei a orar pelos enfermos. A maioria das pessoas por quem orava, a princípio, não era curada. Muitos foram os meus momentos de embaraço. Porém, não há outra maneira de se crescer ministerialmente. O bom atleta é aquele que se aplica com afinco e jamais desiste. O mesmo se aplica ao discípulo de Cristo. No início, os discípulos de Cristo mostravam-se incrivelmente embotados, e não pareciam nada promissores. Entretanto, eles não desistiram. Pense nos dons espirituais em termos da parábola dos talentos (Mateus 25:14-30). Se não nos arriscarmos, nossos talentos jamais serão multiplicados. O Senhor não ficará satisfeito conosco.

A terceira coisa que sinto ser útil é, naturalmente, o estudo dos dons espirituais. As Escrituras têm muito a dizer acerca dos dons espirituais. A Bíblia oferece-nos muitos exemplos e princípios úteis a respeito do ministério de milagres. Venho lendo diversos livros que tratam do assunto, além de biografias de homens usados poderosamente nos ministérios sobrenaturais.

Outra coisa que me tem sido extremamente útil é a amizade com pessoas mais avançadas nos dons espirituais. As Escrituras dizem que "como o ferro com o ferro se afia, assim o homem ao seu amigo" (Provérbios 27:17). Estarei sempre endividado com amigos como John Wimber e Paul Cain, que me têm "afiado" dentro da área dos dons espirituais. A amizade é de longe um assunto muito mais sério do que as pessoas percebem. Nós nos assemelhamos aos nossos amigos (Pv. 13:20). Por isso é tão importante cultivar amizades com quem se admira e quer se espelhar.

Também é muito útil contar com uma atmosfera amistosa quando se começa a pôr em pratica os dons do Espírito. Se a sua igreja não crê no dom de línguas, o culto de adoração não é o melhor lugar para você pôr em prática esse dom. O melhor lugar são os pequenos grupos domésticos, onde as pessoas poderão se conhecer relativamente bem e sentirem maior segurança. É muito mais fácil proferir uma palavra profética defronte de vinte pessoas conhecidas e que o amam do que enfrentar quinhentas pessoas num culto de domingo à noite. É mais fácil conversar em um grupo informal sobre o ministério que foi buscado naquela noite e analisá-lo do que em um grupo formal e grande.

Bastante úteis também são as conferências sobre os dons espirituais. Pois além das experiências compartilhadas pelos diversos oradores, pode-se constatar curas, revelações e o exercício regular dos dons espirituais. A conferência ideal é aquela que leva os participantes a exercitarem os dons do Espírito.

Há vários anos, enquanto corria ao longo da margem de um rio, pedia ao Senhor que me concedesse mais dons de curar. De repente, uma voz irrompeu-me na mente: "Para o que você os quer?". Embora reconhecesse a voz do Senhor, fiquei ofendido, porque, entre outras coisas, minha busca pelos dons do Espírito me havia custado caras amizades. E, se eu seguia os dons, era por causa da obra de Deus. Por que, então, me faria ele tal pergunta? No entanto, percebi que o Onisciente não faz perguntas buscando informações. A pergunta fora feita por minha causa, e não para preencher hiatos no conhecimento de Deus sobre a minha psicologia. Quando pus-me a ponderar a questão, percebi que havia ainda muita carnalidade em meu desejo pelos dons do Espírito.

Uma das formas de o Senhor Deus demonstrar misericórdias a seus filhos é torná-los conscientes de seus pecados. Você não pode arrepender-se de um pecado que desconhece. Quando a luz divina expõe nossas trevas, arrependemo-nos, confessamos nossas transgressões e recebemos seu perdão (1João 1:9). Sem o ministério revelador do Espírito Santo, não poderíamos compreender os motivos de nosso coração (Jeremias 17:9-10). Tudo isso se reveste de extrema importância, porque nossos motivos são um fator significativo na concessão do poder divino.

Recordando, Jesus fazia milagres para provar que ele era o Filho de Deus, para mostrar a verdade do Evangelho, para glorificar o Pai, para demonstrar compaixão pelos que sofrem, para abrir as portas para o evangelismo etc. Quando compartilhamos de seus motivos, ele confia-nos o seu poder. Portanto, se oro pela concessão dos dons espirituais, também devo orar para ter o mesmo amor que tinha (e tem) Jesus pelos aflitos e amargurados.

Finalmente, mesmo tendo aprendido tudo sobre os dons espirituais, seja paciente. Não despreze o dia dos pequenos começos. Seja grato por tudo quanto estiver aprendendo e por toda resposta às suas orações. Seja grato até pela frustração, quando as coisas parecerem caminhar lentamente. Se você persistir na busca pelos dons, mais lhe será dado.

Os que querem mais de Deus e dos dons do Espírito geralmente sentem como se as coisas estivessem se movendo de forma muito lenta. Às vezes acham que estão prestes a perder tudo. Mas se você realmente deseja mais de Deus, sua misericórdia jamais o deixará. Tais desejos foram postos em seu coração pelo Pai celestial, por isso ele jamais o abandonará. A santa frustração que você agora sente tem por objetivo atraí-lo mais e mais a Deus. Ele quer que você seja agradecido por aquilo que já possui, mas não deseja que você se contente com o que já tem. E, à semelhança de Paulo, você há de "conhecer Cristo e o poder da sua ressurreição e a comunhão dos seus sofrimentos, conformando-me com ele na sua morte" (Filipenses 3:10).

PONHA SUA CONFIANÇA EM CRISTO

Se você realmente quiser experimentar o ministério sobrenatural do Espírito Santo, talvez a coisa mais importante que tem a fazer é depositar toda a confiança no poder, na sabedoria e na bondade de Deus. O poder para os milagres não se deriva de nossa piedade, mas do precioso sangue do Filho de Deus. Depois que Jesus curou todos os enfermos de Cafarnaum, Mateus escreveu: "[...] para que se cumprisse o que fora dito por intermédio do profeta Isaías: ele mesmo tomou as nossas enfermidades e carregou com as nossas doenças" (Mateus 8:17). O evangelista citou o capítulo 53 de Isaías, que descreve a morte vicária de Jesus. E, assim, Mateus ensina-nos que o poder de curar só há de ser encontrado num único lugar – na cruz de Cristo.

Nunca tente levar Deus a curar alguém simplesmente porque esse alguém merece ser curado. Ninguém é curado porque o merece. Somos curados somente por causa da bondade do Filho de Deus, expressa em seu sacrifício por nós. Jamais caia no erro de pensar que a sua piedade levará a cura aos enfermos. Lembre que, após Pedro haver sido usado para curar o paralítico à porta do templo, ele disse à multidão perplexa: "Israelitas, por que vos maravilhais disto, ou por que fitais os olhos em nós como se pelo nosso próprio poder ou piedade o tivéssemos feito andar? O Deus de Abraão, de Isaque e de Jacó, o Deus de nossos pais, glorificou a seu Servo Jesus, a quem vós traístes e negastes perante Pilatos, quando este havia decidido soltá-lo" (Atos 3:12-13). Coloque sua confiança em Cristo, ao invés de em sua própria bondade ou na bondade daqueles por quem você ora.

Jamais dependa de fórmulas ou tradições. Os sete filhos de Ceva, sacerdote judeu, pensavam ter descoberto a fórmula para se expulsar demônios. Certo dia, ordenaram a um homem endemoninhado: "Esconjuro-vos por Jesus, a quem Paulo prega" (Atos 19:13). Eles usaram o nome certo e até sabiam quem era o verdadeiro Jesus "a quem Paulo prega". E, finalmente, fizeram uso da palavra certa: "Esconjuro-vos". De acordo com a sua fórmula, eles haviam feito tudo corretamente, mas o demônio não pensava assim. Por isso, dominou os sete homens e pô-los a correr... nus e a sangrar! Sim, eles tinham a fórmula certa, mas não a relação pessoal certa. O poder divino não depende de palavras, mas sim de uma relação pessoal (João 15:5). Não podemos sair por aí gritando palavras e ordens corretas, esperando resultados positivos. Temos de ter comunhão com Cristo para usarmos com eficácia o seu maravilhoso nome.

Algumas vezes, o Senhor me leva a orar de certa maneira ou a fazer determinada coisa. Minha tendência é transformar em fórmula aquela oração bem-sucedida. Se funcionou antes, funcionará agora. Isso pode parecer-nos mais seguro do que ouvir as instruções do Pai celeste para cada ocasião. Eis o que declarou o próprio Cristo: "O Filho nada pode fazer de si mesmo, senão somente aquilo que vir fazer o Pai" (João 5:19). Nosso modelo deve ser Jesus, e não nossas fórmulas ou tradições.

Um amigo meu, o Dr. Ralph Neighbour Jr., escreveu um livro intitulado *The Seven Last Words of the Church: "We've Never Done It That Way Before"* [As sete últimas palavras da igreja: nós nunca fizemos isso desse jeito antes]. Entre outras coisas, o Dr. Neighbour diz que a nossa servidão às tradições podem fazer-nos perder a liderança do Espírito Santo. Se Deus realmente falava sério quando afirmou: "Porque os meus pensamentos não são os vossos pensamentos, nem os vossos caminhos os meus caminhos" (Isaías 55:8), então perderemos a direção divina se dependermos de nossos raciocínios, interpretações e tradições para fazer a sua obra.

Uma parcela considerável da Igreja teme qualquer coisa nova ou que difira de suas tradições. Tais crentes têm medo de ser enganados. Temem as infiltrações da Nova Era ou outra qualquer que não esteja de acordo com a sua maneira de agir que vem caracterizando sua conduta nos últimos cinquenta anos. Eles têm mais confiança na habilidade de Satanás de enganar-nos do que na habilidade de Jesus Cristo em liderar-nos.

Não resta dúvida de que a Nova Era e o ocultismo constituem séria ameaça à Igreja. Mas existe uma ameaça muito maior: o legalismo, o farisaísmo e a servidão às tradições. Esse tradicionalismo cego exaure a vida da Igreja, e persegue qualquer obra que o Espírito Santo queira estabelecer entre nós.

É absolutamente imperativo que *depositemos toda nossa confiança na capacidade de liderança do Senhor e não nas astúcias de Satanás*. E nós devemos colocar nossa confiança no poder do sangue de Jesus, não na nossa piedade ou tradições.

IDENTIFICANDO NOSSOS DONS

Identificar nossos dons espirituais não é tarefa tão difícil quanto se pensa. Há várias chaves para se os descobrir. O indício mais óbvio e prático são os êxitos alcançados em nosso ministério. As áreas em que você é mais bem sucedido provavelmente são as em que você é espiritualmente dotado. Se você fracassa repetidamente no ensino, mas obtém sucesso no evangelismo, isso indica que você possui um dom evangelístico. Naturalmente, você terá de ministrar em várias áreas até determinar os dons que possui.

Tenho descoberto ainda que nossos desejos geralmente indicam os dons que temos ou que o Senhor nos quer conceder. Quando eu simplesmente desejava ser usado num ministério de curas, não tinha qualquer evidência de que o Senhor me havia dotado com os dons de curar. Mas, quando comecei a orar pelos enfermos, descobri que esse era um dos dons que o Senhor me queria dar. Portanto, não se mostre passivo em relação aos dons espirituais. Lembre-se da recomendação de Paulo para que busquemos com zelo os dons espirituais (1Coríntios 12:31; 14:1,39). Ele também nos disse que poderíamos orar, pedindo os dons espirituais (1Coríntios 14:13).

O conselho de outros também é importante. Sempre é possível nos enganarmos acerca de nossos dons. Tenho um amigo que tem o dom do evangelismo, mas prefere dedicar-se ao ensino. Em situações como essa, o conselho de um amigo chegado pode poupar-nos de muita frustração.

Finalmente, os dons podem ser dados por meio da imposição de mãos. No Novo Testamento, os apóstolos assim procediam, conforme Paulo o fez em relação a Timóteo (2Timóteo 1:6). Mas os apóstolos não eram os únicos que podiam repartir os dons espirituais. Paulo exortou a Timóteo: "Não te faças negligente para com o dom que há em ti, o qual te foi concedido mediante profecia, com a imposição das mãos do presbitério" (1Timóteo 4:14). Timóteo recebeu o dom espiritual por se colocar nas mãos de Paulo e dos anciãos.

Depois que John Wimber orou por mim, notei um desenvolvimento imediato dos dons espirituais em meu ministério. Não julgo que isso funcione de maneira automática. Tudo deve ser feito sob a liderança do

Espírito Santo, ou nada sucederá. Por conseguinte, podemos identificar nossos dons espirituais pelo menos de quatro maneiras diferentes: por meio de nosso êxito ministerial; de nossos desejos; dos conselhos dos mais experientes; e da imposição de mãos.

QUANDO VOCÊ SE ACHA EM TRANSIÇÃO

A cada semana, encontro-me com pessoas que se acham em processo de transição. Procedente de alguma denominação histórica, não acreditavam no batismo no Espírito Santo ou na atualidade dos dons espirituais. Mas, agora, começam a se abrir à realidade pentecostal. Com frequência, essa transição é acompanhada por grande conflito: igrejas se dividem, amizades se desmancham, casamentos são postos à prova, acusações são feitas e assim por diante. Conhecendo ambos os lados da questão, sei que grande parte desse conflito não é necessária nem inevitável.

Considere o pior aspecto de um cenário. Você faz parte de um grupo que não acredita nos dons do Espírito e trata com hostilidade aqueles que acreditam. Mas, de repente, você é atraído pelos dons do Espírito e se convence de sua validade para os nossos dias. Então, o que fazer? A primeira coisa que se pensa é que a igreja, ou grupo, também está experimentando igual transformação. Isso se torna crucial se você for o pastor da igreja. Por esse motivo, é preciso ter discernimento para saber se a congregação também está sendo alcançada pelo poder do Espírito. Acredito que o Senhor realmente quer transformar toda a Igreja. As últimas estatísticas indicam que a Igreja está movendo-se rápida e inevitavelmente para os dons do Espírito Santo. Ela está retornando a sua herança do primeiro século. Quanto a mim, acho-me convencido de que, enquanto toda a Igreja não abraçar os dons do Espírito, não conseguiremos cumprir as tarefas que nos confiou o Senhor Jesus.

Entretanto, Deus tem sua própria agenda para cada um de nós. Ele não chamou Paulo no mesmo dia em que convocou João. Deus responderá à oração sumo-sacerdotal de seu filho para que a Igreja "seja levada à completa unidade para que o mundo saiba que você me enviou e os amou como me amou" (João 17:23). Um dia, a Igreja será unificada sob os dons milagrosos do Espírito Santo, e isso foi decidido quando Jesus proferiu sua oração. O momento da unificação está fixo no céu, mas nós não sabemos como funcionará. Por conseguinte, devemos dar liberdade para que cada um ouça a voz do Senhor por si mesmo. Não podemos assumir que a mudança de um implica na mudança daqueles sob o nosso ministério ou com quem temos comunhão.

Se você é pastor de uma igreja que não quer acreditar nos dons do Espírito Santo, com certeza será obrigado a abdicar ao pastorado. Mas se o Senhor lhe disser que irá transformar a sua igreja, então espere que ele faça a obra. De uma forma ou de outra, é muito importante seguir a orientação do Espírito Santo. Se ele não está sufocando sua igreja, e você de fato renunciou, ele já tem outro lugar para você. No entanto, ele pode não levar você a outro lugar imediatamente.

Um de meus alunos no seminário pastoreava uma igreja havia mais de dez anos. Sob seu ministério, a igreja crescia significativamente. Mas, tendo ele aceitado a realidade dos dons espirituais, percebeu que aquele ainda não era o tempo de o Senhor transformar a igreja. Por conseguinte, renunciou ao pastorado e arrumou um emprego secular. Ele e sua esposa uniram-se a uma igreja pentecostal. E, de vez em quando, prega e ensina nessa igreja, além de aceitar convite para ministrar a palavra em outras congregações. Tem sido muito difícil para esse meu amigo estar fora do pastorado. Entretanto, ele e a esposa estão tranquilos quanto ao plano de Deus para sua vida. Olhando para trás, ambos me disseram que eram muito gratos pelos dois anos em que aprederam tanto sobre os dons do Espírito Santo, sem a pressão da igreja. Deus tem muitas formas de nos levar ao mesmo objetivo.

Depois que você aceita os dons do Espírito, passa a sentir como se tivesse nascido de novo. A Bíblia, agora, parece-lhe inteiramente nova. Os evangelhos e o livro de Atos adquirem uma vida que você jamais imaginou que existia. Coisas que você havia relegado ao primeiro século da era cristã, agora torna-se uma possibilidade para a Igreja atual. Trata-se de um maravilhoso despertar. Mas como se dá com todo despertar, o entusiasmo humano pode prejudicar a obra divina.

Se o seu pastor não vir a sua transformação sob uma ótica positiva, não o rotule nem o pressione. Em lugar disso, ore por ele e pela sua igreja, para que eles também ouçam com precisão a voz do Espírito Santo. Não suponha que, ao ouvirem o Espírito Santo, eles venham a acompanhar os seus passos. Talvez Deus tenha para eles uma agenda diferente da sua.

Seu pastor já vem sendo criticado e pressionado por muitos motivos, por isso, não lhe acrescente outros cuidados. Pela minha própria experiência, sei quanto é difícil o ministério pastoral. Alguns, achando que você esteja isento de erros, cegamente o seguirão para qualquer lugar. Mas a maioria sempre está zangada com você por um motivo ou por outro. Por isso, trate o seu pastor com amor e compreensão.

Acima de tudo, nunca se una a qualquer grupo para fazer oposição ao seu pastor. É preferível deixar a igreja e os amigos a se rebelar contra a autoridade que o próprio Deus instituiu. Se o Senhor quiser transformar essa estrutura, ele o fará sem o concurso de quem quer que seja.

Durante o seu período de transição, mesmo que você não se rebele contra o seu pastor, é provável que venham a entendê-lo mal, acusando-o de participar de reuniões secretas com a "elite espiritual" da igreja. Poderão até dizer que você é um instrumento de Satanás, levantado para causar confusão entre os fiéis. Quando alguém diz grosserias para você, é normal ficar na defensiva. Quando alguém diz grosserias para você enquanto você busca algo que acha certo, é natural assumir o complexo de mártir-hipócrita. A tendência é pensar que você e seus semelhantes são os únicos que realmente se importam com a verdade e estão dispostos a se sacrificar pelo que acreditam. Quem está do outro lado do muro percebe essas atitudes, e isso só intensifica o conflito.

Salomão ensina-nos como responder às acusações que nos fazem: "Não apliques o teu coração a todas as palavras que se dizem, para que não venhas a ouvir o teu servo a amaldiçoar-te. Pois tu sabes que muitas vezes tu mesmo tens amaldiçoado a outros" (Eclesiastes 7:21-22). A verdade é que temos dito coisas negativas acerca de nossos amigos, quando deles discordamos, mesmo não sendo nossa intenção fazê-lo.

Certa vez, enfrentei um desses conflitos. Na oportunidade, disse e ouvi coisas pesadas. Contudo, chegado o momento de nos despedirmos, tive de olhar meus queridos amigos e colaboradores nos olhos. E, aí, nos abraçamos e choramos, pois não tínhamos a intenção de dizer tais coisas. Como gostaria de haver seguido o conselho que estou lhe dando agora! A causa de Cristo nunca avançará enquanto nos atacarmos mutuamente.

Neste sentido, uma das mais eloquentes admoestações que jamais encontrei ao longo dessas linhas acha-se no prefácio da obra do bispo

Burnet, *A vida de Deus na alma do homem*, escrito por Henry Scougal, no final do século XVII. Aqui está o que Burnet escreveu:

> Não há nada mais inexplicável a ser imaginado do que ver um grupo de homens professando uma religião, um grande preceito principal do que é o amor mútuo, a tolerância, gentileza de espírito e compaixão para com todos os tipos de pessoas, e concordando em todas as partes essenciais da doutrina, diferindo apenas em detalhes menos materiais e mais discutíveis, mas mantendo essas diferenças com zelo tão desproporcional ao valor delas e processando todos que discordam com o máximo de violência; ou se eles querem meios para usar força externa, com toda a amargura possível. Eles devem espantar qualquer observador imparcial e suscitar grandes preconceitos contra a religião de tais pessoas, como se feitas de contradições; professam o amor, mas irrompem em todos os atos de ódio.[2]

Alguém tem que acabar com a prática de trocar insulto por insulto. Jamais se esqueça de que imediatamente depois de Paulo ter exortado a seus leitores "entretanto, procurai, com zelo, os melhores dons", ele escreveu: "[...] se não tiver amor, nada disso me aproveitará" (1Coríntios 13:3).

PAIXÃO *por* DEUS

Uma de minhas tarefas mais agradáveis, como professor de seminário, foi a de ensinar o livro dos Salmos. É gratificante meditar sobre o texto hebraico dos Salmos, passeando pelas intrincadas figuras de linguagem. Todavia, por mais que eu amasse os Salmos, havia neles duas coisas que me "perturbavam". Uma delas era a intensidade com que os salmistas buscavam a Deus. Deixe-me dar alguns exemplos.

> Como suspira a corça pelas correntes das águas, assim, por ti, ó Deus, suspira a minha alma.
> A minha alma tem sede de Deus, do Deus vivo: quando irei e me verei perante a face de Deus?
> (Salmos 42:1-2)

> Ó Deus, tu és o meu Deus forte, eu te busco ansiosamente;
> a minha alma tem sede de ti; meu corpo te almeja,
> numa terra árida, exausta, sem água.
> (Salmos 63:1)

> Uma cousa peço ao Senhor, e a buscarei:
> que eu possa morar na casa do Senhor todos os dias da minha vida,
> e meditar no seu templo.
> (Salmos 27:4)

> Os meus olhos antecipam as vigílias noturnas, para que eu medite nas tuas palavras.
>
> (Salmos 119:148)

C. S. Lewis, ao descrever esse fenômeno, recusa-se a chamá-lo de "o amor de Deus", por acreditar não ser esse pensamento verdadeiro. Prefere referir-se ao anseio dos salmistas como um "apetite por Deus".[1] Mas Lewis receava que a expressão fosse forte demais para algumas pessoas. Pessoalmente, penso ser ela muito branda, em relação ao que encontramos nos Salmos. Prefiro usar expressões como "fome por Deus" ou "paixão por Deus". Tal era o anelo dos autores dos Salmos por Deus que chegava a mostrar-se avassalador – e isso me deixava perturbado.

Sim, perturbava-me porque comecei minha vida cristã sentindo pelo menos um pouco desse anelo. Aos 17 anos de idade, recém-convertido, ficava acordado até altas horas da noite, esperando que todos em casa se tivessem recolhido, a fim de que eu pudesse conversar com Deus sem interrupções ou sem me distrair. Lembro-me de sair chispando até o correio para receber meu último pacote de versículos "Navigator" para decorar, e então ficar até às três ou quatro horas da madrugada memorizando cada um deles e meditando.

Ninguém me forçava a essas coisas. Eu as fazia porque tinha fome de Deus. Porém, depois que me tornei professor de seminário e passei a ensiná-las, já não mais ficava acordado até altas horas da noite, memorizando a Bíblia. Não mais podia dizer, como o salmista, que "os meus olhos antecipam as vigílias noturnas, para que eu medite nas tuas palavras" (Salmos 119:148). Não que eu tenha deixado de experimentar a presença de Deus. De fato, passei uns bons momentos com o Senhor nesse período. No entanto, seria demais afirmar que minha alma tinha "sede de Deus". E, cada vez que lia ou meditava numa daquelas passagens, assaltava-me uma sensação de culpa.

A segunda coisa que me perturbava era a emoção dos salmistas. Eles não somente demonstravam uma intensa alegria no Senhor, mas também convidavam os outros à mesma alegria, como se essa fosse uma norma para todo crente. Pode-se racionalizar uma expressão como: "Regozije-se Israel no seu Criador, exultem no seu Rei os filhos de Sião" (Salmos 149:2). Mas o salmista não para aí; ele prossegue, para explicar o que queria dizer com "regozije-se Israel no seu Criador". No versículo seguinte, exorta o povo: "Louvem-lhe o nome com flauta [danças, na versão da Sociedade Bíblica Trinitariana]; cantem-lhe salmos com adufe e harpa".

Danças?

Sim, o salmista convoca o povo a louvar a Deus com danças. Sua alegria era tão grande que lhe envolvia todo o corpo. Era-lhe necessário mais que a voz para expressar o que sentia.

A dança era um modo comum de expressar intensa alegria no Senhor. Miriã, Davi e a filha de Jefté foram de tal modo invadidos pelo júbilo que dançaram diante dele.[2] Não estou tentando arrumar argumento em favor das danças em nossos cultos; pelo contrário, ressalto que a alegria era tão grande que aqueles santos não podiam impedir a si mesmos de dançar.

A alegria é uma daquelas emoções que tenho encontrado várias vezes nos Salmos. Os salmistas também podiam exprimir tristeza quase ilimitada por causa do próprio pecado ou da ausência de Deus. Ouça o autor do Salmo 42:

> A minha alma tem sede de Deus, do Deus vivo: quando irei e me verei perante a face de Deus?
>
> As minhas lágrimas têm sido o meu alimento dia e noite, enquanto me dizem continuamente: "O teu Deus, onde está?".
>
> (Salmos 42:2-3)

Qualquer um que tenha lido os Salmos sabe que os salmistas eram capazes de extremos emocionais. E eu não apreciava muito essa característica. Não me incomodavam as emoções extravasadas nos ginásios de esporte e campos de futebol, no entanto me pareciam inadequadas ao ambiente religioso.

Ao comentar a ausência de emoções nos cultos de sua denominação, C. S. Lewis declarou: "Temos uma terrível preocupação com o bom gosto".[3] E eu pensava que as emoções, dentro de um ambiente religioso, eram de mau gosto. Repelia-as e desconfiava delas. Para mim, apenas as pessoas fracas se emocionavam.

Até hoje trago na mente a imagem de um de meus filhos a chorar. Ele chorava não porque tinha sido machucado, mas porque seus sentimentos haviam sido feridos. Irritei-me com ele. Não gostei de ver aquelas lágrimas, porque as interpretei como um sinal de fraqueza, mesmo num menino de sete anos.

Eu gostava de dizer que vivia de acordo com a Palavra de Deus, e não por sentimentos. Eu havia pregado tantos sermões sobre o tema que já considerava os sentimentos e a Palavra de Deus inimigos entre si.

Perturbava-me nos salmistas o fato de não compartilharem de meus pontos de vista sobre as emoções. Os salmistas pareciam dar plena vazão aos sentimentos. Não tinham vergonha de sua apaixonada fome de Deus nem da intensa alegria que sentiam em sua presença, nem das lágrimas que derramavam sobre os próprios pecados. Eu me preocupava porque minhas experiências não se equiparavam as deles; e eu não conseguia encontrar um método satisfatório para racionalizá-las. Seriam aquelas experiências normativas? Por que, então, as minhas eram tão diferentes?

Embora não seja psicólogo, penso saber o motivo de tanta repulsa às emoções: um trauma de infância misturado ao sistema teológico que adotei poucos anos após a minha conversão.

Quando eu era um rapazinho, admirava meu pai mais do que a qualquer outro homem – mais do que a qualquer herói do cinema ou da televisão. Via nele um homem incrivelmente inteligente. Ele parecia ter resposta a qualquer pergunta que eu lhe fizesse. Via-o também como fisicamente poderoso. Ele havia combatido na Segunda Guerra Mundial. Certa ocasião, foi ferido por estilhaços, que se enterraram profundamente em suas costas, e, mesmo assim, ainda continuou lutando por dois dias. Para minha mente jovem, ele era um homem varonil em todos os sentidos.

Tudo aconteceu não muito depois de meu décimo segundo aniversário, numa hora em que meu pai estava sozinho em casa.

Ele entrou na cozinha, derramou uísque sobre café e despejou alguns barbitúricos na mistura. Escreveu alguma coisa numa folha de papel e foi para a sala de estar. Ajustou o toca-discos para que tocasse por diversas vezes a mesma música, uma triste peça para piano intitulada "Last Date". Ficou ali, escutando, até tomar uma das armas de fogo da família e pôr fim a sua angústia.

Meu pai deixou uma viúva de 34 anos de idade, com quatro filhos para cuidar. Eu era o mais velho; minha irmã, a mais jovem, e tinha três anos de idade. Diante daquele trauma, tomei a decisão de ser um homem forte e de nunca me deixar atingir daquela forma novamente.

Meu avô materno morreu naquele mesmo ano por causa de um ataque de coração. De súbito, eu era o homem da família. Adquiri, então, uma atitude estoica que não tinha lugar para as emoções.

Cinco anos mais tarde, fui maravilhosa e totalmente convertido, e penso que poderia ter feito as pazes com minhas emoções, não fora o sistema teológico que adotei.

RACIONALIZANDO NOSSA FALTA DE PAIXÃO

Já confessei que havia um abismo entre a minha maneira de pensar e a dos salmistas. Mas eu teria sido mais honesto se admitisse que minha atitude nada tinha a ver também com o comportamento dos grandes heróis da Bíblia, pois todos pareciam demonstrar contínua paixão por Deus, a qual eu havia perdido.

Eu tinha duas opções: ou procurava de alguma forma readquirir o meu entusiasmo, ou arranjava uma boa desculpa por tê-lo perdido. Fiquei com a segunda opção, adotando um sistema teológico que justificava o meu desprezo pelos sentimentos.

Dizia o sistema que os sentimentos são enganadores, razão pela qual não se podia confiar neles; que se deveria também desconfiar de tudo que fosse subjetivo; que a Bíblia era objetiva, pelo que somente nela se poderia confiar. Diz-nos a Bíblia que o maior dos mandamentos consiste em amar a Deus e ao próximo como a nós mesmos (Mateus

22:36,40). Esse amor não seria, a princípio, um sentimento. De fato, o amor é, realmente, uma obediência aos mandamentos de Deus. Afinal, Jesus declarou isso explicitamente, em João 14:15,21, e 23:

> Se me amais, guardareis os meus mandamentos... Aquele que têm os meus mandamentos e os guarda, esse é o que me ama.
> Se alguém me ama, guardará a minha palavra...

Eu estava convencido de que os sentimentos não são importantes, contanto que se esteja obedecendo ao Senhor. Sentimentos corretos deveriam seguir ações corretas, porém, mesmo que assim não aconteça, o mais importante é obedecer aos mandamentos de Deus. Ora, visto ser a Bíblia o registro objetivo dos mandamentos divinos, estaríamos amando a Deus pela simples obediência a esses mandamentos.

Essa era a filosofia que eu adotara e que preguei durante anos. Sujeitei-me a uma versão anêmica do Cristianismo por conveniência, para racionalizar minha falta de "apetite por Deus".

Permita-me ilustrar por que esse sistema oferece uma versão defeituosa, não somente do Cristianismo, mas também do amor.

Tenho ouvido, em minhas aulas de seminário e nas igrejas que pastoreio, confissões de alguns homens que se sentiam fortemente atraídos pela pornografia. Alguns deles conseguiam resistir à tentação. Contudo, sentiam-se perturbados porque, em seu coração, permanecia o desejo de olhar revistas e filmes pornográficos. Não era algo de sua vontade, entretanto. Eu costumava dizer-lhes que não se preocupassem, contanto que não estivessem olhando pornografia. Afinal, sensações corretas deveriam seguir-se a ações corretas, pelo que seus sentimentos mudariam em breve. No entanto, algumas vezes os sentimentos não mudavam. E, em certos casos, prosseguiam durante anos.

De acordo com o meu sistema, esses sentimentos realmente não eram importantes, desde que se estivesse obedecendo. Entretanto, olhemos a questão da perspectiva de suas esposas. Estariam elas satisfeitas por saber que seus maridos desejavam olhar o corpo de outras mulheres? E, embora eles não cedessem ao pecado, elas se sentiriam traídas pelo fato de seus maridos estarem desejando ver pornografia.

Todo casal sabe que essa é uma forma distorcida de Cristianismo. Seria este o melhor de Deus para nós: resistir, pela disciplina, a um pecado do qual continuamos escravos em nosso coração?

Em algumas oportunidades, tenho aconselhado casais em que o marido, apesar de fiel e bondoso provedor, perdeu a paixão pela esposa, não mais sentindo por ela o amor dos primeiros anos de casamento. Seu proceder é correto, mas os sentimentos não mais estão presentes. Que esposa ficaria satisfeita com esse tipo de amor?

Eu havia abraçado, pois, uma forma de Cristianismo que separava, radicalmente, a obediência dos sentimentos. Obediência sem emoção é mera disciplina ou força da vontade. Não é amor. Não se pode separar a paixão do amor. O verdadeiro amor manifesta-se não somente através dos atos, mas também por sentimentos. O afeto e a paixão são aspectos indispensáveis do amor a Deus.

O alvo da vida cristã não é apenas a obediência aos mandamentos de Deus, mas o obedecê-lo de coração (Romanos 6:17; Efésios 6:6). Ninguém pode obedecer a Deus dessa maneira, a menos que tenha os seus mandamentos escritos no coração. Essa é a grande diferença entre o santo do Antigo Testamento e o crente do Novo: temos acesso ao ministério do Espírito

Santo, que escreve os mandamentos de Deus em nosso coração (Jeremias 31:33; Hebreus 10:16). Não precisamos contentar-nos com uma obediência mecânica. Podemos odiar o que Deus odeia, e amar o que ele ama.

Meu sistema justificava sentimentos mornos para com Deus e seus filhos. No entanto, Jesus disse aos crentes de Laodiceia: "Assim, porque és morno, e nem és quente nem frio, estou a ponto de vomitar-te da minha boca" (Apocalipse 3:16).

Em 1746, Jonathan Edwards publicou *The Religious Affections* [Afetos religiosos], livro no qual argumentava que "a verdadeira religião deve consistir em muitos afetos".[4] Edwards observou que uma das principais obras de Satanás é

> propagar a ideia de que todos os afetos e emoções não devem ser considerados, no campo religioso, mas evitados como se fossem tendências perniciosas. Ele sabe que isso transforma qualquer religião em mera formalidade e eficazmente destrói tudo que é espiritual, fechando as portas ao Cristianismo autêntico.[5]

Edwards prossegue:

> Assim como não há verdadeira religião onde nada mais existe senão sentimentos, não há verdadeira religião onde não há sentimentos religiosos [...] Se os grandes valores da religião forem corretamente compreendidos, eles afetarão o coração [...] Desprezar os sentimentos religiosos é a maneira mais fácil de endurecer os corações dos homens, encorajando-os em sua estupidez e falta de bom senso, conservando-os em um estado de morte espiritual, enquanto vivos, para levá-los, finalmente, à morte eterna.[6]

Edwards esforça-se para provar, mediante as Escrituras, que o Cristianismo é uma religião tanto de emoções quanto de vontade. Ele demonstra o grande destaque dado pelas Escrituras "ao temor, à esperança, ao amor, ao ódio, ao desejo, à alegria, à tristeza, à gratidão, à compaixão e ao zelo".[7] Não podemos amar a Deus, nem obedecê-lo, sem santificar as emoções.

SENDO SEDUZIDO

A ironia em tudo isso é que quase todos começam a vida cristã com um apaixonado anelo pelo Senhor Jesus. Ao longo do caminho, porém, muitos perdem essa paixão; mas é necessário permanecer assim – a menos que a nossa teologia diga que é normal a vida cristã sem paixão por Jesus.

Quando me converti, não tinha qualquer noção religiosa ou eclesiástica. Imediatamente, porém, apaixonei-me pelo Senhor Jesus. E comecei a devorar sua Palavra. Falava com ele constantemente e dava testemunho dele a todos os meus amigos incrédulos. Era tão zeloso nesse particular que perdi todos os meus amigos, com a exceção de apenas dois. Essa perda, contudo, não me afetou muito, porque eu estava amando a Jesus, e nada mais realmente me importava. Com o tempo, porém, perdi aquele primeiro amor e adotei uma teologia que justificava a perda. Entretanto, não foi a teologia que me levou a perder o primeiro amor.

Passado cerca de um ano, a paixão original que sentia pelo Senhor começou a enfraquecer. Não poderia apontar o dia ou a hora em que isso aconteceu nem apresentar um motivo. Sei apenas que meu amor transferiu-se para algo muito diferente: minha denominação. Eu tinha muito orgulho dela e não entendia por que alguns verdadeiros cristãos se recusavam a abraçar nossa doutrina. Imaginava também que minha igreja talvez fosse a melhor de toda a denominação.

Não penso ter amado de mais minha denominação. O problema é que eu amava Jesus de menos. Essa inversão de valores ocorre tão lentamente, e de maneira tão sutil, que é quase impossível percebê-la antes de ser apanhado na armadilha. Entretanto, arrependi-me de pôr minha igreja à frente de Jesus, e aquela paixão original começou a retornar.

Mas fui novamente seduzido.

Enquanto me preparava para tornar-me professor de seminário, desenvolvi uma paixão intensa pelo estudo da Palavra de Deus. E acabei amando mais a Bíblia do que ao seu autor. Cai numa outra armadilha.

Sem perceber, passei a considerar o conhecimento das Escrituras a essência da vida cristã. C. S. Lewis refere-se a esse tipo de erro da seguinte maneira: "O indivíduo algumas vezes (não com frequência) alegra-se por não ser um grande teólogo; e de maneira igualmente fácil se ilude, pensando ser um bom cristão".[8] Essa é uma armadilha em que caímos facilmente, quando se vive numa comunidade acadêmica, onde o propósito principal é ensinar as Escrituras e treinar pessoas a fazerem o mesmo.

Só depois de muito tempo aprendi que conhecer a Bíblia não é a mesma coisa que conhecer a Deus; amar a Bíblia não é a mesma coisa que amar a Deus; e que ler a Bíblia não é a mesma coisa que ouvir a Deus. Os fariseus conheciam a Bíblia, amavam-na, liam-na, mas não conheciam, nem amavam, nem ouviam a Deus.

Um dia, porém, Jesus lhes disse:

O Pai que me enviou, esse mesmo é que tem dado testemunho de mim. *Jamais tendes ouvido a sua voz* nem visto a sua forma. Também não tendes a sua palavra permanente em vós, porque não credes naquele a quem ele enviou. Examinais as Escrituras, porque julgais ter nelas a vida eterna, e são elas mesmas que testificam de mim. Contudo não quereis vir a mim para terdes vida.

(João 5:37-40, grifo meu)

Os fariseus passavam horas estudando as Escrituras. Não obstante, eles nunca haviam escutado a voz do Pai. É possível ler a Bíblia diariamente sem jamais ouvir a voz de Deus!

Outra grande ironia: eu pregava muitos sermões sobre a importância de fazer e não apenas saber o que a Bíblia diz. Esforçava-me mais em compreender a Bíblia e a teologia ortodoxa do que em seguir o Filho de Deus e tornar-me como ele. Eu não fazia ideia de quão profunda era a decepção que se apoderara de mim.

Alguns óbvios sinais identificam aqueles que põem a Bíblia acima de Jesus. Eles falam mais da Bíblia do que de Jesus. Ter uma correta doutrina é, para eles, mais importante do que levar uma vida correta. Para eles, é mais importante o que se acredita do que a maneira como se age. Seus líderes podem ser duros, autoritários. Pecados de orgulho, arrogância e crueldade religiosa são muitas vezes desculpados ou negligenciados. Pregar a Palavra, para eles, é mais importante do que tê-la como perfeito modelo.

Detesto admitir, mas todas essas características eram reais em minha vida, quando coloquei a Bíblia acima do Senhor Jesus. O problema não era eu amar a Bíblia demais, mas amar Jesus de menos em comparação à Bíblia.

Algumas pessoas se deixam seduzir por exterioridades. Consideram o comportamento moral e o dever a essência da vida cristã. Aqueles que agem assim terminarão por desenvolver o mesmo tipo de justiça própria que caracterizava os fariseus. Considere o que Jesus disse aos culpados desse pecado:

> Ai de vós, escribas e fariseus, hipócritas! Porque dais o dízimo da hortelã, do endro e do cominho, e tendes negligenciado os preceitos mais importantes da lei, a justiça, a misericórdia e a fé; devíeis, porém, fazer estas cousas, sem omitir aquelas. Guias cegos! Que coais o mosquito e engolis o camelo.
>
> Ai de vós escribas e fariseus, hipócritas! Porque limpais o exterior do copo e do prato, mas estes por dentro estão cheios de rapina e intemperança. Fariseu cego! Limpa primeiro o interior do copo, para que também o seu exterior fique limpo.
>
> Ai de vós, escribas e fariseus, hipócritas! Porque sois semelhantes aos sepulcros caiados, que por fora se mostram belos, mas interiormente estão cheios de ossos de mortos, e de toda imundícia. Assim também vós exteriormente pareceis justos aos homens, mas por dentro estais cheios de hipocrisia e de iniquidade. (Mateus 23.23-28)

Se a essência da vida cristã se transformar em obediência a regras, seremos levados à justiça-própria.

Sempre gostei de pensar em mim mesmo como uma pessoa liberta do legalismo e da justiça-própria. De fato, admirava minha própria imagem de santo "não conformista". Mas, a despeito dessa pequena fantasia, já fui por várias vezes seduzido ao legalismo e à justiça-própria, em meu andar com o Senhor.

Deixe-me contar-lhe como o Senhor mostrou essa minha falha.

No processo de deixar a minha igreja em Fort Worth e meu trabalho de professor no seminário, meus sentimentos pelo Senhor Jesus começaram a reavivar-se. Pela época em que tínhamos mudado para Anaheim, na Califórnia, para fazer parte do pessoal da Vineyard Christian Fellowship, eu me sentia mais próximo do Senhor do que nos primeiros dias após a minha conversão.

Um dia, durante o outono de 1988, dirigia-me para meu escritório na igreja quando surpreendi-me experimentando uma imensa alegria. Fiz um breve exame de minha vida e não encontrei razão para estar assim tão feliz. Não havia férias nem viagem à vista; não adquirira posses nem podia enumerar vitórias espirituais recentes. Apenas estava me sentindo feliz a caminho de um dia ordinário de trabalho. E comecei a perguntar ao Senhor o porquê de tal sensação.

Analisando minha vida, percebi que estava próximo do Senhor como há muito tempo não estivera. Estava orando e meditando na Escrituras mais do que nunca. Sempre estudara a Bíblia a fim de preparar os sermões, mas agora o tempo parecia melhor aproveitado. Eu me estava entregando às pessoas como jamais fizera em meu ministério. E, pela primeira vez em minha vida, eu estava orando sobre uma base regular.

(Uma das coisas boas em ser um cessacionista é que, uma vez que você acredite nas "coisas que passaram lá pelos fins do primeiro século", está livre para incluir nelas aquilo de que você não gosta. Eu, particularmente, incluía nessa categoria o jejum.)

Sem perceber, comecei a congratular a mim mesmo pelo meu andar com o Senhor, minha consistência e minha disciplina. Naquele exato momento, o Senhor falou comigo, tão claramente como se em voz audível: *"Não te regozijes em tua lealdade ao Senhor Jesus – regozija-te no próprio Senhor Jesus. Se te regozijares em tua lealdade, ela te levará à justiça-própria".*

Com essa revelação, pude contemplar minha vida sob uma perspectiva divina. Percebi que havia períodos em que eu estava mais próximo do Senhor, para em seguida ver essa proximidade interrompida – quando começava a regozijar-me por minha lealdade.

Poucos dias mais tarde, o Senhor mostrou-me onde estava o problema, por meio da parábola do fariseu e do publicano, em Lucas 18:9,14. O fariseu orava: "Ó Deus, graças te dou porque não sou como os demais homens, roubadores, injustos e adúlteros, nem ainda como este publicano; jejuo duas vezes por semana e dou o dízimo de tudo quanto ganho". A oração do fariseu demonstra que ele se regozijava em sua lealdade a Deus, em lugar de regozijar-se em Deus. Se fizermos como ele, também seremos levados à justiça-própria, que, por sua vez, nos fará desprezar os nossos semelhantes (Lucas 18:9).

Algumas pessoas são seduzidas e colocam os dons espirituais acima do Senhor Jesus – parece ter sido o que aconteceu aos crentes coríntios. Outras deixam-se seduzir pelo emocionalismo. Esforçam-se por alcançar certo nível de sentimentos mais do que buscam ao Senhor Jesus. Tais pessoas são facilmente levadas a excessos emocionais.

E há outra sedução, que atua com maior sutileza. O estilo de adoração tem passado por uma mudança radical. Grande parte da Igreja, hoje, usa hinários com menos frequência, optando por uma forma contemporânea de música. Em lugar de dois ou três hinos, no começo do culto, muitas igrejas adotam um extenso período de adoração musical. Em minha opinião, isso não é ruim, mas até mesmo nesse particular vejo pessoas seduzidas. Algumas estão "adorando a adoração", em vez de adorarem ao Senhor Jesus.

Tenho até encontrado pessoas que põem a vida cristã acima do Senhor Jesus. Frequentadores de igrejas e estudantes de seminários têm-se convertido a um estilo de vida, não a Jesus Cristo. Eles amam a vida cristã – a comunhão, os cultos, a contribuição às causas justas, a leitura da Bíblia e as orações. É possível alguém fazer tudo isso e não confiar em Jesus Cristo para perdão dos pecados e recebimento da vida eterna. Tenho visto estudantes de seminário serem levados a Cristo somente no quarto ano de treinamento. Diáconos chegam à fé após anos de serviço fiel em igrejas conservadoras.

O que estou dizendo é que é possível colocar coisas boas acima do Senhor Jesus, sem que se perceba. Podemos pôr a Bíblia e seus mandamentos acima do Senhor, como também os dons espirituais e as várias formas de adoração. O mesmo podemos fazer com os diversos ministérios – testemunho, cuidado pelos pobres, oração pelos enfermos. É possível o crente ser seduzido por todas essas coisas.

Não devemos equiparar Jesus a qualquer dessas coisas. Jesus não é uma doutrina, uma teologia, um princípio abstrato, um ministério, uma igreja, uma denominação, uma atividade ou um estilo de vida. Jesus é uma pessoa real, e exige que o coloquemos acima de tudo. Nenhuma dessas coisas morreu por nós; o Filho de Deus morreu por nós. Se começo a dar mais atenção ao meu ministério que ao Filho de Deus, aquele se tornará um ídolo em minha vida, afastando-me de Jesus. Quão facilmente confundimos amar as coisas boas com o amar a Jesus! E quão facilmente nos tornamos leais a essas coisas sem nos dedicar a Deus.

Mais do que qualquer outra coisa, a paixão por Deus deve ser guardada e cultivada ou a perderemos. Tenho descoberto que quase tudo de bom em minha vida está sempre pronto a competir com meu tempo e intimidade com Deus. A essência da vida consiste em amarmos a Deus, para então amarmos o seu povo (Mateus 22:36,40).

AMANDO COM PAIXÃO

Com frequência falo sobre a "paixão" por Cristo em lugar de amor a Cristo, porquanto a palavra amor perdeu o sentido original em muitos círculos religiosos de hoje. Conforme já disse, teólogos e pregadores populares têm insistido em definir o amor primariamente em termos de dever, sem qualquer referência às suas qualidades emocionais. Mas o amor a Deus destituído de emoção é um produto da mente dos mestres modernos. A Bíblia jamais define o amor dessa maneira.

Gosto da palavra paixão porque ela salienta o lado emocional do amor. Paixão pode ser definida como "qualquer tipo de sentimento por meio do qual a mente é poderosamente afetada ou movida: uma emoção veemente, ordenadora, dominante".[9] A paixão é um sentimento que leva a mente e a vontade à ação. O termo paixão cobre uma gama inteira de sentimentos – apropriado para quem ama a Deus. Refiro-me a coisas como desejo, anelo, zelo, afeto, ânsia e fome, sentimentos característicos de uma pessoa profundamente apaixonada.

Os sentimentos apaixonados devem caracterizar nosso relacionamento com o Senhor Jesus. Naturalmente, desejamos ser perfeitamente obedientes ao Senhor, mas que essa obediência se derive da paixão por ele. Obedeçamos a Jesus, não simplesmente por disciplina, senso de dever, recompensa ou temor a punição. Sirvamo-lo, sim, pela alegria de poder agradá-lo. Se for a disciplina, em última análise, o que nos impulsiona a buscar Jesus, eventualmente haveremos de desistir dessa busca. Mas o cristão apaixonado nunca desistirá. Essa é a natureza do amor (Cânticos 8:6-7). Seja a nossa vida caracterizada por um sentimento sem restrições para com o Filho de Deus.

Seria isso um alvo realista ou apenas um pensamento ditado pelo desejo? Tenho ouvido alguns mestres ensinarem que, no começo de nossa relação com Deus, é normal termos paixão por ele, mas que após um tempo relativamente curto é também normal substituirmos essa paixão por uma sensação mais fiel de dever e disciplina. Alguns até afirmam que a perda da paixão é sinal de maturidade espiritual. Quanto a mim, penso que a Bíblia diz exatamente o contrário.

Pense o leitor naquelas citações extraídas dos Salmos, no começo deste capítulo. Os salmistas não tinham perdido sua paixão por Deus. Estavam cheios de fome e anelo por ele. Utilizaram-se das mais vívidas mensagens para expressar seu anelo por Deus. Assim como a corça se mostra sedenta por correntes de águas, a alma do salmista tinha sede de Deus (Salmos 42:1-2). Davi declara que sua maior oração era poder estar na casa de Deus simplesmente para "contemplar a beleza do Senhor e meditar no seu templo" (Salmos 27:4). Se os santos do Antigo Testamento sentiam-se apaixonados por Deus, quanto mais deveriam estar os crentes da Nova Aliança, que vivem à luz do Calvário e do poder do Espírito Santo!

Entretanto, se perdermos essa paixão, como poderemos recuperá-la? E como a nossa paixão por Deus relaciona-se a nossa experiência com o seu poder? Exploraremos essas questões no capítulo final.

DESENVOLVENDO o AMOR e o PODER

Um belo dia, Jesus chegou a Betânia, e resolveu permanecer na casa de Maria, irmã de Marta e Lázaro (Lucas 10:38,42). Maria, mostrando desejo e afeto pelo Senhor, sentou-se a seus pés para ouvir tudo quanto ele dizia. Embora fosse a hora do almoço, ela preferiu ouvir o mestre.

De conformidade com as regras de hospitalidade daquele tempo, Maria era responsável, juntamente a Marta, por servir a Jesus e aos seus discípulos. Mas o seu desejo em ouvi-lo era mais forte. Seu afeto pelo Senhor predominou sobre as regras normais da etiqueta. Estou certo de que se Jesus dissesse a Maria que fosse ajudar Marta, ela tê-lo-ia feito imediatamente. Mas não havia como deixar a presença do Salvador.

Quando Marta tentou pedir a Jesus para censurar Maria por não ter ajudado a preparar a refeição, Jesus não apenas se recusou, como também a elogiou. Maria o escolheu em detrimento de seus deveres, e o Senhor disse que ela havia escolhido a melhor parte, algo que ninguém lhe tiraria.

Os pregadores com frequência usam esse incidente para realçar a necessidade do estudo bíblico. No entanto, Maria não estava estudando a Bíblia; estava sentada aos pés do amado, ouvindo atentamente tudo quanto ele lhe dizia.

O profundo amor de Maria pelo Senhor também seria constatado seis dias antes da última Páscoa. Ele sabia que só teria mais seis dias até a sua morte. Por isso, deixando de lado todas as pessoas e lugares "politicamente corretos" em Jerusalém, foi a Betânia, que distava três quilômetros a sudeste de Jerusalém. Jesus preferiu o lar de Lázaro, Marta e Maria, porque aí seria ungido para o seu sepultamento.

A quem Deus daria a honra de ungir a seu filho?

Maria entrou no aposento durante a refeição, carregando um frasco de nardo puro, um perfume que valia pelo menos o salário de um ano todo. Então ela "desperdiçou" aquele caríssimo perfume, derramando-o aos pés do Senhor. Em seguida, enxugou os pés do Senhor com os cabelos (João 12:1-3).

Embora extraordinário, este ato foi considerado impróprio. Maria interrompeu a refeição, aproximou-se de um convidado do sexo masculino, deixou seus cabelos soltos, à maneira do que faria uma mulher imoral, e se pôs a fazer o trabalho de uma escrava. O que a levou a humilhar-se e a transgredir tantas normas?[1] O que a levou a desperdiçar tanto?

Ela reconheceu a grandeza de Jesus. Sabia ser ele digno de toda aquela extravagância. Ele também era digno da mais profunda humilhação que ela pudesse sofrer. Maria era impulsionada por uma santa paixão pelo Filho de Deus. Ela "dilapidou" o perfume no salvador, como o faria com a própria vida. Aquela extravagância refletia uma "extravagância" ainda maior: seus sentimentos por Cristo.

Tanto João quanto Lucas fornecem-nos esses "instantâneos" de Maria, pois tinham como objetivo apresentar-nos a vida dela como modelo para todos nós. Como podemos copiar tal vida? Como podemos desenvolver a mesma paixão e devoção por Jesus?

DESENVOLVENDO PAIXÃO POR JESUS

Ha três passos para desenvolvermos tal paixão por Jesus. O primeiro é óbvio. Você não poderá amar alguém ou ter por esse alguém paixão se não o conhecer. À semelhança de Maria, devemos dedicar nosso tempo a conhecer Jesus. Quanto mais nos assentarmos a seus pés, mais o conheceremos. E quanto mais o conhecermos, mais haveremos de amá-lo.

Devemos separar um período diário para a meditação nas Escrituras e a oração. Jamais devemos permitir que seja este tempo mecânico ou ritualista. Precisamos ter em mente que é possível ler a Bíblia, como um fariseu, sem jamais ouvir a voz de Deus (João 5:37). É possível deixar nosso tempo de oração degenerar-se numa mera lista de compras endereçada a Deus.

Em nossos períodos regulares de meditação e oração, devemos lembrar-nos de que o nosso propósito é conhecer uma Pessoa que fala, guia, encoraja, revela e convence. Ele se ira e perdoa. Podemos entristecê-lo ou alegrá-lo. É o que as Escrituras nos dizem.

No entanto, uma leitura mecânica da Palavra de Deus ou uma oração ritualista jamais nos conduzirão à presença de Deus. Eis a oração do salmista: "Desvenda os meus olhos, para que eu contemple as maravilhas da tua lei" (Salmos 119:18). Ele sabia que, sem a presença divina, ele jamais "veria as maravilhas da lei". Peça e venha à presença de Deus.

Há coisas que todos conhecemos. Temos sido ensinados sobre elas desde a nossa conversão. O problema, pois, não consiste em se conhecer tais coisas, mas em as colocar em prática. Quando eu era pastor de uma determinada igreja, minha principal exortação era que as minhas ovelhas orassem e lessem a Bíblia. E, constantemente, ouvia-as confessarem que não oravam nem liam a Bíblia com regularidade.

Passados dez anos, descobri que o mesmo acontece com muitos pastores. Os crentes com quem falo acreditam que a Palavra de Deus e a oração sejam realmente indispensáveis, mas não se aplicam a tais exercícios. Na maioria dos casos, isso não é ocasionado por nenhuma falha moral. Antes evidencia uma religiosidade mecânica.

As pessoas tendem a viver sob a ilusão de que sempre terão tempo para orar e meditar na Palavra de Deus. Essa é uma das mais bem-sucedidas mentiras do diabo. Ele sabe que, se puder manter você afastado da presença de Deus, conseguirá derrotá-lo com facilidade. Neste sentido, de nada lhe valerão os vastos conhecimentos bíblicos, nem os dons espirituais. O importante mesmo é viver na presença de Deus.

Não há um único herói bíblico que não tivesse chegado à presença de Deus de maneira regular. Siga o exemplo deixado por Josué, e medite na Palavra de dia e de noite (João 1:5,9). Siga o exemplo de Paulo, e ore continuamente (1Tessalonicenses 5:17). Siga o exemplo de Maria e sente-se aos pés de Jesus (Lucas 10:39). Para seguir tais exemplos, devemos aprender a separar um tempo regular para ler a Palavra de Deus e falar com ele. Se o fizermos, o Senhor jamais nos deixará desapontados.

Eis aqui a segunda chave para se adquirir paixão pelo Senhor Jesus. Em cada relacionamento pessoal, são erguidas, de vez em quando, barreiras. Não é diferente em nosso relacionamento com o Senhor. Sempre que pecamos, ergue-se uma barreira entre nós e ele. A culpa do pecado pode impedir-nos de entrar em sua presença. Isso também é verdade em nossos relacionamentos. Quando machuco alguém que amo, não consigo apreciar sua companhia enquanto essa dor não for curada.

Só há uma coisa que removerá as barreiras entre Deus e seus filhos desobedientes:

> Se, porém, andarmos na luz, como ele está na luz, mantemos comunhão uns com os outros, e o sangue de Jesus, seu Filho, nos purifica de todo pecado.
>
> Se dissermos que não temos pecado nenhum, a nós mesmos nos enganamos, e a verdade não está em nós. Se confessarmos os nossos pecados, ele é fiel e justo para nos perdoar os pecados e nos purificar de toda injustiça. (1João 7:9)

A culpa pelo pecado é-nos tirada sempre que o confessamos, confiando no poder do sangue de Jesus Cristo.

Essa é outra verdade que nos é ensinada desde a nossa conversão. Não obstante, encontro tantos crentes que vivem vergados sob a culpa do pecado, que mais parecem viver sob a condenação do diabo. Muitos dizem-me que confessam seus pecados, mas não se "sentem" perdoados. Mas não basta pronunciarmos algumas palavras sobre nossos pecados e transgressões; devemos confiar no poder do sangue de Jesus para sermos realmente perdoados. Nunca seremos santos o bastante nem disciplinados o suficiente para entrar na presença de Deus. Precisamos apenas de uma única coisa: o sangue de Jesus. Nossas boas ações, vidas reformadas e melhores intenções nunca serão tomadas pela culpa do pecado.

Uma outra coisa é absolutamente essencial para sermos consumidos de paixão pelo Filho de Deus. Em minha vida cristã, tenho cometido o mesmo engano por muitas e muitas vezes: depositar confiança em minha disciplina, boas intenções e conhecimento da Bíblia, para ter mais amor a Deus. Contudo, sempre termino no legalismo e na justiça-própria quando ponho minha confiança nessas coisas.

Um dia, o Senhor acabou com tudo isso, quando um caro amigo meu, Mike Bickle, disse-me que nunca se recuperara do choque provocado por algo que o Senhor lhe havia dito: "Se chegares a vencer na vida cristã, não será porque és um bom seguidor. Mas porque meu filho é um bom líder. Põe tua confiança em sua habilidade de liderar, e não em tua habilidade de segui-lo". A revelação vazou-me o coração. Percebi por que a justiça-própria e o legalismo sempre haviam se mostrado tão fortes em minha vida.

Não estou dizendo que não precisamos de disciplina, conhecimento bíblico ou um comportamento piedoso. Nem estou dizendo que devemos ser passivos, deixando que Deus faça tudo. Refiro-me, porém, a nossa atitude e confiança. Cumpre-nos fazer as coisas certas, mas nunca devemos depositar nelas nossa confiança. Nossos corações são incrivelmente inclinados a se enganar (Jeremias 17:9), e nossos pés, inclinados a se desviarem da vereda da justiça (Romanos 3:10-18). À luz dessas verdades, como poderíamos confiar em nossa capacidade de seguir a Jesus?

Já atingi um estágio na vida onde percebi que a minha paixão pelo Filho de Deus não é conquista minha, mas um dom recebido do Pai. Afinal, não é assim que as maiores coisas nos são concedidas? Disse Tiago: "Nada tendes, porque não pedis" (Tiago 4:2). Os maiores dons que Deus nos reservou ser-nos-ão concedidos mediante nossos rogos. Portanto, passe mais tempo pedindo a Deus para que ele lhe conceda paixão por Jesus.

Uma oração tem contribuído particularmente para gerar-me mais paixão pelo Senhor Jesus. É a maior oração de toda a Bíblia: a oração sumo sacerdotal do Senhor Jesus (João 17). Transformei o último versículo dessa oração em minha própria oração:

> Eu lhes fiz conhecer o teu nome e ainda o farei conhecer, a fim de que o amor com que me amaste esteja neles e eu neles esteja. (João 17:26)

Jesus revelou, em sua oração, que havia declarado o nome do Pai aos discípulos. Noutras palavras: ele mostrou-lhes quem o Pai é. Jesus o fez tendo em mira um propósito dominante: ele queria que seus discípulos o amassem como seu Pai celeste o ama.

Li este versículo muitas vezes antes de compreendê-lo. E na primeira vez em que o entendi, fiquei perplexo. Como poderia amar a Jesus como Deus o ama? Naturalmente, ninguém pode amar com o amor com que Deus ama. Também não podemos ser santos como Deus. No entanto, Deus nos recomenda: "Santos sereis, porque eu, o Senhor vosso Deus, sou santo" (Levítico 19:2). É por meio do poder de seu Espírito que podemos andar em santidade. Por intermédio desse mesmo poder, é-nos possível viver nossas vidas com uma paixão abrasadora por nosso Senhor.

O Pai ama o Filho mais do que a qualquer outro ser. Ele é devotado ao Filho. Seus olhos jamais deixam o Filho. Tudo quanto o Pai faz, fá-lo pelo seu Filho. Jesus, pois, orou para que fôssemos impulsionados pela mesma paixão.

Parafraseei João 17:26 a fim de orar da seguinte forma: "Pai, conceda-me o poder, vindo do Espírito Santo, para amar ao filho conforme tu mesmo o amas". Faço essa oração quando me levanto; durante o dia, quando me deito. Meu coração tem sido cativado por essa oração. Orando assim, confesso a Deus que, se ele não me conceder o Espírito

Santo, nunca terei paixão por seu Filho. Posso mudar de mente, mas apenas o Espírito Santo pode mudar meu coração.²

Se você orar sobre uma base regular, a paixão pelo Filho de Deus começará a fluir para o seu coração. Poderão ser necessários meses, ou mesmo anos, antes que você observe alguma diferença significativa. De fato, você nunca será capaz de apontar o dia ou a hora em que começou a ser consumido pela paixão pelo Filho de Deus. Mas os outros, sim. Eles dirão que você foi transformado, que há uma bondade em seu ser que ainda não haviam notado. Há uma qualidade contagiante no seu amor pelo Filho de Deus que não estava ali antes, e eles irão querer saber o que você tem feito.

Não se mostre passivo ao adquirir paixão pelo Filho de Deus. Faça disso o grande enfoque de sua vida. Ponha seus olhos sobre o Filho de Deus (Hebreus 12:2) e deixe-os lá, para se tornar como ele. Você se apaixonará por ele ao pedir a Deus, todos os dias, para te consumir com a paixão pelo seu glorioso filho. E essa paixão, conforme começa a ocupar seu coração, vai derrotar mil pecados em sua vida. Você amará o que ele ama e odiará o que ele odeia.

PAIXÃO E PODER

O que toda essa conversa a respeito de paixão tem a ver com o poder e com os dons do Espírito? Simplesmente isto: o amor a Deus é a chave para o poder. Eis o segredo dos discípulos do Senhor:

> Jesus subiu ao monte e chamou os que ele mesmo quis, e vieram para junto dele. Então designou doze para estarem com ele e para

os enviar a pregar, e a exercer a autoridade de expelir demônios. (Marcos 3:13-15)

Na versão de Marcos, Jesus apontou os doze com três propósitos: (1) estar com ele; (2) pregar; e (3) expelir demônios. A ordem em que esses três propósitos são apresentados é altamente significativa. Antes de ministrar, foram chamados "para estarem com ele". A partir dessa experiência íntima de estar com Jesus, ele lhes deu poder para pregar e expulsar demônios.

Os seres humanos mais poderosos são os que têm estado com Jesus (Atos 4:13). A intimidade com o Senhor, o "estar com ele", sempre produz paixão por ele. Pense em Moisés, Daniel, Pedro, João e Paulo. Todos consumidos de paixão por Deus. Conforme temos visto, paixão e poder não se confinam aos profetas do Antigo Testamento nem aos apóstolos do Novo. Considere mais um episódio da vida de Maria.

Quando Lázaro, irmão de Maria, morreu, Jesus chegou àquele lar quatro dias depois. Marta foi a primeira a saudá-lo: "Senhor, se estivesses aqui não teria morrido meu irmão" (João 11:21). Jesus respondeu-lhe com uma das maiores declarações teológicas da Bíblia: "Eu sou a ressurreição e a vida" (João 11:25, a ênfase é minha).

Momentos mais tarde, Maria foi ao encontro de Jesus e disse-lhe as mesmas palavras: "Senhor, se estivesses aqui, meu irmão não teria morrido" (João 11:32). Só que, nesta ocasião, Jesus chorou. Em seguida, foi ao sepulcro e ressuscitou Lázaro. Se Marta arrancou um grande ensino teológico do mestre, Maria fê-lo chorar, e levou-o a ressuscitar-lhe o irmão.

Os que têm amor apaixonado pelo Senhor Jesus podem movê-lo de uma maneira que as outras pessoas não conseguem por mais que tentem. A paixão por Jesus deu a Maria acesso ao poder de Jesus.

Permita-me o leitor dar-lhe um exemplo dramático e contemporâneo que ilustra o que quero dizer.

Mahesh Chavda, um evangelista largamente conhecido por suas curas e milagres, enfrentou um terrível dilema em maio de 1985. Seu filho, Aarão, acabara de nascer com cinco meses de gestação. Os médicos não deram a Mahesh e sua esposa, Bonnie, nenhuma esperança. A morte da criança era certa e iminente. Os médicos disseram que, mesmo que o menino sobrevivesse, não passaria de um "vegetal".

Mahesh já estava com diversas conferências marcadas. Sua esposa e o bebê encontravam-se no hospital, e ele estava de viagem marcada para a África. Ele sentia que o Senhor lhe ordenava que fosse cumprir seus compromissos, mas suas emoções levavam-no a ficar. Como poderia deixar Bonnie sepultar sozinha a Aarão?

Bonnie, porém, persuadiu a Mahesh a ir. "Seu trabalho consiste em ir quando o Senhor o chamou a ir", disse ela. "Não importa se você está aqui, Jesus está presente. Se Aarão viver, será por causa da intervenção divina, e não porque você está em casa".

Mahesh deixou Bonnie, e foi à UTI onde seu minúsculo filho lutava por continuar vivo. Aarão pesava apenas 539 gramas. O menino cabia-lhe na palma da mão. Mahesh ficou observando-o lutar pelo oxigênio. Então, ele o ungiu e orou por ele. Finalmente, olhou para o pequenino filho e disse: "Aarão, parece que eu não o verei mais. Quero que você saiba que seu papai muito o ama. Mas Jesus o ama ainda mais. Se eu nunca mais vir você nesta terra, sei que o verei no céu".

Semanas mais tarde, havendo Mahesh terminado as cruzadas na Zâmbia, entrou em contato com Bonnie. Miraculosamente, Aarão ainda se agarrava à vida. Mahesh apanhou um avião para o Zaire, onde passou aquele 9 de junho de 1985.

Mahesh não conhecia os organizadores da cruzada em Kinshasa. Ele esperava um ajuntamento de setecentas a oitocentas pessoas. Na manhã de segunda-feira, por ocasião da reunião dos líderes, 2300 pessoas fizeram-se presentes. No encerramento da reunião, uma mulher idosa, cujo corpo achava-se coberto de tumores cancerígenos, foi instantaneamente curada. Os tumores desapareceram completamente.

As notícias sobre a cura espalharam-se como um incêndio numa floresta, durante a seca de agosto. Naquela noite, 10 mil pessoas foram à reunião! E tantas foram as curas que até as bruxas e feiticeiras, que tinham vindo para perturbar a reunião, se converteram, arrependendo-se publicamente de seus pecados. No dia 12, a multidão já beirava a casa dos 30 mil.

Naquela manhã, Mulamba Manikai estava de pé, no meio da multidão. Embora seu coração estivesse esmagado, ele ouvia Mahesh atentamente. Ao contrário de seus vizinhos da rua Lumbi, Mulamba e seus familiares eram crentes. No dia anterior, ele encontrara seu filho de seis anos, Katshnyi, paralisado e em coma. Mulamba e seu irmão mais velho, Kuamba, levaram o menino para ao hospital. E o diagnóstico não era nada animador: malária cerebral.

Na quarta-feira, às quatro horas da madrugada, ao se aproximarem da Clínica Mikondo, o pequeno Katshinyi, de apenas seis anos de idade, sofreu um espasmo e parou de respirar. Na clínica, o médico aplicou-lhe uma injeção e tentou reavivá-lo, mas tudo em vão. "Seu filho está morto", disse o médico a Mulamba. "Nada posso fazer por ele. Só resta levá-lo ao Hospital Mama Yemo, em Kinshasa, para ser lavrado o atestado de óbito".

No referido hospital, o menino foi novamente declarado morto. Mulamba deixou ali o corpo de seu filho e foi em busca de dinheiro para a permissão de sepultamento.

Na rua, Mulamba começou a orar, pedindo ao Senhor que lhe ressuscitasse o filho, se isto realmente fosse para maior glória de Cristo. Foi exatamente aí que se lembrou da história de como Pedro ressuscitara a Dorcas. Mulamba, então, ouve claramente a voz de Deus: "Por que estais chorando? Meu servo está nesta cidade. Vai atrás dele".

Mulamba compreendeu que o Senhor se referia a Mahesh. Ele correu a praça Kasavubu, onde Mahesh estava pregando para 30 mil pessoas. Era exatamente meio-dia, quando o evangelista concluía a mensagem. Oito horas já se haviam passado desde a morte de Katshinyi.

De súbito, Mahesh sentiu como se Deus o tivesse levado a outra dimensão. Ele não tinha mais consciência da multidão. Ficou envolto em silêncio. A voz gentil do Espírito Santo falou-lhe clara e inequivocamente: "Há aqui um homem cujo filho morreu esta manhã. Convida-o a vir à frente. Quero fazer algo de maravilhoso". Mahesh repetiu estas mesmas palavras ao imenso auditório.

Mulamba, então, veio correndo e gritando: "Sou eu! Sou eu!". Imediatamente Mahesh impôs as mãos sobre a cabeça de Mulamba e orou: "Senhor Jesus, em teu nome repreendo os poderes das trevas e da morte que estão operando sobre a vida do filho deste homem, e peço-te que envies o teu Espírito de ressurreição para trazê-lo de volta à vida".

Feita a oração, a multidão se abriu para que Mulamba pudesse voltar correndo ao hospital.

Eis o que sucedeu no hospital, ao meio-dia daquele 12 de junho de 1985. Enquanto Mahesh orava sobre Mulamba, Kuamba sentiu o corpo do menino mover-se. Em seguida, o garoto espirrou. Katshinyi sentou-se, pediu comida e começou a chamar pelo pai.

Não é preciso dizer que o hospital ficou de cabeça para baixo. Mulamba entrou no quarto, enquanto Katshinyi chamava por ele. O homem segurou o filho e começou a dar graças a Deus.

A notícia do milagre espalhou-se pela cidade. E, naquele fim de semana, mais de 200 mil pessoas foram ouvir o Evangelho. E muitos foram salvos e curados.

Vi uma cópia do atestado de óbito de Katshinyi Manikai, com o selo oficial. Um cético poderia afirmar que a morte de Katshinyi foi um diagnóstico equivocado, e que ele estivera apenas em estado de coma. Entretanto, isso não explicaria a questão do horário da revelação nem a recuperação imediata do menino.

Conheço Mahesh Chavda pessoalmente e estou convencido da integridade de seu ministério. Além disso, tenho o testemunho daquelas 30 mil pessoas de Kinshasa, no Zaire, que ouviam a Palavra de Deus naquele 12 de junho de 1985.

O irmão de Mulamba, Kuamba, tornou-se crente naquela manhã mesmo. A família Manikai continua residindo na rua Lumbi, número 26, em Kinshasa.

Deus recompensou a Mahesh por sua fidelidade de duas maneiras. Primeiramente, ele lhe permitiu presenciar e participar de uma ressurreição miraculosa. Em segundo lugar, lembrou-se do pequeno Aarão e curou-o completamente. Hoje, Aarão Chavda é um menino saudável e normal.[3]

A maturidade espiritual não consiste em possuir vastos conhecimentos bíblicos ou espetaculares dons espirituais. Os carnais podem possuir ambas as coisas. A maturidade espiritual consiste em compartilhar dos afetos de Deus e discernir-lhe a voz. E amar aquilo que Deus ama e odiar aquilo que Deus odeia. Os crentes espiritualmente maduros amam apaixonadamente Deus e seu povo, e odeiam qualquer coisa que os afasta de Deus. Somente no contexto de tal amor o conhecimento da Bíblia e os dons do Espírito haverão de atingir os propósitos divinos. O poder do Espírito pode fluir sem empecilhos através do amor apaixonado por Deus e por seus filhos.

Entre as mulheres da Bíblia, penso que Maria é a que melhor exemplifica essa paixão pelo Filho de Deus. Entre os homens, teríamos de falar no apóstolo João, chamado de "o discípulo a quem Jesus amava". A Bíblia Viva chama João de o "amigo mais íntimo de Jesus" (João 13:23). João sempre havia recebido permissão para estar do "lado de dentro" dos acontecimentos mais importantes da vida de Cristo. Era o mais íntimo de Jesus, e todos sabiam disso.

Por ocasião da Última Ceia, Jesus deixou todos os discípulos perplexos ao revelar que um deles haveria de traí-lo. Apesar de sua curiosidade, ninguém se atrevia a perguntar-lhe quem seria. Nem mesmo Pedro. Então este voltou-se para João e pediu-lho: "Pergunta-lho tu". Sem qualquer hesitação, João voltou-se a Jesus, encostou a cabeça no peito do mestre e perguntou: "Quem é, Senhor?". E Jesus respondeu-lhe imediatamente, dando o pedaço de pão a Judas Iscariotes. Como se vê, João era o melhor amigo de Jesus.

E, no dia seguinte, quando Jesus jazia pendurado na cruz e olhava um universo onde todo traço de Deus parecia haver desaparecido, somente João e quatro mulheres estavam ao pé do madeiro. Olhando para baixo, Jesus vê sua mãe. Quem cuidaria dela agora? Seus irmãos? Os apóstolos? Não, todos o haviam abandonado. Em seguida, olha para João. E foi como se o Filho de Deus houvesse dito em seu coração: "João, és o único que me resta. Ninguém mais cuidará de minha mãe". Com terna afeição, Jesus diz a Maria: "Mulher, eis aí teu filho". E ao melhor amigo: "Eis aí a tua mãe".

João realmente era o melhor amigo de Jesus. Mas não precisava ser o único.

Todos podemos dedicar nossas vidas ao Senhor Jesus. Por que você não toma a atitude de Maria e escolhe a melhor parte? Por que você não é como João, tornando-se o melhor amigo de Jesus? O coração de Jesus é grande o bastante para acomodar muitos outros melhores amigos, e muitas outras Marias.

Por que você iria querer se contentar com menos do que isso?

EPÍLOGO

OUVINDO DEUS FALAR *no* DIA *de* HOJE

Kevin Forest tornou-se crente pouco depois de haver concluído o colégio. Seu "passado" não fora nada bom. Tinha crescido num meio imoral, e a imoralidade sexual o havia escravizado. Após a sua conversão, conseguira viver longe da imoralidade por pelo menos um ano. Depois, teve uma recaída.

Foi mais ou menos por esse tempo que ele se encontrou e casou com Regina. No caso de Kevin, o casamento não conseguiu pôr fim ao seu comportamento imoral. Mesmo depois de casado, ele continuou em sua vida de imoralidades – embora Regina nunca o tivesse descoberto.

Eles tornaram-se uma família. Apesar dos filhos, Kevin prosseguiu em seus adultérios. Regina, finalmente, descobriu uma das aventuras amorosas do esposo. Apesar de isso ter-lhe partido o coração, ela o perdoou. Quanto aos outros casos, Kevin preferiu omitir. E, embora tivesse lhe prometido ser fiel, reiniciou suas práticas adulterinas.

Em 1986, a filhinha de dois anos, Haylie, morreu em consequência de um tumor no cérebro. A tristeza de Kevin transformou-se em ira contra o Senhor. Por que Deus tomara a sua menininha? Para puni-lo por seus pecados secretos? Não obstante, nem mesmo a perda da filha pôde levar Kevin ao arrependimento. Ele continuou a levar uma vida dupla. Exteriormente, era um marido fiel, bom pai e crente exemplar. Em segredo, porém, estava enterrado até o pescoço na imoralidade sexual.

Conforme Kevin escorregava para trevas mais espessas, Regina aproximava-se mais e mais do Senhor. Kevin começou a desprezá-la por causa dessa sua comunhão com Cristo.

Em julho de 1989, os Forests estavam residindo em Santa Maria, estado da Califórnia, e frequentando a Vineyard Christian Fellowship, quando Regina descobriu outro caso de Kevin. Após o primeiro confronto, Regina chamou seus pastores, Carl Tuttle e Ralph Kucera, pedindo-lhes ajuda. A esposa de Carl, Sonja, foi à casa dos Forests consolar Regina, enquanto Kevin encaminhou-se à casa de Ralph e Linda Kucera.

Kevin tinha duas alternativas: suicidar-se ou assumir nova identidade. Para impedir uma desgraça, os pastores tiveram de agir com energia.

Paul Cain estava na cidade naquela semana, a fim de falar a uma conferência que a Vineyard estava promovendo. Na noite em que Kevin e Regina se preparavam para romper definitivamente os laços, o Senhor deu a Paul Cain uma visão acerca do drama que os Forests estavam vivendo. Quando ele despertou na manhã seguinte, chamou Carl Tuttle e disse: "Há um problema doméstico em sua igreja".

"É verdade", confirmou Carl.

"O nome dela é Regina. Qual é o nome dele?", perguntou Paul Cain.

"É Kevin."

"Ouça, Carl, esse homem quer fugir. Não o deixe fazer isso. Certifique-se de que ele estará na reunião desta noite. O Senhor quer fazer uma obra na vida dele."

Tanto Kevin quanto Regina foram à igreja naquela noite, mas não se sentaram juntos. No final de sua mensagem, Paul pediu a Kevin que se levantasse. Um homem chamado Kevin saltou imediatamente do banco, mas não era Kevin Forest. Paul disse: "Não, você não é o Kevin que eu vi na visão. Há um outro Kevin aqui".

Então, lentamente, Kevin Forest pôs-se de pé.

"Kevin, não quero envergonhá-lo, mas seu casamento está em ruínas", disse-lhe Paul. "Na noite passada, tive uma visão sobre você e Regina – esse é o nome de sua esposa, não é mesmo? Eu não quero deixá-lo envergonhado. Antes, quero restaurá-lo. Embora sua esposa seja uma mulher santa, Satanás tem levado você ao pecado. Ele quer destruí-lo. Ele planeja matá-lo antes de seu trigésimo aniversário. Foi o diabo quem matou o seu bebê, e não Deus."

Kevin sentiu que seu coração poderia partir-se. Ele estava irado com Deus por causa da morte de Haylie, mas não fora Deus o responsável pela morte de sua menininha. Fora ele próprio quem dera a permissão ao diabo para ferir sua família.

"Satanás quer matá-lo porque sabe que Deus tem um plano para você e Regina."

"Onde está sua esposa?", perguntou Paul.

"Aí está você, Regina."

Paul olhou para Regina e falou-lhe como um pai fala à filha.

"Regina, por favor, confie em mim. Você deve perdoar seu marido."

Então Paul pediu a ambos que fossem à frente.

"Regina, você é uma mulher santa. Satanás é o seu verdadeiro inimigo. Na noite passada, o Senhor mostrou-me que seu pai e seu irmão estão mortos [o irmão de Regina morrera três meses antes de sua filha, Haylie]. O diabo está atacando você. O devorador está a sua porta agora, mas o Senhor disse que as suas vidas e o seu casamento serão restaurados.

"A única maneira de escapar ao adversário é o total perdão. Na noite passada, as coisas poderiam ter sido piores. Kevin, em nome de Jesus, arrependa-se agora!

"O Senhor irá ajudá-lo. Kevin, olhe para mim – desta noite em diante, você terá poder sobre o diabo. Regina, perdoe o seu marido, porque, a partir da meia-noite de hoje, seu marido nunca mais será chamado 'Kevin', e, sim 'St. John'. Porque esse é o seu nome do meio.

"Vamos louvar ao Senhor por isso. 'Senhor, eu pronuncio uma benção sobre este casamento que se acha em ruínas. Senhor, cura o câncer deste casamento.'

"De agora em diante, declaro-os novamente marido e mulher. Eu quero que vocês conheçam o novo St. John e Regina. Amém.

"Quero que vocês agradeçam a Deus por isso!"

O que acaba de ser narrado não chega a descrever adequadamente o que se passou na igreja, naquela noite. As pessoas foram vencidas pela presença do Senhor. Algumas choravam de modo incontrolável. Outras, com medo de que seus pecados fossem revelados, arrependeram-se deles e passaram a levar uma vida santa. Outras ainda adoravam ao Senhor por suas ternas misericórdias e por seu poder onisciente.

Houve tal autoridade e tal poder nas palavras que Paul proferiu naquela noite que não posso descrever aqui por faltar-me a adequada expressão. O único nome que ele sabia por meios naturais era o de Kevin. Todas as demais coisas – todos os outros nomes, os eventos e a restauração do casamento – lhe haviam sido revelados pelo Senhor.

Essa é uma das razões pelas quais suas palavras tiveram tamanho impacto. As pessoas compreenderam que eram palavras verdadeiramente proféticas. E estas, conforme ensinou Paulo, fizeram com que todos caíssem de rosto em terra, declarando que Deus estava entre eles (1Coríntios 14:24-25)!

No dia seguinte, Paul Cain disse ao pastor Tuttle que doze outros matrimônios achavam-se em situação delicada, e que o Senhor usaria o arrependimento de Kevin e o perdão de Regina para curá-los. Duas semanas mais tarde, Kevin e Regina renovaram seus votos de casamento diante de toda a igreja. Posteriormente, Carl Tuttle declarou à igreja que outros casamentos estavam em perigo, e que o Senhor os ajudaria também, se estivessem dispostos a arrepender-se e a perdoar, conforme os Forests haviam feito. Doze casais levantaram-se e aproximaram-se do altar da igreja para receberem oração. Até onde Carl sabe, todos estão indo muito bem.

Atualmente, Kevin atende pelo nome de "John" [João]. O Senhor deu a John e a Regina duas belas filhas no lugar daquela que Satanás havia matado. Não somente o casamento dos Forests foi salvo, mas também suas vidas foram completamente transformadas pela graça que lhes foi comunicada naquela noite de 5 de julho de 1989. Atualmente, são líderes de grupos domésticos.

O poder satânico da imoralidade sexual sobre João foi quebrado naquela noite, e ele descobriu o poder do sangue do Filho de Deus para purificar, restaurar e libertar. O diabo havia convencido a Kevin Forest que ele só tinha duas alternativas: fugir ou suicidar-se. O ministério profético do Espírito Santo, porém, deu-lhe outra e melhor alternativa.

A mais difícil transição para mim não foi aceitar o que as Escrituras ensinam acerca das curas e dos milagres que Deus continua a fazer. Para mim, o mais difícil foi acreditar que ele ainda fala nos dias de hoje.

Naturalmente, ele continua falando por meio das Escrituras, mas não é sobre isso que estou me referindo agora. Estou me referindo às outras maneiras pelas quais Deus nos fala.

A própria Bíblia registra-nos as várias ocasiões em que Deus falou com voz audível, por meio de sonhos, visões, anjos e outras maneiras. A Bíblia, porém, ensina que ele ainda fala dessa maneira ou seriam essas formas de comunicação temporárias até recebermos a Bíblia completa?

Os problemas em acreditar que Deus ainda fala dessa maneira me parecem esmagadores. O primeiro, e o mais repulsivo para mim, é a subjetividade envolvida na maioria dessas formas de comunicação.

Consideremos os sonhos. Como você sabe se um sonho veio mesmo de Deus? E, se for de Deus, como interpretá-lo? As Escrituras oferecem regras de interpretação para os sonhos? Mesmo que você tenha certeza de que o sonho era de Deus e que você saiba o que significa, como sabe quanto peso dar a ele? Teria o sonho a mesma autoridade que a Bíblia, como visão impressão, voz audível e assim por diante?

Se é verdade que há quatro vozes competindo pela nossa atenção – a voz de Deus, a voz do diabo, as vozes de nossos semelhantes e a nossa própria voz –, onde a Bíblia ensina como discernir a voz de Deus das outras vozes?

A subjetividade envolvida na tentativa de se discernir a verdadeira voz de Deus pode levar-nos a duvidar que Deus continue a falar de várias maneiras.

Em segundo lugar, por que seria necessário usar esses meios subjetivos se temos a Bíblia? Não é a própria Bíblia quem nos ensina que ela é tudo o que o crente precisa para ser "perfeito e perfeitamente habilitado para toda boa obra" (2Timóteo 3:17)?

Em terceiro lugar, se eu admitir que Deus ainda fala à parte da Bíblia, não estarei abrindo um novo cânon sagrado? Teoricamente, o que impediria alguém de escrever novos livros com tal pretensão? Ou deveria supor que Deus fala de duas maneiras diferentes: por meio da Bíblia, sem qualquer erro; pelas revelações privadas, com possibilidade de equívocos!

Não obstante, as Escrituras ensinam que Deus não pode mentir (Hebreus 6:19). Mas se eu aceitar que Deus continua falando, estaria a autoridade da Bíblia comprometida?

Em quarto lugar, há os abusos – "O Senhor ordenou-me a dizer…". Se acreditamos que Deus ainda fala, não estaremos abrindo a porta para o controle e manipulação de pessoas? E se desobedecermos a alguém que diz: "Deus ordenou-me que lhe dissesse…", não seria isso como desobedecer a um profeta bíblico?

Em quinto lugar, tem-se a impressão de que há textos bíblicos que são claramente contra a ideia de que Deus ainda fala. Hebreus 1:1-2 parece indicar que os profetas faziam parte de uma classe inferior de revelação, mas agora, nestes últimos dias, Deus nos falou por meio de seu filho. Uma possível interpretação do trecho de Efésios 2:20 é que a profecia era um dom fundamental que não mais foi entregue, visto já estar alicerçando a Igreja de Cristo.

Finalmente, parece haver uma diferença radical entre a profecia, na Bíblia, e as que hoje ouvimos. Estas jamais poderiam ser comparadas às palavras de Isaías ou Jeremias. Um de meus amigos ouviu, certa feita, uma profecia bastante exótica numa igreja carismática rural: "Assim diz o Senhor: não te culpo por estares assustado; pois algumas vezes eu também fico assustado". Mesmo que a profecia contemporânea não desça a esse nível, parece bastante diferente da profecia bíblica para ser levada a sério.

Essas eram as tensões contra as quais eu lutava quando comecei a estudar o assunto de maneira objetiva, clara e sem certos preconceitos. Havia tantos problemas ao falar de Deus – e eu nem mencionei os associados à linguagem e sua interpretação – que eu me perguntava como poderia encontrar a solução para eles.

Hoje, após anos de experiência e intenso estudo, estou convencido de que Deus realmente fala-nos pela Bíblia e fora da Bíblia. E, aí, não há nenhuma contradição com as Escrituras. E ele fala a todos os seus filhos, e não apenas aos dotados com dons proféticos. Ele falará conosco com notáveis detalhes, para que não nos fique qualquer dúvida.

Agora, portanto, acho na Bíblia as respostas àqueles problemas que me pareciam tão complexos e intrincados.

Sei que o diabo vem divulgando suas "revelações". Haja vista o crescimento da Nova Era. Mas isso não nos deve impedir de estar sempre atentos a voz de Deus. Infelizmente, grande parte da Igreja de hoje tem *mais confiança na capacidade de Satanás enganar do que na habilidade de Deus em falar conosco*.

Há uma grande diferença entre a voz de Deus e a voz de Satanás. Além disso, contamos com salvaguardas bíblicos que não nos deixam confusos. É possível acreditar que Deus ainda fala, sem diminuir um jota sequer da autoridade da Bíblia.

Eu comecei a escrever um capítulo, para incluir neste livro, sobre ouvir a voz de Deus. Eu queria abordar como lidar com os problemas práticos e teológicos relacionados ao ministério revelador contemporâneo do Espírito Santo. Esse capítulo rapidamente se partiu em dois, depois três, e depois eu percebi que havia começado um novo livro. Estou agora no processo de escrever esse livro. Para aqueles que acharam este livro útil, espero que a próxima obra valha a espera.

APÊNDICE A

OUTRAS RAZÕES PELAS QUAIS DEUS CURA *e* OPERA MILAGRES

Quando comecei a estudar as curas e milagres nos evangelhos e no livro de Atos, descobri muitas outras razões para que tivessem acontecido. Os motivos expostos abaixo não se pretendem exaustivos, mas confirmam o fato da continuidade dos milagres na Igreja.

Deus cura porque é solicitado a curar. Algumas vezes a Bíblia não revela a razão de curas efetuadas por Jesus, além do fato de terem sido solicitadas. Certa vez, na região de Decápolis, trouxeram-lhe um homem surdo, que com grande dificuldade podia falar. O texto simplesmente diz que "lhe suplicaram que impusesse a mão sobre ele" (Marcos 7:32). Jesus curou-o simplesmente por ter sido solicitado a fazê-lo. Nenhuma outra razão é mencionada, como a fé, a compaixão de Jesus ou a glória de Deus.

Posteriormente, em Betsaida, um cego foi trazido a sua presença, e o texto sagrado diz que lhe rogaram "que o tocasse" (Marcos 8:22). Jesus cura o homem, e, novamente, nenhuma razão aparece no contexto, além do pedido. Assim, aparentemente, há casos em que uma simples petição é suficiente para motivar Deus a curar. Isso deveria encorajar-nos a sermos muito mais livres em nossas petições.

Não obstante, pessoas hoje afirmam que é errado – e até mesmo pecaminoso – desejar sinais e maravilhas.[1] Alicerçam sua doutrina sobre uma declaração feita por Jesus em Mateus 12:39: "Uma geração má e adúltera pede um sinal; mas nenhum sinal lhe será dado, senão o do profeta Jonas".

Mas é pecado suplicar por um milagre? Se um de nossos entes queridos adoecer e for desenganado pelos médicos, estaríamos pecando se pedíssemos a Deus que o curasse? Pecaríamos ao pedir um milagre na vida de um amigo a quem temos testificado por muitos anos, sem sucesso, como forma de fazê-lo acreditar em Deus? Estaria errando a igreja que orasse por derramamento do Espírito Santo – com sinais e maravilhas – em sua cidade, para que pessoas sejam levadas à fé? Aparentemente, algumas pessoas sentem que isso é um desejo pecaminoso, oriundo de um coração infiel.

Um exame mais cuidadoso, entretanto, revela que essa reserva para com os milagres encontra-se não em Jesus, mas na mente de alguns escritores modernos. Por duas vezes Jesus condena os que lhe pedem um sinal, chamando-os de "ímpia e adúltera geração". O primeiro pedido (Mateus 12:38) veio imediatamente depois de Jesus haver curado um homem possuído por um demônio que o deixara cego e mudo (Mateus 12:22); o segundo (Mateus 16:1), imediatamente após uma das multiplicações de pães (Mateus 15:32,39). Em ambas as passagens, os escritores dos evangelhos cuidam de mostrar que Jesus recusa-se a mostrar um sinal logo após ter realizado algum milagre admirável.

Também é importante saber quem lhe pediu sinal. Em Mateus 12:38, foram os fariseus; em Mateus 16:4, foram os fariseus e os saduceus. Basta esse fato para sabermos que a solicitação não foi sincera. Estariam querendo aqueles religiosos sinais maiores que a libertação de um possuído por demônios ou mais impressionantes que a alimentação de 4 mil homens? Na passagem paralela a Mateus 12:38, Lucas deixa claro que os fariseus estavam pedindo a Jesus um sinal do Céu, com o propósito de testá-lo (Lucas 11:16). O mesmo ocorre por ocasião do segundo pedido (Mateus 16:1; cf. Marcos 8:11). Podemos entender por que os fariseus queriam submeter Jesus a teste. Mas por que pediram um sinal do Céu?

Aparentemente, eles pensavam que um sinal proveniente do Céu seria uma prova inconteste de que Jesus era o Messias. Não haveria possibilidade de fraude. O endemoninhado talvez não fosse realmente possuído; sua surdez poderia ter uma causa psicossomática. A multiplicação dos pães bem poderia tratar-se de ilusionismo, ou talvez os relatos fossem exagerados. Nem mesmo a ressurreição de alguém poderia competir com um sinal do Céu. Afinal, quem poderia garantir que a pessoa estava realmente morta? Mas não seria possível manipular um sinal de proporções cósmicas.[2] E é provável que os fariseus o tivessem pedido por estarem absolutamente certos de que Jesus não era capaz de realizá-lo.

O que Jesus repreende aqui não é o desejo de receber, mas a exigência de sinais por parte de um coração incrédulo. Fosse errado desejar sinais, ou mesmo buscá-los, seria difícil explicar esta oração da Igreja do Novo Testamento:

> Agora, Senhor, olha para as suas ameaças, e concede aos teus servos que anunciem com toda a intrepidez a tua palavra, enquanto estendes a mão para fazer curas, sinais e prodígios, por intermédio do nome do teu santo Servo Jesus. (Atos 4:29-30)

Se essa oração representa um mau desejo, entenda-se por que Deus responderia:

> Tendo eles orado, tremendo o lugar onde estavam reunidos, todos ficaram cheios do Espírito Santo, e, com intrepidez, anunciavam a Palavra de Deus. (Atos 4:31)

Deus responde com um terremoto a um pedido de sinais e maravilhas! E o capítulo seguinte registra um derramamento de sinais e maravilhas (Atos 5:12ss). Se a busca pelo miraculoso é condenável, por que Paulo exorta os coríntios a buscarem os dons espirituais? (1Coríntios 12:31; 14:1,39).[3] A verdade é que Deus se agrada quando lhe pedimos sinais ou curas de maneira e pelas razões corretas.

Deus cura para remover empecilhos ao ministério. Após sair da sinagoga, em Cafarnaum, Jesus vai à casa de Pedro e encontra a sogra deste acamada, com febre. Então, "aproximando-se, tomou-a pela mão; e a febre a deixou" (Marcos 1:31). Marcos acrescenta que ela, assim que foi curada, passou "a servi-los". Neste caso, a enfermidade a estava impedindo de servir ao Senhor Jesus, pelo que ele a curou. Em outras ocasiões, o Senhor prefere não remover o empecilho por meio da cura, mas dá graça ao crente para suportá-lo e servir a Deus assim (cf. 2Coríntios 12:7; 1Timóteo 5:23). Portanto, se a enfermidade nos está impedindo de servir ao Senhor, temos permissão para pedir a Deus que a remova.

Deus opera milagres a fim de ensinar-nos. Os teólogos chamam a isso de "propósito pedagógico dos milagres" (derivado do vocábulo grego *paideuo*, "educar crianças"). Era o que João tinha em mente quando chamou de "sinais" os milagres de Jesus. "Sinal" é aquilo que aponta para algo maior, além de si mesmo. Naturalmente, todos os milagres de Jesus nos ensinam alguma coisa sobre sua natureza e seu ministério, e também sobre a natureza do reino de Deus. Ao transformar água em vinho, por exemplo, Jesus não estava apenas demonstrando seu poder sobre a natureza; antes, revelava uma característica de seu reino – o ordinário transformado em extraordinário. O comentário do mestre-sala – de que o melhor vinho fora deixado para o fim – talvez nos indique a maneira como o reino culminara.

O próprio Jesus não hesitava em retirar lições de seus milagres. Quando amaldiçoou a figueira, de modo que ela secou, os apóstolos lhe perguntaram qual o significado daquilo. E ele usou o prodígio para demonstrar o poder da fé e da oração (Mateus 21:18-22). Não acredito que as coisas sejam diferentes, hoje em dia. Pelo contrário, penso que todas as respostas às nossas orações têm a função de nos ensinar. Se dedicássemos tempo para meditar sobre os milagres, as curas e as respostas às nossas orações, então seríamos ensinados algo além dos próprios milagres.

Deus opera milagres a fim de levar pessoas à salvação. Os teólogos referem-se a isso como o propósito soteriológico (derivado do termo grego *soteria*, "salvação") de Deus, que se divide em três categorias. Deus opera milagres para levar pessoas ao arrependimento, para abrir as portas ao evangelismo e para confirmar seu Filho e a mensagem do Evangelho.

Os milagres podem levar pessoas ao arrependimento. Quando Jesus levou Pedro, Tiago e João a uma pesca miraculosa, Pedro "prostrou-se aos pés de Jesus, dizendo: Senhor, retira-te de mim, porque sou pecador" (Lucas 5:8). Esse milagre serviu para convencer Pedro de seus pecados, levando-o ao arrependimento. Era o que Jesus esperava das cidades onde efetuara a maior parte de seus milagres (Mateus 11:20-24). Ele faz uma observação similar com respeito aos líderes religiosos: "Se eu não tivesse feito entre eles tais obras, quais nenhum outro fez, pecado não teriam; mas agora não somente têm eles visto, mas também odiado, tanto a mim, como a meu Pai" (João 15:24). Os milagres efetuados por Jesus deveriam ter levado os líderes religiosos ao arrependimento. No entanto, eles endureceram seus corações, e seus pecados tornaram-se piores ainda.

Os milagres abrem as portas para o evangelismo. Por muitas vezes os evangelhos registram que, após um milagre, a notícia percorria a terra, fazendo o povo indagar acerca de Jesus e desejar ouvi-lo (Mateus 9:26,31; Marcos 5:20; Lucas 5:15; João 4:30,42; 6:2; 12:9,11,17,19). O mesmo acontecia no ministério de Filipe: "As multidões atendiam, unânimes, as cousas que Filipe dizia, ouvindo-as e vendo os sinais que ele operava" (Atos 8:6). De modo semelhante, o Senhor usou Pedro para levantar o paralítico Enéias. Lucas conta que "viram-no todos os habitantes de Lida e Sarona, os quais se converteram ao Senhor" (Atos 9:35). Idêntica reação quando o Senhor, por intermédio de Pedro, ressuscitou a Dorcas: "Isto se tornou conhecido por toda Jope, e muitos creram no Senhor" (Atos 9:42).

O Novo Testamento ensina que os milagres atraíam multidões. Os milagres não garantem a fé, mas chamam a atenção das pessoas para o Evangelho.

A frequência a sua igreja certamente aumentaria se o Senhor curasse um paralítico ou uma vítima da aids durante um dos cultos. Muitas pessoas viriam pelas razões erradas. Algumas viriam para assistir a um espetáculo, como se estivessem num circo. Estou certo de que o milagre também atrairia crentes ortodoxos, que viriam para contestá-lo ou, se isso falhasse, para "provar" que fora realizado pelo diabo. Mas, seja qual for a razão de sua vinda, importa que ouçam o Evangelho ser pregado com clareza e poder, pois estarão, assim, na posição de serem convencidos pelo Espírito Santo.

Os milagres também confirmam Jesus Cristo e a mensagem do Evangelho. Já discorri sobre a natureza dessa autenticação no oitavo capítulo. Conclui que ela confirmava Jesus e sua mensagem, mas não os apóstolos. Conclui também que a mensagem do Evangelho é autossuficiente: não precisa dos milagres para atingir seus objetivos. João Batista não fez nenhum milagre (João 10:41). No entanto, levou muita gente ao arrependimento. Todo o povo acreditava ser ele um profeta. Religiões que jamais presenciaram um milagre florescem no mundo atual. Assim, embora não precisasse dos milagres, Deus graciosamente os realizou.

Os milagres, todavia, eram importantes. Jesus apela para o valor de confirmação dos milagres: "Crede-me que estou no Pai, e o Pai em mim; crede ao menos por causa das mesmas obras" (João 14:11). Esta é uma incrível demonstração de sua graça, como se dissesse: "Se vocês não podem acreditar pelas minhas palavras, acreditem pela evidência de meus milagres".

E os milagres de Jesus produziam fé. Após a ressurreição de Lázaro, João registra: "Muitos, pois, dentre os judeus que tinham vindo visitar Maria, vendo o que fizera Jesus, creram nele" (João 11:45; 12:11).

Não significa, entretanto, que os milagres levem sempre os homens à fé. Algumas vezes, levam ao endurecimento do coração. Para alguns, a ressurreição de Lázaro produziu fé; mas produziu efeito diferente num outro grupo. Quando os fariseus ouviram que Jesus tinha ressuscitado Lázaro, não contestaram o milagre (João 11:46-47). Pelo contrário, até reconheceram que, se Jesus continuasse a fazer milagres, todos acabariam acreditando nele (João 11:48). Em vez de aceitá-lo como Messias, porém, reuniram-se para tramar sua morte (João 11:49-53). Também queriam matar Lázaro, a fim de que fosse removida a evidência do grande milagre (João 12:10-11).[4]

Muitas pessoas não têm problemas em aceitar que os milagres cumpram sua função em lugares como a China ou a África. Mas por que não também no mundo ocidental? E, se tinham uma função nos dias do Novo Testamento, por que não a teriam hoje? Qual a razão de se ter estabelecido limitações geográficas e cronológicas aos milagres?

Alguém poderia protestar: "O mundo ocidental possui a Bíblia, ao contrário da África ou da China, que estão em situação semelhante aos crentes do período coberto pelos evangelhos e pelo livro de Atos". Mas não é bem verdade. Nessa época, estava já a igreja recebendo as epístolas de Paulo, bem como tinha de posse alguns evangelhos.

Mesmo que não fosse esse o caso, o argumento ainda assim seria inválido. Pois, conforme já vimos, não era função dos milagres validar as Escrituras, e sim o contrário. Nenhum texto bíblico afirma que a Bíblia veio para substituir os milagres. A natureza humana não se alterou nos últimos 2 mil anos. Se os milagres foram úteis à mensagem do Evangelho no primeiro século da era Cristã, também o são neste século.

Os milagres manifestam o Reino de Deus. Quem poderia imaginar um reino messiânico sem milagres e sem curas? O Antigo Testamento profetizava que o Messias haveria de iniciar um reino que teria curas tanto espirituais quanto físicas. Isaías escreveu:

> Os coxos saltarão como cervos, e a língua dos mudos cantará pois águas arrebentarão no deserto e ribeiros no ermo. A areia

esbraseada se transformará em lagos, e a terra sedenta em mananciais de águas; onde outrora viviam os chacais crescerá a erva com canas e juncos. (Isaías 35:6-7)

Escreve também:

O Espírito do Senhor está sobre mim, porque o Senhor me ungiu, para pregar boas-novas aos quebrantados, enviou-me a curar os quebrantados de coração, a proclamar libertação aos cativos, e a por em liberdade os algemados. (Isaías 61:1)[5]

O Espírito Santo seria derramado sobre todo o povo, sem distinção de idade, sexo ou posição social (Joel 2:28-29). De acordo com a profecia de Joel, o derramamento do Espírito resultaria em grande abundância de sonhos, visões e profecias. Diferente do período do Antigo Testamento, em que somente uns poucos profetizavam ou operavam milagres, fenômenos miraculosos seriam largamente distribuídos entre o povo de Deus, com a vinda do Reino.

Esses fenômenos não eram apenas sinais; faziam parte do Reino, que é o governo de Deus e de seu Cristo. O Reino de Deus veio com Jesus. E Deus começou a exercer seu governo de uma nova e decisiva maneira.

Para exemplificar, Jesus exercia uma autoridade sobre os demônios como nunca se vira (Marcos 1:27). O próprio Jesus declara: "Se, porém, eu expulso os demônios, pelo Espírito de Deus, certamente é chegado o Reino de Deus sobre vós" (Mateus 12:28). Afinal, seria inútil declarar a chegada do Reino de Deus, se ninguém fosse capaz de expulsar os seus inimigos. O poder de expulsar demônios não é somente um sinal de que o Reino de Deus está presente, mas parte essencial do governo divino. Porquanto Jesus veio para destruir as obras do diabo (1João 3:8).

Entre outras coisas, o diabo emprega seu poder sobrenatural para cegar a mente dos incrédulos (2Coríntios 4:4,6), manter as pessoas em escravidão, através do temor da morte (Hebreus 2:14-15), provocar enfermidades físicas (Mateus 9:32; 12:22; Lucas 13:11) e mentais (Lucas 8:26,39), e, finalmente, permitir que os demônios entrem e habitem nos seres humanos (Mateus 12:45; cf. Judas, em João 13:27). Eis algumas das obras do diabo que Jesus veio destruir.

As obras do diabo não podem ser destruídas pelo poder humano. Se a enfermidade tem origem no poder demoníaco, nenhum tratamento médico conseguira curá-la. A mulher que vivia curvada há dezoito anos jamais teria seu caso solucionado por cirurgiões, porque sua enfermidade era de origem demoníaca (Lucas 13:10,17). Somente um milagre de Deus poderia curá-la. Sua cura não serviu apenas para assinalar a presença do Reino. Sem manifestação de poder, o Reino não seria confirmado, e essa obra particular do diabo não teria sido destruída.[6] Sem poder para libertar as pessoas da escravidão do diabo, o Reino não passaria de um discurso vazio.

Uma outra linha de evidências demonstra que os milagres eram vistos pelos escritores do Novo Testamento como parte essencial do Reino: a relação íntima e consistente entre a pregação do Reino e a ocorrência de milagres no ministério de Jesus.

> Percorria Jesus toda a Galileia, ensinando nas sinagogas, pregando o Evangelho do Reino e curando toda a sorte de doenças e enfermidades entre o povo. E a sua fama correu por toda a Síria;

trouxeram-lhe, então, todos os doentes, acometidos de várias enfermidades e tormentos: endemoninhados, lunáticos e paralíticos. E ele os curou. (Mateus 4:23-24; cf. Mateus 9:35)

Jesus não se contentava em pregar sobre o Reino; fazia questão de demonstrá-lo por obras de poder.

O mesmo pode ser dito a respeito dos apóstolos. Quando Jesus os enviou a proclamar o Reino, deu-lhes também autoridade sobre os demônios e todas as enfermidades (Mateus 10:1,7,8; Lucas 9:1-2). Podemos concluir que Jesus considerava tanto os demônios quanto as enfermidades inimigos do Reino. E os apóstolos venciam esses inimigos proclamando o Reino e usando a autoridade que lhes fora delegada.

Milagres também ocorrem no ministério dos que não são apóstolos, quando se proclama o Reino de Deus. Os setenta enviados por Jesus proclamaram o Reino de Deus e curaram enfermos (Lucas 10:9,17). Filipe anunciou o Reino de Deus aos samaritanos e também operou obras maravilhosas (Atos 8:6,7,12).

Faz sentido, pois o Reino indica o governo de Deus sobre nós como também sobre as forças malignas que podem nos atingir o espírito e o corpo. Onde quer que Satanás possa ferir, Cristo pode curar. Os milagres e o Reino de Deus estão inseparavelmente vinculados um ao outro.[7]

Deus cura com propósitos soberanos. Vale a pena reiterar este ponto. Algumas curas do Novo Testamento não apresentam qualquer evidência de serem resultados da fé dos curados ou dos que os trouxeram a Jesus, nem fazem alusão à glória ou à compaixão do Senhor. Em suma, eram simples atos da vontade divina, como se evidencia por uma série de milagres ocorridos num dia de sábado (Mateus 12:9,13; Marcos 3:1,5; Lucas 6:6,10; 14:1,4; João 5:1,9). Há também a cura da orelha de Malco (Lucas 22:50-51), onde Jesus se recusa a aceitar as consequências do ato precipitado de Pedro.

Há ocasiões em que o Senhor cura de forma inesperada, sem razão aparente. Ou ocorre o contrário: a cura tão esperada não acontece. São atos da soberania de Deus, que não tem a obrigação de nos revelar seus propósitos.

Nossa pesquisa sobre os vários propósitos para cura e milagres deve deixar claro que o ministério de cura do Novo Testamento é um pouco mais complexo do que alguns escritores nos levaram a crer. Sim, Deus curou para autenticar o ministério de Jesus e a mensagem do Evangelho, mas esta não foi a única razão. Ele tinha outros propósitos salvadores para seus milagres, como levar as pessoas para o Evangelho. Ele curou simplesmente porque lhe foi pedido, para remover obstáculos ao ministério e serviço. Ele nos curou para nos ensinar sobre o Senhor e a natureza de seu Reino, para manifestá-lo. E, finalmente, ele curou por propósitos soberanos sem dar nenhuma razão, exceto que ele é Deus.

APÊNDICE B

OS DONS ESPIRITUAIS CESSARAM *com* *os* APÓSTOLOS?

Benjamim Breckinridge Warfield, professor do Seminário Princeton, foi quem popularizou o argumento de que os dons do Espírito haviam sido dados somente aos apóstolos. O propósito dos dons, de acordo com Warfield, era autenticar os apóstolos como mestres fidedignos da doutrina de Cristo. Morrendo os apóstolos, os dons desapareceram juntamente a eles.

Warfield escreveu em 1918:

> Fica claro, pelos registros do Novo Testamento, que os dons extraordinários não eram possessão comum de todos os cristãos, mas apenas dos apóstolos.[1]

> Os dons faziam parte das credenciais dos apóstolos, como agentes autorizados de Deus na fundação da igreja. Sua função confinava-se assim, distintamente, a igreja apostólica, e, passaram com os apóstolos.[2]

Os descendentes teológicos de Warfield não mudaram em nada seus argumentos. Vejamos o que Peter Masters escreveu:

Toda cura, no livro de Atos, foi realizada por um apóstolo ou por seu representante. E se ficarmos *estritamente com os registros bíblicos*, os únicos três "deputados" que tiveram qualquer envolvimento em curas foram Estêvão, Filipe e talvez Barnabé (Atos 14.3). Fora esse grupo seleto, não há atividades de curas, por meio de "dons", registradas em *Atos* ou nas epístolas...

Nestes dias de confusão carismática, precisamos constantemente chamar a atenção para os textos que provam terem sido os sinais e maravilhas peculiares e exclusivos dos apóstolos.[3] (a ênfase é minha)

À primeira vista, tanto a declaração de Warfield quando o argumento de Masters parecem fazer sentido. Um exame mais acurado, porém, os derruba por terra.

OS DONS SOBRENATURAIS ESTAVAM LIMITADOS AOS APÓSTOLOS?

A primeira dificuldade que o argumento acima citado enfrenta é a possibilidade de Estêvão e Filipe haverem recebido os dons mediante imposição de mãos dos apóstolos.[4] Embora Atos 6:6 não o afirme, estou disposto a aceitar tal possibilidade.[5]

Sempre que o livro de Atos usa a expressão "sinais e maravilhas", há referenda a uma grande *abundância* de milagres feitos por aqueles que pregavam a Jesus. Quem se atarefa no ministério de sinais e maravilhas em Atos? Lucas diz-nos por duas vezes que os apóstolos faziam "muitos sinais e maravilhas" (Atos 2:43 e 5:12). Quando ele nos ilustra os milagres apostólicos, limita-se a mostrar-nos os sinais operados através de Pedro e Paulo. A exceção são as maravilhas que aconteciam mediante Estevão e Filipe.

Por que Lucas escolheu dois apóstolos e dois não apóstolos para ilustrar o ministério dos sinais e maravilhas? Sem dúvida havia muitas histórias de milagres efetuados pelos outros apóstolos. Lucas, porém, as deixou de lado por não se ajustarem aos seus propósitos. Se fosse realmente seu objetivo ensinar-nos que o ministério dos sinais era distintamente apostólico, não teria ele dado mais atenção aos milagres dos demais membros do colégio apostólico? E, além do mais, teria suprimido as histórias de Estevão e Filipe.

Se, como afirmam Warfield e seus descendentes teológicos, o propósito primário dos sinais e das maravilhas era autenticar os apóstolos, então por que Estevão e Filipe também os operaram? Se replicarem dizendo que é porque os apóstolos lhes impuseram as mãos, ainda não terão respondido à pergunta. Então, por que os apóstolos lhes impuseram as mãos, dando-lhes tal poder? Se os sinais e maravilhas foram realmente dados para autenticar os apóstolos, não há nenhuma razão pela qual Estevão e Filipe devam fazer milagres. Eis uma séria incoerência para a qual não encontrei nenhuma resposta satisfatória dos cessacionistas.

Esses autores têm um problema muito mais sério. Usam método falho de interpretação da Bíblia.[6]

Deixe-me explicar de outra forma. Mesmo que fosse verdade que nós pudéssemos encontrar algumas pessoas no livro de Atos que realmente performassem dons sobrenaturais, isso não significaria que apenas algumas pessoas receberam dons sobrenaturais no Novo Testamento. Devemos levar em consideração que a narrativa bíblica se detém apenas em determinadas histórias. O livro de Atos, por exemplo, tem Pedro como o principal personagem dos primeiros doze capítulos, cabendo a João um papel secundário.

Do capítulo treze em diante, Paulo passa a ser o personagem dominante. A Bíblia é a história de um povo especial, que desempenhou papéis significativos no plano redentor de Deus. A maioria dos exemplos bíblicos, portanto, foram extraídos das vidas dos que se tornaram proeminentes. Por conseguinte, é impossível justificar, lógica ou biblicamente, um princípio hermenêutico (1) que seja primariamente baseado sobre a observação de que somente alguns poucos na Bíblia possuem ou fazem certas coisas, e (2) que funciona para justificar a cessação dessas mesmas coisas.

Exemplificando, Paulo foi o único que saiu a implantar igrejas, enquanto os outros apóstolos parecem ter permanecido em Jerusalém. Isso significa que somente Paulo tinha o intuito de fundar igrejas? Embora a observação seja correta, a conclusão é falha, porquanto contradiz a Grande Comissão (Mateus 28:18-20; Lucas 24:47; Atos 1:8). Portanto, o fato de que somente alguns possuíram e fizeram certas coisas é irrelevante, em si mesmo, para determinar se tais coisas tinham por finalidade ser temporárias ou permanentes na vida da lgreja.

As Escrituras apresentam-nos diversas vidas como modelos (Hebreus 11:4-12.3; 1Coríntios 4:16-17; 11:1; 1Tessalonicenses 1:6). Os intérpretes modernos, entretanto, leem as histórias dos apóstolos, de Estevão, de Filipe, de Ágabo, e supõem que os milagres de tais personagens não devem ser copiados ou sequer esperados na experiência cristã moderna. Em um nível teórico, essa suposição pode ou não ser verdadeira, mas, para que ela tenha convicção, ela precisa ser baseada em declarações claras das Escrituras, não apenas na observação de que apenas algumas pessoas performaram milagres no Novo Testamento.

Em Atos, somente cinco pessoas são mencionadas como tendo feito sinais e maravilhas: Pedro, Paulo, Barnabé, Estevão e Filipe. Deveríamos concluir que somente elas obraram de forma sobrenatural? Não, porque somos informados que outros apóstolos também realizaram sinais e maravilhas, embora não sejam mencionados pelo nome (Atos 2:43; 5:12). Será justo concluir que somente os apóstolos fizeram sinais e maravilhas? Não, porque temos os exemplos de Estevão e Filipe, que contradizem tal conclusão. E, mais importante ainda, falta-nos uma declaração específica no livro de Atos, ou em qualquer outro lugar, de que o ministério de sinais e maravilhas limitava-se realmente aos apóstolos.

Quando examinamos as Escrituras, descobrimos que a afirmação de Warfield de que somente alguns poucos receberam dons sobrenaturais é completamente falsa. Masters foi mais cuidadoso em sua afirmação. Ele disse que

> todo exemplo de cura, no livro de Atos, foi realizado por um apóstolo ou por seu representante. E se ficarmos *estritamente com os registros bíblicos*, veremos que os únicos três "deputados" que tiveram qualquer envolvimento em curas foram Estevão, Filipe e Barnabé (Atos 14:3; ênfase minha).[7]

Masters limita seu argumento aos exemplos específicos de curas. Dependendo de como vemos o ministério de Ananias, a declaração de Masters fica aberta a dúvidas, porquanto esse discípulo foi usado para curar a cegueira de Paulo (Atos 9:17-18). Mas mesmo que a declaração de Master seja verdadeira, é apenas uma observação sobre a cura no livro de Atos, não sobre outros fenômenos milagrosos ou o descanso no Novo Testamento. A conclusão a que ele chega a partir de sua interpretação de Atos é contraditória ao resto do Novo Testamento.

UMA PESQUISA SOBRE SINAIS, MARAVILHAS E MILAGRES

A seguir, damos o resultado de uma pesquisa sobre as ocorrências de sinais e maravilhas, no Novo Testamento, bem como sobre as ocorrências dos dons do Espírito. Lembre-se de que o argumento de Warfield é de que os dons espirituais foram concedidos somente aos apóstolos. O registro bíblico, todavia, mostra-nos outra realidade.

Em Lucas 10:9, Jesus concede autoridade aos 72 discípulos para curarem os enfermos em sua missão de pregar as boas-novas. No versículo 17 desse mesmo capítulo, eles retornam cheios de regozijo: "Senhor, até os demônios se nos submetem em teu nome". Jesus reconhece, nos versículos 19 e 20, ter-lhes concedido tal autoridade sobre as forças demoníacas. Apenas para constar, acredito que tenha sido uma missão e empoderamento temporários. Mas ainda é uma tremenda exceção à teoria de que apenas alguns receberam dons milagrosos, e com o único propósito de autenticar os apóstolos. Por que Jesus deu autoridade aos 72 discípulos para acurar os doentes e expulsar demônios se ele pretendia que apenas alguns realizassem milagres e consagrasse os apóstolos?

Houve também o caso de anônimo que foi assunto de um diálogo entre João e Jesus, em Marcos 9:38-39:

> Disse-lhe João: "Mestre, vimos um homem que em teu nome expelia demônios, o qual não nos segue; e nós lho proibimos, porque não seguia conosco". Mas Jesus respondeu: "Não lho proibais; porque ninguém há que faça milagre em meu nome e logo a seguir possa falar mal de mim".

Esse é um caso extremamente interessante. Temos aqui um anônimo, que fazia algo que somente Jesus e os apóstolos, até ali, eram capazes de fazer – expelir demônios. No entanto, nem Jesus nem os apóstolos tinham imposto as mãos sobre ele, e nem o tinham reconhecido como membro oficial do grupo apostólico. Por que Marcos incluiu essa história em seu Evangelho? Sem dúvida, essa é outra exceção significativa à teoria de que somente os apóstolos e seus seguidores faziam milagres. Isso posto, nem mesmo nos evangelhos o ministério miraculoso se limita aos doze apóstolos.

Quando nos voltamos para o livro de Atos, descobrimos que muita gente exercia vários dons do Espírito Santo. Vejamos, por exemplo, o caso das línguas:

1. Os 120 (Atos 2)
2. Os samaritanos. (Certamente eles falaram em línguas, pois Atos 8:18 diz que Simão "viu" os samaritanos receberem o Espírito Santo.)
3. Cornélio e os gentios que estavam com ele (Atos 10:45-46)
4. Os doze discípulos em Éfeso (Atos 19:6).

Também houve um certo número de pessoas, mencionadas em Atos, que recebeu o dom profético:

1. Ágabo (Atos 11:28; 21:10-11).
2. Os indivíduos em Atos 13:1.
3. Os profetas Judas e Silas (Atos 15:32).
4. Os discípulos em Tiro, os quais, "movidos pelo Espírito... recomendavam a Paulo que não fosse a Jerusalém" (Atos 21:3)
5. As quatro filhas solteiras de Filipe, que profetizavam (Atos 21:9)
6. Ananias (Atos 9:10,18)

Na lista que acabamos de citar, há uma impressionante variedade de figuras não apostólicas agraciadas com os dons do Espírito, num livro devotado quase que exclusivamente aos ministérios de Pedro e Paulo.

Ananias é um dos mais interessantes exemplos de um personagem não apostólico que teve um ministério miraculoso. Sua obscuridade relativa torna-o ainda mais interessante. A única coisa que sabemos a respeito dele é que era "piedoso conforme a lei, tendo bom testemunho de todos os judeus que ali moravam" (Atos 22:12).

Ao dirigir-se a Saulo, Ananias exerceu tanto um dom de curas como o dom profético (Atos 9:10,18). Mais do que isso, foi através das mãos de Ananias que Saulo foi cheio do Espírito Santo (Atos 9:17). Deus, portanto, usou um indivíduo não apostólico para conferir o Espírito Santo a um apóstolo! É provável que Paulo tenha recebido seus "poderes de operação de milagres" naquela mesma instância (Atos 9:17).[8]

No livro de Atos, nós encontramos várias exceções à ideia de que apenas alguns receberam dons sobrenaturais, que seriam exclusivos para a autenticação dos apóstolos, portanto somos obrigados a abandonar essa teoria.

A conclusão de Masters carece de fundamento. Primeiramente, por haver limitado seus exemplos aos dons de curar. Como já vimos, mesmo Ananias não sendo um apóstolo, foi usado para curar um apóstolo (Atos 9:10,18).[9] Por conseguinte, se Masters quer argumentar que os dons miraculosos cessaram por estarem presos exclusivamente aos apóstolos, ele não pode limitar suas conclusões a um dos dons espirituais. Nem pode limitar suas observações ao livro de Atos. Pois quando examinamos o restante do Novo Testamento, descobrimos que a evidência em favor dos milagres, das curas e de outros dons do Espírito é significativamente mais ampla que aquela que nos é dada no livro de Atos.

Todos os dons do Espírito estavam em operação na igreja em Corinto (1Coríntios 12:7,10). Alguns estudiosos aventam a possibilidade de que 1Coríntios 12:8,10 seja apenas um sumário dos dons concedidos àquela igreja. Mas Paulo contradiz especificamente tal sugestão ao afirmar aos coríntios que nenhum dos dons espirituais (charismata) lhes faltava (1Coríntios 1:7). O dom da profecia também estava em pleno uso em Roma (Romanos 12:6), em Tessalônica (1Tessalonicenses 5:20) e em Éfeso (Efésios 4:11). E, na Galácia, os milagres eram comuns.[10]

PAPEL DOS APÓSTOLOS AO CONFERIREM DONS ESPIRITUAIS

Warfield argumentou que

> somente nas duas instâncias iniciais da descida do Espírito, no Pentecoste e no batismo de Cornélio, os dons são conferidos sem a imposição de mãos por parte dos apóstolos. Não há instância registrada de sua conferência mediante imposição das mãos de qualquer outro além de um apóstolo.[11]

Deve-se notar que este não é um argumento baseado em uma declaração específica das Escrituras sobre a transmissão dos dons do Espírito. Em última nálise, é um argumento do silêncio. Warfield já notou uma grande exceção a sua teoria, a saber, o caso de Cornélio, porque Pedro estava presente. Se verdadeiramente é necessário receber dons espirituais através da imposição de mãos de um dos apóstolos, por que Pedro não teve de impor as mãos sobre Cornélio?

Há outras exceções. Muitos figuram em Atos como dotados do dom de profecia. Todavia, não se registra que os apóstolos lhes houvessem imposto as mãos. Estou-me referindo a Ágabo (Atos 11.28; 21:10-11), a Judas e Silas (Atos 15:32) e às quatro filhas de Filipe (Atos 21:9). Há também o caso de Ananias, que impôs as mãos sobre Paulo a fim de que este recebesse o Espírito Santo.[12] Fora do livro de Atos encontramos idênticas evidências. Timóteo, por exemplo, recebeu um dom espiritual através da imposição de mãos do presbitério (1Timóteo 4:14).[13]

Edward Gross formulou o argumento originalmente expresso por Warfield da seguinte maneira:

> Tanto as declarações diretas quanto as implicações das Escrituras apoiam o ensino de que os dons espirituais foram dados somente por meio da agenda dos apóstolos. A conclusão, pois, é que, quando os apóstolos morreram, os dons miraculosos deixaram de ser conferidos. Uma coisa dependia da outra.[14]

Se Warfield argumentava que os dons só eram conferidos através da "imposição das mãos dos apóstolos", Gross substituiu essa frase por outra, "somente através da agência de um apóstolo". Dessa maneira, Gross pôde reivindicar que Cornélio e seus amigos receberam o dom de línguas através da "agência" de Pedro, embora Pedro não lhes tivesse imposto as mãos.

Para Gross, o texto mais importante é Atos 8:5,19. É aí que se acha a história da conversão dos samaritanos. Filipe fez grandes sinais entre os samaritanos e lhes pregou a Cristo de tal modo que muitos deles se converteram, faltando-lhes apenas receber o Espírito Santo. Esse é o único lugar, após o Pentecoste, onde alguém claramente crê no Senhor Jesus mas não recebe o Espírito Santo imediatamente. Foi necessário que Pedro e João orassem por eles. Por que houve a demora na doação do Espírito Santo aos samaritanos?

Gross responde a essa pergunta:

> Filipe era um operador de milagres (Atos 7, 13). Portanto, por que ele não pôde conferir os sinais correspondentes aos samaritanos por meio da oração no nome de Jesus? A resposta simples e óbvia é: Filipe não era apóstolo. Filipe podia pregar e realizar milagres; mas era da vontade de Deus que somente os apóstolos conferissem dons miraculosos.[15]

Gross tem razão. A resposta que ele dá é simples, mas é simples demais. A questão não gira primariamente em torno dos dons miraculosos, mas em torno da concessão do Espírito Santo.[16] Consideremos a avaliação feita pelo professor Turner sobre tal posição:

> Dizer que os samaritanos, em Atos 8:14,17, "receberam todos o poder de operar sinais, mediante a imposição das mãos apostólicas", e que isso serviu de paradigma, é total falta de bom senso e precisa ser rotulado como tal. Houve imposição de mãos e sinais, mas Lucas estava interessado em mostrar o recebimento por parte dos samaritanos, do Espírito prometido em Atos 2 *a todos*; não um carisma especial para operar sinais autenticadores do ministério apostólico![17]

Para entendermos esta questão, precisamos compreender a história dos samaritanos. Por toda a sua história, eles recusaram-se a submeter-se a autoridade dos líderes divinamente escolhidos de Israel. Chegaram mesmo a produzir sua própria edição dos cinco primeiros livros da Bíblia, e recusavam-se a reconhecer o resto do Antigo Testamento. Ao adiar o dom do Espírito até os apóstolos poderem impor-lhes as mãos, Deus estava, de uma vez para sempre, corrigindo esse problema. Os samaritanos, pois, seriam conscientizados a submeterem-se aos apóstolos em Jerusalém.

Por conseguinte, não eram simplesmente os dons miraculosos que estavam em pauta. Era a doação do Espírito Santo e a submissão à autoridade apostólica.

Existem outros dois obstáculos intransponíveis à teoria de Gross. A igreja em Roma não havia sido fundada por um apóstolo, e nem fora jamais visitada por um apóstolo, até onde vai o registro bíblico. Não obstante, ela tinha o dom da profecia (Romanos 12:6-8). Diante deste fato, afirma Gross: "Isso poderia ter sido conferido pelos apóstolos aos líderes romanos quando eles ainda estavam em Jerusalém, após sua conversão ao Cristianismo".[18]

Sempre podemos sugerir uma explicação desse tipo quando os fatos contradizem nossa teoria. Também é possível, por exemplo, que Pedro tenha visitado Roma, e as Escrituras simplesmente silenciaram sua visita. A explicação de Gross de como o dom da profecia chegou à igreja em Roma não é realmente uma explicação, mas um exemplo que derruba sua teoria. Você não pode basear sua teologia no que "poderia ter sido", nem em argumentos do silêncio. Se você se contenta em basear sua teologia em exemplos em vez de declarações das Escrituras, então você deve aceitar contraexemplos.

Gross argumenta que "as declarações diretas (...) da Escritura" apoiam sua teoria. No entanto, ele nunca produz uma simples declaração direta das Escrituras que ensine que os dons milagrosos foram concedidos apenas "pela ação de um apóstolo". Na verdade, não há uma declaração clara nas Escrituras que ensine que os dons espirituais só podem ser dados por meio de um apóstolo. Na igreja de Roma, temos uma clara exceção a tal regra: tal magnitude mina completamente a regra. Além disso, a igreja de Roma não é a única exceção. Em 1Timóteo 4:14, Paulo escreve: "Não negligencie o seu dom, que lhe foi dado por meio de uma mensagem profética quando o corpo de anciãos impôs as mãos sobre você". Timóteo recebeu o carisma através do dom sobrenatural da profecia e da imposição das mãos dos anciãos, não das de Paulo. Em outra ocasião, Timóteo recebeu um dom pela imposição das mãos de Paulo (2Timóteo 1:6). Alegar que essas duas passagens se referem ao mesmo incidente não é certo, porque não há evidências para tal.

A ALEGADA PERDA DO DOM DE CURAS POR PARTE DE PAULO

A falha de Paulo em curar a Epafrodito (Filipenses 2:25-27), Timóteo (1Timóteo 5:23) e Trófimo (2Timóteo 4:20) indica, para alguns estudiosos, que o dom de curas do apóstolo já havia cessado mesmo antes de sua morte.[19] Geisler pensa que essa conclusão é aprovada por outras indicações bíblicas. Segundo ele, as Escrituras que abordam o "período inicial" (33-60 d.C.) trazem abundância de elementos miraculosos, ao passo que as Escrituras que tratam do "período posterior" (60-67 d.C.) não têm qualquer exemplo de línguas, curas, exorcismos ou ressurreições de mortos.[20] Para ilustrar seu ponto, Geisler oferece este exemplo específico: "O mesmo apóstolo que exorcizou um demônio por ordem

(Atos 15) [sic] só podia esperar arrependimento de Himeneu e Fileto 'escapassem da armadilha do diabo' (2Timóteo 2:26)".[21]

Em primeiro lugar, o exemplo de Himeneu citado por Geisler dificilmente significa que Paulo perdeu a habilidade de expulsar um demônio. Quem acredita de verdade que o mais eminente de todos os apóstolos perdeu sua autoridade para expulsar demônios antes do fim da vida? No caso de Himeneu, Paulo entregou esse homem a Satanás por seu ensino blasfemo (1Timóteo 1:20). A Escritura não diz nada sobre Paulo tentando ou mesmo querendo expulsar um demônio de Himeneu. E nunca foi a prática dos apóstolos do Novo Testamento expulsar demônios de hereges e falsos mestres. Sua prática e seu conselho para a igreja era evitar esse tipo de pessoa (Tito 2:9-11; 2João 10,11). Para que o exemplo de Geisler carregasse alguma convicção, ele teria que mostrar que Paulo tentou expulsar o demônio de Himeneu e não conseguiu. Isso nos leva a um grande problema, não apenas desse exemplo em específico, mas de todo o argumento sobre a falta do sobrenatural nas epístolas finais de Paulo.

O argumento de Geisler não tem convicção, por tratar-se de um argumento baseado no silêncio. Geisler argumentou que "de Efésios a 2Timóteo não temos menção de línguas, curas, exorcismos ou ressurreições de mortos".[22] Ele conclui, portanto, afirmando que, visto que tais coisas não são mencionadas, não deveriam estar ocorrendo durante o período daquelas epístolas (mais ou menos de 60 a 68 d.C.).[23] Para que o argumento de Geisler possa ser aceito, Paulo teria de mencionar os referidos dons em suas epístolas.[24]

Eu poderia usar a mesma metodologia de Geisler para "provar" que Paulo perdera seu dom de celibato por 60-67 d.C. Pois o apóstolo se refere ao seu celibato como um carisma (1Coríntios 7:7), e é evidente que ele o valorizava altamente, mas não o menciona em suas últimas epístolas (Efésios e 2Timóteo). Mas estaria eu justificado a concluir que ele não possuía mais o dom do celibato? Naturalmente, não. Eu teria de provar primeiro que ele deveria ter mencionado esse dom, se ele ainda o tivesse. Espero que, agora, você possa perceber a incapacidade de um argumento baseado no silêncio para provar qualquer coisa pelas Escrituras.

Mas mais erros no argumento de Geisler do que apenas ser um argumento do silêncio. Em última análise, ele está comparando maçãs e laranjas quando compara a literatura narrativa com a didática. Por definição, esses dois tipos de literatura lidam com temas diferentes. O livro de Atos compõe-se de histórias, enquanto as epístolas abordam problema em igrejas individuais. Um dos propósitos de Atos é mostrar as obras contínuas de Jesus em seu ministério de poder.[25] Paulo estava na prisão quando escreveu Efésios, Filipenses, Colossenses e Filemom. Eis por que são chamadas epístolas da prisão. Como é óbvio, não haveriam de estar cheias de narrativas acerca de operação de milagres, nem de seu ministério evangelístico.

Paulo estava na prisão quando escreveu Efésios, Filipenses, Colossenses e Filemom. É por isso que são chamadas de Epístolas da Prisão. Obviamente, eles não são preenchidos com histórias narrativas sobre seu ministério milagroso nem evangelístico – ele está na prisão! Suas últimas três cartas no final de sua vida a Timóteo e a Tito centram-se em conselhos no pastoreio do rebanho sob seus cuidados. Ele não está escrevendo para eles histórias narrativas sobre suas façanhas. Por que devemos esperar que ele conte a Timóteo e a Tito sobre milagres em sua própria vida que eles testemunharam inúmeras vezes?

Há outro problema com a observação de Geisler acerca das últimas porções das Escrituras. Geisler deixa de mencionar que as visões e revelações proféticas mais explícitas não aparecem em Atos. Elas ocorrem cerca de trinta anos após a morte de Paulo. Refiro-me às visões e profecias dadas a João, em torno de 95 d.C., e registradas no Apocalipse. Isso significa que os dons de revelação continuavam funcionando com grande força, trinta anos depois de Geisler haver dito terem eles cessado.[26]

No entanto, houve três associados próximos de um apóstolo famoso por seu dom de cura que não foram curados. Como vamos dar conta disso? Em primeiro lugar, é impossível explicar a falta de cura desses três homens pela perda do dom de cura de Paulo. Por quê? Porque ninguém pode dar uma razão bíblica para Paulo ter perdido seu dom de cura seis ou sete anos antes do fim de sua vida.

Voltando a Paulo, perguntamos: por que Deus tiraria os dons de curar de Paulo? Nenhum cessacionista pode oferecer uma razão coerente para esse respeito. Os cessacionistas acreditam que os dons de curar autenticavam os apóstolos e seu ministério, especialmente na produção das Escrituras. Com base nessa teoria, Paulo não mais precisava da autenticação divina? Isso significa que as epístolas escritas no fim de sua vida não tinham a mesma autenticação divina?

Ainda há outra incoerência na teoria de Geisler. Por que Deus teria deixado o dom profético e o dom revelador de Paulo para escrever as Escrituras, mas tiraria dele o dom de curar? Pois o apóstolo continua fazendo declarações proféticas em sua última epístola (2Timóteo 4:6-8).[27]

É muito mais simples acreditar que o apóstolo Paulo orou por esses três homens e Deus apenas disse: "Não". Uma vez que já foi demonstrado que nem Jesus nem os apóstolos poderiam curar à vontade, por que não simplesmente assumir que Deus, para seus propósitos soberanos, escolheu não curar esses três homens por meio do dom de cura de Paulo? Isso é muito mais fácil de acreditar do que a teoria de que, por volta de 60 d.C., sete a oito anos antes do fim de sua vida, Deus havia retirado o dom de cura do mais eminente de seus apóstolos.

AS ESCRITURAS ENSINAM QUE O APOSTOLADO CESSOU?

A maioria dos cessacionistas supõe que o apostolado seja um dom espiritual. Em seguida, tentam provar, por meio das Escrituras, que o apostolado cessou, concluindo ser este um dom espiritual temporário. Essa conclusão admite a possibilidade de outros dons também serem temporários.

Outros, como vimos, vão além dessa conclusão e veem a morte dos apóstolos como uma exigência necessária de que os dons espirituais milagrosos cessem. Eles alegam que os dons milagrosos foram dados apenas aos apóstolos e seus associados próximos, capazes de serem transmitidos apenas pelos apóstolos, com o propósito distinto de autenticá-los.

A passagem dos apóstolos, no entanto (assumindo para fins de argumento que eles cessaram), pode ter pouca relevância para a questão de se os dons milagrosos do Espírito cessaram ou não. Na realidade, há muitas pessoas que acreditam que os dons do Espírito estão sendo concedidos atualmente, embora também pensem que as Escrituras ensinam que os apóstolos cessaram no final do primeiro século.[28] Eles, assim como outros, tornam-se nervosos quando a conversa se volta para a possibilidade de apóstolos atuais.

A preocupação gira em torno de duas questões: os apóstolos, além de escreverem as Escrituras, tinham uma autoridade tão grande que desobedecê-los significava desobedecer a Deus. Difícil imaginar alguém, na Igreja contemporânea, que tenha semelhante autoridade. Mas, antes de chegarmos a alguma conclusão apressada, há um número de questões que devemos considerar.

O APOSTOLADO É UM DOM ESPIRITUAL?

Muitos escritores supõem que seja o apostolado um dom espiritual. Mas essa suposição não é comprovada. O próprio Paulo não qualifica o apostolado de dom, nem no capítulo doze de 1Coríntios nem em Efésios 4:11. Ele jamais aplica o termo grego charisma ao apostolado.[29] Se o apostolado não é um dom espiritual, o que é, então?

Os apóstolos não foram mencionados na lista de milagres carismáticos em 1Coríntios 12:8-10. Paulo não menciona apóstolos até sua lista conclusiva, começando em 1Coríntios 12:28. Fee observa: "Não é nenhuma surpresa que Paulo tenha listado 'apóstolos' primeiro. A surpresa é que eles deveriam estar nesta lista, e que ele deveria listá-los no plural."[30] Um apóstolo dificilmente poderia ser pensado como um "dom espiritual" como cura, milagres, ensino e assim por diante. Tecnicamente, porém, a lista que começa no versículo 28 não é apenas uma lista de dons espirituais. Os três primeiros itens não são dons, mas pessoas que representam ministérios – apóstolos, profetas e mestres. Os itens restantes são milagres, dons de cura, socorros, administrações e línguas. A mistura nessa lista de pessoas e dons espirituais provavelmente pretendia indicar que a grande diversidade no corpo – dos apóstolos ao dom de línguas – foi designada por Deus e, portanto, capacitada por ele. Estritamente falando, Paulo não chamou os apóstolos de "dons espirituais".

É praticamente impossível definir o "dom" do apostolado da mesma forma que os outros dons podem ser definidos. Podemos facilmente conceber alguém exercendo o dom de profecia sem ser profeta. O mesmo vale para todos os outros dons. Mas como alguém poderia ir a uma reunião de uma assembleia local e exercer o dom do apostolado sem realmente ser um apóstolo? Um apóstolo em uma assembleia pode ensinar, profetizar, curar, liderar ou administrar. Mas o que significaria exercer o dom do apostolado? Simplesmente não podemos pensar em apostolado separado dos apóstolos históricos. No Novo Testamento, um apóstolo não é um dom espiritual, mas uma pessoa que tem uma comissão e um ministério divinamente dados.

QUEM ERAM OS APÓSTOLOS DO NOVO TESTAMENTO?

Os primeiros a serem chamados de apóstolos, no Novo Testamento, foram os doze discípulos originais de Jesus (Mateus 10:2). Como afastamento de Judas, Matias foi escolhido para substituí-lo (Atos 1:21-26). Esse grupo é ímpar, e não poderia de forma alguma ser aumentado. O requisito para alguém ser membro do grupo original dos apóstolos era que tivesse estado com Jesus desde o batismo de João e que fosse testemunha ocular de sua ressurreição (Atos l:21ss). Os nomes dos doze estão inscritos nas doze pedras das muralhas da Nova Jerusalém (Apocalipse 21:14). Eles, por conseguinte, formam um círculo fechado; depois de Matias, nenhuma inclusão foi admitida.

Entretanto, houve outros apóstolos, mas nunca foram contados entre os "doze". É claro que o Novo Testamento enxerga tanto Paulo como Barnabé como apóstolos (Atos 14:4,14). Tiago, irmão do Senhor, é claramente chamado de apóstolo por Paulo (Gálatas 1:19,31 cf. 1Coríntios 1:.7), e também aparece, juntamente ao Pedro, como um dos maiores líderes da igreja em Jerusalém, durante o concílio nesta cidade (Atos 15:13-19).

Haveria outros apóstolos? É possível que Paulo também se refira a Silas como apóstolo (1Tessalonicenses 2:7). Em 32Romanos 16:7 também parece indicar que Andrônico e Junias eram apóstolos. Finalmente, a expressão "todos os apóstolos", em 1Coríntios 15:7, pode referir-se a um número não especificado de apóstolos, em adição aos "doze", já mencionados em 1Coríntios 15:5.[33]

Em resumo, o Novo Testamento ensina claramente que houve quinze apóstolos ao todo: os doze, além de Paulo, Barnabé e Tiago. Muito provavelmente, Silas foi um décimo sexto apóstolo. Talvez Adrônico, Junias e alguns outros apóstolos, cujos nomes não nos foram fornecidos (1Coríntios 15:7), deveriam ser adicionados a essa lista. O fato de haver falsos apóstolos (2Coríntios 11:13) indica que o número de apóstolos, nos tempos do Novo Testamento, não podia ser fixado, pois doutra sorte não haveria qualquer possibilidade dos tais se mascararem de apóstolos.[34]

REQUISITOS PARA O APOSTOLADO NO NOVO TESTAMENTO

Nesta seção, não estarei discutindo os requisitos para alguém tornar-se membro do grupo dos "doze". Já vimos que se tratava de um círculo ímpar que não admitiria quaisquer adições além de Matias. Antes, aqui estaremos ocupados com aqueles que se tornaram apóstolos após os doze. Embora tivessem estes um lugar de singular importância na história da redenção, o Novo Testamento não ensina que o segundo grupo de apóstolos tivesse menor autoridade do que aquele primeiro formado pelo próprio Cristo durante o seu ministério. No entanto, os requisitos para alguém tornar-se membro desse segundo grupo de apóstolos são levemente diferentes, porquanto estes homens não estiveram com o Senhor Jesus desde o começo de seu ministério, a começar pelo batismo de João Batista.

Neste ponto, dependemos basicamente das descrições de Paulo sobre seu próprio apostolado. Afinal, foi justamente ele quem estabeleceu os *requisitos* e as *características* do apostolado. Não podemos, pois, confundir essas duas exigências. Por um lado, muitos são os que podem compartilhar de certas características com os apóstolos, mas isso não faz deles apóstolos. Os apóstolos fazem sinais e maravilhas (Atos 2:43), por exemplo; mas Estevão e Filipe, embora também os fizessem (Atos 6:8; 8:6), jamais foram considerados apóstolos.

Se confundirmos os requisitos do apostolado com as características do apostolado, seremos levados a multiplicar a lista desses requisitos indefinidamente. Também acabaremos por excluir dessa lista alguns verdadeiros apóstolos. Por exemplo, se dissermos que produzir as Escrituras é um requisito para o apostolado, então teremos de excluir todos os apóstolos que não as produziram.

Paulo estabeleceu três requisitos para alguém ocupar o apostolado. O primeiro e mais importante é a chamada e a comissão específicas por parte do Senhor Jesus Cristo (Gálatas 1:1; Romanos 1:1,5; 1Coríntios 1:1; 2Coríntios 1:1). Os dois outros requisitos são firmados em 1Coríntios 9:1-2:

Não sou eu, porventura, livre? Não sou apóstolo? Não vi a Jesus, nosso Senhor? Acaso não sois fruto do meu trabalho no Senhor? Se não sou apóstolo para outrem, certamente o sou para vós outros; porque vós sois o selo do meu apostolado no Senhor.

O segundo requisito é que o apóstolo deve ter visto o Senhor Jesus Cristo. No caso de Paulo, esse requisito foi satisfeito na estrada para Damasco (Atos 9:1-9). O terceiro requisito talvez não seja a rigor um requisito, mas uma característica ou prova do apostolado. Refiro-me ao seu apelo aos coríntios, que são por ele chamados de "o selo do seu apostolado". Noutras palavras: Paulo apelava para a eficácia de seu ministério, especificamente no plantio de igrejas.

Fica aparente, pois, que o único requisito do apostolado é a chamada pessoal e a comissão do Senhor Jesus Cristo. Ter visto o Senhor ressurreto não é o pressuposto básico. Pois outros o tinham visto (1Coríntios 15:6), e nem por isto tornaram-se apóstolos. Semelhantemente, não poucos foram os que se tornaram eficazes no ministério e até na implantação de igrejas, como Filipe em Samária, por exemplo, mas isso não os fez apóstolos. Portanto, é fundamental para o apostolado a chamada pessoal e a comissão dada pelo Senhor Jesus Cristo.[35]

CARACTERÍSTICAS DO APOSTOLADO NO NOVO TESTAMENTO

Há características que Paulo salienta em seus escritos. Outros podem compartilhar delas sem serem, contudo, apóstolos; mas seria difícil imaginar qualquer apóstolo que não fosse possuidor de tais características.

Em primeiro lugar, temos os sofrimentos. Os textos mais importantes quanto a essa característica são: 1Coríntios 4:9-13; 2Coríntios 4:7-12; 6:3-10; 11:23-33 e Gálatas 6:17. O propósito teológico por detrás desse sofrimento é dado em 2Coríntios 4:7:

> Temos, porém, este tesouro em vasos de barro, para que a excelência do poder seja de Deus e não de nós.

Os sofrimentos dos apóstolos, pois, não ocorrem por acidente, mas são divinamente tencionados. Deus exibiu publicamente suas debilidades, permitindo-lhes que sofressem e fossem perseguidos. Ele deixou que fossem mal-entendidos e parecessem desprotegidos (passaram fome, frio e andaram malvestidos), para que ninguém pusesse a sua confiança nos "vasos de argila", mas antes, no poder que Deus tem de usar os vasos de barro. Vezes sem conta, o Senhor exibe os apóstolos como homens vulgares e fracos (2Coríntios 12:9-10). E isso para que a glória seja dada a ele pela suprema grandeza de seu poder, e não aos homens. De acordo com o Novo Testamento, é impossível conceber um apóstolo que não estivesse intimamente familiarizado com os sofrimentos e as perseguições.

Atualmente, há os que buscam se firmar como apóstolos, mas não querem partilhar dos sofrimentos apostólicos. Como se não bastasse, ensinam que Deus quer que os crentes vivam na riqueza e no conforto, com pouca ou mesmo nenhuma experiência com os sofrimentos.

A segunda característica é o discernimento especial quanto aos mistérios divinos. Os apóstolos recebem discernimento divino acerca dos mistérios de Cristo (Efésios 3:1-6), quanto ao mistério da piedade (1Timóteo 3:16), quanto ao mistério da conversão de Israel (Romanos 11:25-32). Paulo, por exemplo, tivera revelações acerca das quais o comum dos mortais não poderia ter acesso (2Coríntios 12:4,7). Esse discernimento, porém, não é peculiar dos apóstolos, pois os profetas também o tiveram (Efésios 3:5).[36]

A terceira característica do ministério apostólico é a presença de sinais e maravilhas, enquanto proclamam o Evangelho. Jesus prometeu-lhes o revestimento de poder (Lucas 24:49; Atos 1:8). Vejam os milagres de Barnabé e Paulo em Atos 14:3 e 15:12. No entanto, embora essa seja uma característica do ministério apostólico, não pertence exclusivamente aos apóstolos, porquanto Estevão e Filipe também faziam sinais e maravilhas.

A quarta característica é a integridade dos apóstolos (1Coríntios 1:12; 2:17; 4:2 e 7:2). Outros, naturalmente, podem ostentar igual integridade sem serem apóstolos, mas como imaginar um apóstolo que não fosse impoluto e íntegro?

A última característica apostólica é a autoridade. Aos doze, fora dada autoridade sobre os demônios e sobre todas as enfermidades (Mateus 10:1; Marcos 3:15; 6:7; Lucas 9:1). Entretanto, essa autoridade não cabia somente aos apóstolos, porquanto também fora dada aos setenta (Lucas 10:19). E o indivíduo anônimo, cuja história é mencionada em Marcos 9:38,41, ao que tudo indica, também possuía autoridade sobre os demônios.

Algumas vezes, a natureza da autoridade apostólica é mal compreendida. Não é incomum ver tal autoridade como se fosse exercida sobre os crentes. Quando a autoridade é mencionada no Novo Testamento, em conexão com os apóstolos, trata-se primariamente de autoridade sobre as forças contrárias ao Reino de Deus. É verdade que Ananias e Safira caíram mortos enquanto Pedro os desmascarava (Atos 5:1,11). Mas Pedro realmente tinha autoridade para matar os crentes que pecassem? Penso que não. É mais provável que Deus lhe tivesse mostrado o pecado de ambos, revelando-lhe o que tencionava fazer-lhes.

Paulo também tinha autoridade para conceder dons espirituais. Ele relembrou a Timóteo que despertasse o dom que havia nele, e que lhe fora dado através da imposição de suas mãos (2Timóteo 1:6; cf. Romanos 1:11). Não obstante, até isso não é unicamente apostólico, porquanto os anciãos também têm a autoridade para conceder dons espirituais (1Timóteo 4:14).

Paulo reivindicou que lhe fora concedida autoridade para edificar e não para destruir (2Coríntios 10:8 e 13:10). A ideia de edificação provavelmente refere-se ao papel fundamental que os apóstolos tinham ao estabelecer igrejas no primeiro século (Efésios 2:20). Era clara a intenção de Paulo ao enfatizar o aspecto positivo de sua autoridade – edificar. Mas a referenda a "destruição" não era apenas uma ameaça vazia ou uma mera figura de linguagem. Paulo tinha autoridade para entregar membros da igreja a Satanás em instâncias particulares (1Coríntios 5:5; 1Timóteo 1:20). Paulo advertiu os coríntios de que, se não mudassem de atitude, ele teria de chegar a eles "com vara" (1Coríntios 4:18-21). Paulo estava claramente reivindicando possuir poder divino para impor julgamento sobre a igreja, caso aqueles crentes não se arrependessem.

Tal autoridade pertencia exclusivamente aos apóstolos? Penso que não. Concebe-se que Deus ainda usa os seus servos para entregar palavras de julgamento e advertência. Conheço diversos casos em que crentes foram avisados a se arrependerem, pois, caso contrário, suas vidas lhes seriam tiradas. Aliás, sei de duas instâncias em que vidas foram ceifadas em cumprimento à palavra profética.

Alguns talvez objetem por eu não ter alistado a capacidade de produzir as Escrituras como parte da autoridade apostólica. A razão é que nem todos os apóstolos seriam incluídos nesta característica. Na realidade, somente três dos doze apóstolos originais escreveram livros sagrados – Mateus, João e Pedro. Por outro lado, alguns que não eram apóstolos deixaram seus nomes no cânon sagrado. Na realidade, nem ao menos sabemos quem escreveu o tratado aos hebreus, e, no entanto, faz parte das Escrituras. A Bíblia já está completa, e não mais precisamos de nenhuma revelação.

ARGUMENTOS DE QUE O OFÍCIO APOSTÓLICO CESSOU

MacArthur listou seis razões pelas quais, segundo ele, o ofício apostólico cessou:

1. A igreja foi fundada sobre os apóstolos.
2. Os apóstolos foram testemunhas oculares da ressurreição de Cristo.
3. Os apóstolos foram escolhidos pessoalmente por Jesus Cristo.
4. Os apóstolos eram autenticados por sinais e maravilhas.
5. Os apóstolos eram dotados de autoridade absoluta.
6. Os apóstolos ocupam um lugar de honra eterno e ímpar.[37]

A primeira coisa a notar acerca desses argumentos é que nem MacArthur, nem qualquer outra pessoa pode apresentar qualquer texto específico das Escrituras que nos indique ter cessado o ministério apostólico. Todos esses argumentos estão baseados em deduções teológicas, e não em declarações específicas das Escrituras.

Resposta ao número 1: o fato de os apóstolos terem exercido um papel fundamental no estabelecimento da igreja (Efésios 2:20) não significa que o Senhor não pudesse chamar outros apóstolos. Será que a função apostólica resumiu-se à fundação da igreja? O fato de uma empresa ter um diretor fundador não significa que ela não possa, futuramente, ter outros diretores.

Por outro lado, Efésios 4:11,13 *pode* indicar que Deus haja tencionado que os apóstolos continuassem até a volta de Jesus. Cinco ministérios – apóstolos, profetas, evangelistas, pastores e mestres – foram dados à igreja (v. 11). Por quê? Paulo responde a essa pergunta dizendo que tais ministérios foram outorgados para equipar os crentes, a fim de que estes possam fazer a obra de Deus. Por quanto tempo? O apóstolo responde a essa pergunta no versículo treze:

> Até que todos cheguemos à unidade da fé e do pleno conhecimento do Filho de Deus, à perfeita varonilidade, à medida da estatura de Cristo. (Efésios 4:13, a ênfase é minha)

A única referência, nos escritos de Paulo, que tenho descoberto que menciona especificamente a "duração" do ministério dos apóstolos é o "até" de Efésios 4:13. Se isso for tornado literalmente, então significa que a igreja contará com a presença de apóstolos até que atinja a maturidade descrita nesse versículo.

Entretanto, há outras interpretações de Efésios 4:11,13. Todavia, meu posicionamento é este: não possuímos qualquer declaração específica das Escrituras indicando que haveria apenas "uma" geração de apóstolos. Porém, há uma declaração específica, reafirmando que teremos apóstolos pelo menos até que a Igreja atinja a maturidade. E, no presente, é difícil enxergar a Igreja como se já tivesse chegado à maturidade descrita por Paulo.

Resposta ao número 2: é verdade que um apóstolo precisava ser testemunha ocular da ressurreição de Cristo. No caso de Paulo, isso se deu após ter o Senhor subido ao Céu (Atos 9:1,9). Mais tarde o apóstolo referir-se-ia a essa visão como uma "visão celestial" (Atos 26:19). Noutro lugar, Lucas usou essa palavra para indicar visões angelicais (Lucas 1:22 e 24:23). O que haverá de impedir o Senhor de aparecer a outros da mesma forma? Desconheço qualquer razão escriturística pela qual ele não possa fazê-lo.

Resposta ao número 3: o que haveria de impedir o Senhor de escolher pessoalmente e comissionar a outros apóstolos? Ele fez isso a Paulo, a Tiago, a Barnabé e muito provavelmente a Silas. Por que ele não poderia fazê-lo hoje em dia? Escreve MacArthur: "Quando as epístolas pastorais estabelecem princípios para uma liderança eclesiástica duradoura, falam em anciãos e diáconos. Nunca mencionam apóstolos".[38] Novamente, esse é um argumento alicerçado sobre o silêncio. Por que as epístolas pastorais teriam de mencionar o apostolado? Anciãos, diáconos e apóstolos existiam lado a lado na Igreja do Novo Testamento. A Igreja precisava de regras que governassem a seleção de ambos, porquanto Jesus deixará tal tarefa a sua Igreja. Por outro lado, a Igreja jamais escolheu seus apóstolos. O próprio Jesus os escolheu pessoalmente. Por que, então, Paulo escreveria a Timóteo e a Tito, dando-lhes regras para escolher ou eleger apóstolos?

Resposta ao número 4: também já demonstrei que os apóstolos não foram autenticados por sinais e maravilhas. Para dizer a verdade, eles praticavam sinais e maravilhas, mas estes não os autenticavam; antes, autenticavam ao Senhor Jesus e a sua mensagem. Não há nenhuma razão bíblica que impeça a Cristo de garantir um derramamento de sinais e maravilhas a sua igreja, nem neste século nem em qualquer outro. E, como também já vimos, o ministério dos sinais e maravilhas não é uma característica exclusiva do ofício apostólico. Outros também os operaram.

Resposta ao número 5: não penso que MacArthur esteja correto quando diz que os apóstolos tinham "autoridade absoluta". MacArthur escreveu: "Quando os apóstolos falavam, não havia mais discussão".[39] Isso não é verdade. A hipocrisia de Pedro foi tão grande em Antióquia que até Barnabé foi por ela contagiado, juntamente com um bom número de outros cristãos judeus, o que levou a Paulo a repreendê-lo diante do grupo inteiro (Gálatas 2:11,21). Noutra ocasião, Paulo e Barnabé não puderam convencer a crentes judeus da Judeia que a circuncisão era desnecessária. Foi preciso um concílio da Igreja, em Jerusalém, para resolver a questão (Atos 15:1,35).

Há uma tendência entre alguns escritores protestantes em deificar os apóstolos. Gross, por exemplo, afirma que um apóstolo "nada ensinava em contradição à Palavra de Deus (Gálatas l:8-9)".[40] No entanto, Paulo informou que, quando Pedro chegou a Antióquia, seu exemplo levou certo número de pessoas à hipocrisia. Sem dúvida, Paulo viu-se obrigado a fazer oposição a algum ensino de Pedro. Não creio que os apóstolos tivessem jamais cometido qualquer equívoco ao escreverem sob a inspiração do Espírito Santo, mas eles não viviam sob a constante inspiração do Espírito Santo. Conforme fica demonstrado no caso de Pedro, eles estavam sujeitos a pecados significativos como qualquer um de nós.

A doutrina da inspiração envolve somente a porção da Palavra escrita de Deus dada a cada um dos apóstolos escritores. A doutrina da inspiração não se estende às suas interpretações ou opiniões. Em minha opinião, MacArthur, Gross e seus seguidores ultrapassaram significativamente a tudo quanto a Bíblia diz sobre a autoridade dos apóstolos. Mas estou certo de que os escritores modernos assim se posicionaram a fim de preservar o caráter dos apóstolos e a autoridade da Palavra. Mas não podemos reivindicar à Palavra de Deus algo que ela não reivindica para si mesma.

Eu também poderia afirmar que as Escrituras ensinam que, antes da volta de Cristo, o Senhor comissionara duas testemunhas que terão maior autoridade e poder do que os apóstolos jamais tiveram. Refiro-me à Apocalipse 11:3-6:

> Darei as minhas duas testemunhas que profetizem por 1260 dias vestidas de pano de saco. São estas as duas oliveiras e dois candeeiros que se acham em pé diante do Senhor da terra. Se alguém pretende causar-lhes dano, sai fogo das suas bocas e devora os inimigos; sim, se alguém pretender causar-lhes dano, certamente deve morrer. Elas têm a autoridade para fechar o céu, para que não chova durante os dias em que profetizarem. Tem autoridade também sobre as águas, para convertê-las em sangue, bem como para ferir a terra com toda sorte de flagelos, tantas vezes quantas quiserem.

À semelhança dos apóstolos (Atos 1:8), esses dois homens são chamados de testemunhas. Eles também profetizarão e usufruirão de uma proteção e autoridade que nem mesmo os apóstolos tiveram. Seu ministério e os sinais que os acompanharão serão superiores aos dos apóstolos. Não obstante, eles não poderão modificar uma vírgula sequer das Escrituras que hoje temos. Isso demonstra que Deus poderia constituir apóstolos em qualquer tempo da história sem violentar sua Palavra.

Acho irônicos os que insistem ter o ministério apostólico chegado ao fim. Certa vez, passei várias horas discutindo diferenças teológicas com um homem completamente dedicado à teologia reformada. Intrigado com a minha crença nas verdades pentecostais, ele alegou que estas estão em desacordo com os princípios da Reforma, por colocar em perigo a autoridade da Bíblia.

Quando estávamos discutindo nossas diferenças, eu estava citando as Escrituras como minha razão para acreditar que Deus ainda fala. Em vez de interagir comigo com base nas Escrituras, ele continuamente citava escritos teológicos do período da Reforma. Isso foi verdade para a maior parte de nossa discussão. Na verdade, não acho que seria exagero dizer que esse homem estava mais à vontade nos escritos de Calvino do que na literatura da Bíblia.

Ficou claro enquanto eu o ouvia falar que ele tinha mais confiança prática na interpretação de Calvino da Bíblia do que nos escritos reais de Paulo. Em um nível prático, Calvino era uma autoridade maior para ele do que até mesmo o apóstolo. Em um nível teórico, ele nunca o admitiria e ficaria muito ofendido por eu sugerir isso. No entanto, não posso deixar de acreditar que, em um nível prático, isso realmente era verdade.

Esse caso não é incomum. Tenho encontrado muitos crentes mais confiantes em suas tradições teológicas do que nas Escrituras. Isso faz com que Calvino e Lutero, por exemplo, sejam mais importantes para eles do que *os* apóstolos.

Resposta ao número 6: o argumento de MacArthur de que "os apóstolos têm um eterno e ímpar lugar de honra" é apoiado em Apocalipse 21:14. Aqui se diz que os nomes deles acham-se inscritos nas doze pedras fundamentais das muralhas da Nova Jerusalém. Mas esse argumento não leva em consideração Paulo, Barnabé ou os outros apóstolos do Novo Testamento que surgiram depois dele. Todos admitem que os doze apóstolos têm um lugar único na história da salvação. Mas não é isso que está em jogo. Se Deus sentiu apropriado chamar três ou quatro apóstolos enquanto os doze ainda viviam, por que não chamaria outros após o primeiro século? As Escrituras, definitivamente, não ensinam que os apóstolos cessaram.

Acredito que os doze apóstolos tenham sido singulares em sua chamada, e formaram de fato um círculo fechado. Entretanto, a chamada de Paulo, Barnabé e Tiago, abre a possibilidade de Deus convocar outros apóstolos em qualquer época da história. Nenhum texto específico das Escrituras impede que Jesus apareça e comissione outros ao ofício apostólico. No futuro, ele comissionará duas testemunhas, que terão poder ainda maior que os apóstolos do primeiro século da era cristã (Apocalipse 11:3-6). E isso não porá em perigo a autoridade das Escrituras. Se, no fim da história da igreja, ele dará duas testemunhas que serão maiores em autoridade e poder do que os apóstolos do Novo Testamento, por que não poderia comissionar mais apóstolos à Igreja antes desse período?

Não conheço ninguém hoje que eu queira chamar de apóstolo no mesmo sentido em que chamaria Paulo. Não estou disposto, no entanto, a descartar essa possibilidade, porque não acho que as Escrituras a excluam.

Mesmo que os apóstolos tivessem cessado, isso nada provaria em relação ao ministério de sinais e maravilhas. Pois nem sinais, nem maravilhas, nem os dons do Espírito foram limitados aos apóstolos. A tentativa de se provar que os dons foram concedidos exclusivamente por meio dos apóstolos não tem base escriturística; é uma ilusão procedente dos preconceitos teológicos. Talvez o pior exemplo desse tipo de preconceito seja provar que o apóstolo Paulo tenha perdido seu dom de curas aí pelo ano de 60 d.C., cerca de sete a oito anos antes de completar seu ministério.

Por conseguinte, o argumento que busca vincular os dons à passagem dos apóstolos é completamente fútil. Não pode ser provado biblicamente. Os dons do Espírito e os sinais e maravilhas jamais estiveram vinculados aos apóstolos.

APÊNDICE C

HOUVE SOMENTE TRÊS PERÍODOS *de* MILAGRES?

John MacArthur é um proponente moderno do ponto de vista de que houve apenas três períodos de milagres de acordo com o registro bíblico. Ele formula seu argumento da seguinte maneira:

> A maior parte dos milagres bíblicos aconteceu em três períodos relativamente breves da história bíblica: nos dias de Moisés e Josué, durante os ministérios de Elias e Eliseu, e no tempo de Cristo e seus apóstolos...
>
> Excetuando-se esses três períodos, os eventos sobrenaturais registrados nas Escrituras não passam de incidentes isolados. Nos dias de Isaías, por exemplo, o Senhor derrotou sobrenaturalmente ao exército de Senaqueribe (2Reis 19:35-36), curou a Ezequias e fez a sombra do sol recuar (20:1-11). Nos dias de Daniel, Deus preservou a Sadraque, Mesaque e Abede-Nego na fornalha (Daniel 3:20-26). Em sua maior parte, por Daniel 3:20-26, eventos sobrenaturais como esses não caracterizam o trato de Deus com o seu povo. [...] Todos os três períodos de milagres foram tempos em que Deus outorgou sua revelação escrita em quantidades substanciais. Os que operavam milagres eram essencialmente os mesmos que anunciavam uma era de revelação. Moisés escreveu os primeiros cinco livros das

Escrituras. Elias e Eliseu introduziram a era profética. Os apóstolos escreveram quase todo o Novo Testamento.¹

Há certas dificuldades com esse argumento, que, aliás, já vem sendo abandonado pelos cessacionistas. A primeira diz respeito ao propósito desses três períodos de milagres. A razão para cada um desses períodos, de acordo com essa teoria, é que eles autenticaram a revelação escrita que Deus concedia na ocasião. Nos casos de Moisés, Josué, Cristo e dos apóstolos, estavam sendo, de fato, outorgadas revelações escritas. Mas, no caso de Elias e Eliseu, não houve qualquer revelação escrita. A primeira revelação profética escrita só apareceria nos dias de Isaías, Miqueias e Amos, quase cem anos depois da morte de Elias, e cinquenta anos, no mínimo, depois da morte de Eliseu.

A ideia de que os milagres eram comuns somente nos tempos de Moisés e Josué e de Elias a Eliseu também é contraditada por uma declaração específica das Escrituras:

> Tu puseste sinais e maravilhas na terra do Egito até ao dia de hoje, tanto em Israel como entre outros homens; e te fizeste um nome, qual o que tens neste dia. (Jeremias 32:20)

Se essa declaração tiver de ser tomada literalmente, o profeta Jeremias está dizendo muito claramente que via sinais e maravilhas ocorrendo em seu próprio tempo (seu ministério começou em 626 a.C. e terminou após 586 d.C.) tanto em Israel como em outras nações.²

Há outra incoerência nessa teoria. MacArthur afirma que Elias e Eliseu introduziram a era profética. Mas isso não corresponde aos fatos. Foi Samuel quem introduziu a era profética. Ele foi o profeta acerca de quem foi dito: "[...] e nenhuma de todas as suas palavras deixou cair em terra" (1Samuel 3:19,21). Outrossim, no tempo de Samuel, já havia outros grupos de profetas (1Samuel 10:5). Se a teoria que MacArthur apresenta fosse coerente, teríamos de esperar que os dias de Samuel fossem precedidos por grande quantidade de milagres.

Finalmente, não coloco em dúvida ter sido o Novo Testamento uma era de novas revelações. Mas MacArthur certamente erra ao afirmar que "os apóstolos escreveram quase todo o Novo Testamento". Marcos, Lucas e Judas não eram apóstolos, e Hebreus é um tratado anônimo. Esses livros compreendem a, aproximadamente, 42% de todo o volume do Novo Testamento.

Outra falha grave dessa teoria é afirmar que não houve eventos sobrenaturais fora desses três períodos. Uma rápida pesquisa no Antigo Testamento revelara quanto foram comuns os eventos miraculosos por toda a história do antigo Israel. Nem ao menos examinaremos os livros de Êxodo a Josué, porquanto tratam de Moisés e Josué; nem consideraremos as ocorrências sobrenaturais de 1Reis 17 a 2Reis 13, pois retratam o período de Elias e Eliseu.

Façamos de conta, que tais porções das Escrituras hajam sido arrancadas de nossas Bíblias. Isso significa, naturalmente, que não teremos as dez pragas com as quais o Senhor visitou o Egito. Também nos faltara a divisão do mar Vermelho, e a ascensão de Elias na carruagem de fogo para o Céu.

Que tipos de milagres e eventos miraculosos restarão? De conformidade com MacArthur, nossa nova Bíblia já estaria devidamente expurgada do elemento sobrenatural, e tudo quanto achássemos de sobrenatural não passaria de "incidentes isolados". Que o leitor julgue quão exata é essa teoria, ao considerar os eventos que figuram na tabela abaixo:

DESCRIÇÃO

GÊNESIS

1-3	Criação da terra e queda do homem
5:24	O arrebatamento de Enoque – os filhos de Deus (anjos/demônios) casados com as filhas dos homens
6:9-8:19	O dilúvio de Noé
11:lss	Confusão das línguas na torre de Babel
12:1-3	Chamada sobrenatural de Abraão
12:17	A praga na casa de Faraó
15:12-21	O transe de Abraão com o fogareiro fumegante e a tocha de fogo
16:7	O anjo do Senhor aparece a Hagar
17:lss	O Senhor aparece a Abraão
18:lss	O Senhor e anjos aparecem a Abraão
19:11	Anjos cegam os homens de Sodoma
19:23ss	O Senhor destrói Sodoma e Gomorra
19:26	A mulher de Ló torna-se uma coluna de sal
20:3ss	Deus avisa a Abimeleque, por meio de um sonho, para não tocar em Sara
20:17ss	Deus salva as vidas de Hagar e Ismael
21:lss	Sara concebe miraculosamente a Osaque
22:11	O anjo do Senhor impede que Abraão sacrifique a Isaque
24:12ss	O servo de Abraão e conduzido a Rebeca
25:21	Rebeca concebe sobrenaturalmente a gêmeos

25:23ss   O Senhor fala a Rebeca acerca do destino dos gêmeos em seu ventre
26:2   O Senhor aparece a Isaque
26:24   O Senhor torna a aparecer a Isaque
28:12ss   O Senhor aparece a Jacó
31:3   O Senhor fala a Jacó, ordenando-lhe voltar à Palestina
32:1   Os anjos de Deus encontram-se com Jacó
32:24ss   Jacó luta com o Anjo do Senhor toda a noite
35:9   Deus aparece a Jacó e abençoa-o
37:5ss   Os sonhos de José
38:7ss   O Senhor mata Er e Onã
40:1ss   José interpreta os sonhos do copeiro-mor e do padeiro-mor
41:1ss   José interpreta o sonho de Faraó

JUÍZES

2:1-5   O anjo do Senhor aparece a todo o Israel
3:9ss   O Espírito do Senhor dota Otniel para livrar a Israel
3:31   Sangar mata seiscentos filisteus com um aguilhão
4:4ss   Debora profetiza a Baraque
6:11   O Anjo do Senhor aparece a Gideão
6:36   O milagre do velo de lã de Gideão
7:1ss   O Senhor envia o pânico contra Mídia, e Gideão derrota-os com somente trezentos homens
11:29ss   Espírito do Senhor desce sobre Jefte para livrar Israel dos filhos de Amom

13:3ss	O Anjo do Senhor aparece a Manoa e sua mulher
14-16	Feitos sobrenaturais de Sansão

1SAMUEL

1:19ss	Ana concebe sobrenaturalmente a Samuel
3:1ss	O Senhor aparece pela primeira vez a Samuel
3:19-21	O Senhor não deixa cair por terra a nenhuma palavra de Samuel
5:1-5	A destruição do ídolo Dagon
5:6ss	O Senhor fere os filisteus com tumores
6:19ss	O Senhor mata alguns dos homens de Bete-Semes
9-10	O ministério profético de Samuel a Saul
10:20ss	Saul é escolhido por sorteio para ser rei sobre Israel
11:6ss	O Espírito do Senhor dá poder a Saul para libertar Israel dos amonitas
16:1ss	O ministério profético de Samuel a Davi
16:13	O Espírito do Senhor vem sobre Davi
16:14	O Espírito do Senhor deixa Saul, e um espírito maligno da parte do Senhor o aterroriza
18:10-11	Um espírito maligno faz Saul tentar matar Davi
19:9-10	Novamente um espírito maligno faz Saul tentar matar Davi
19:20	Três vezes o Espírito do Senhor vem sobre os mensageiros de Saul e eles profetizam
19:22ss	O Espírito do Senhor vem sobre Saulo e ele profetiza
23:4,10-12	O Senhor repetidamente dá orientação sobrenatural a Davi

28:12ss Samuel aparece dos mortos para Saul

2SAMUEL

2:1 O Senhor dá orientação sobrenatural a Davi
5:19 O Senhor dá orientação sobrenatural a Davi
5:23-24 O Senhor dá orientação sobrenatural a Davi
6:7 O Senhor mata Uzá
7:5 ss Natã profetiza a Davi
12:1ss Nathan expõe o pecado de Davi
12:15 O Senhor mata o filho de Davi
12:25 Natã profetiza a respeito de Salomão
21:1 O Senhor explica a Davi a causa da fome
24:11 O Senhor fala a Davi por meio de Gade e mata 70.000 israelitas

1REIS

3:3ss O Senhor aparece a Salomão e concede-lhe grande sabedoria
8:10ss A glória do Senhor enche o templo
9:2ss O Senhor aparece pela segunda vez a Salomão
11:11ss O Senhor diz a Salomão que tirará dele o reino
11:29ss O profeta Aias prediz a Jeroboão que o Senhor lhe dará as tribos de Israel
13:1ss Um homem de Deus prevê o nascimento de Josias, racha o altar de Betel, resseca a mão de Jeroboão e cura-a
13:20ss Um antigo profeta profetiza a morte do homem de Deus, e o Senhor mata o homem de Deus por meio de um leão

14:5	O Senhor impede que a esposa de Jeroboão engane o profeta Aias, e ele profetiza o julgamento da casa de Jeroboão
16:1ss	Jeú profetiza julgamento contra Baasa

2REIS

15:5	O Senhor fere Azarias com lepra
19:20ss	Isaías profetiza a Ezequias acerca de Senaqueribe
19:35	O Anjo do Senhor mata 185 mil assírios
20:5ss	Isaías profetiza que o Senhor adicionaria quinze anos à vida de Ezequias
20:10ss	O Senhor faz a sombra do relógio de sol recuar dez graus na escadaria de Acaz
20:16ss	Isaías profetiza julgamento a Ezequias
21:10ss	O Senhor antecipa juízo contra Judá por meio de seus profetas
22:14ss	A profetiza Hulda prevê juízo sobre Judá, mas abençoa a Josias

1CRÔNICAS

12:18	O Espírito Santo impele a Amasai para profetizar a Davi
21:1	Satanás impulsiona Davi a fazer o censo de Davi
21:16	Davi vê o Anjo do Senhor
21:20	Araúna vê o mesmo Anjo
21:26	O Senhor envia fogo do céu sobre o altar de Davi

2CRÔNICAS

- 7:1 Fogo desce do céu para consumir as oferendas de Salomão
- 11:2 Semaías profetiza ao rei Reoboão a não combater contra Israel
- 12:5 Semaías profetiza contra Reoboão
- 12:7 Semaías profetiza de novo a Reoboão, de que Deus teria uma certa medida de misericórdia
- 13:15ss Deus livra sobrenaturalmente a Judá
- 13:20 O Senhor mata Jeroboão
- 14:12ss O Senhor livra Judá sobrenaturalmente dos etíopes
- 15:1ss Azarías profetiza ao rei Asa
- 16:7ss O vidente Hanani profetiza juízo sobre o rei Asa
- 25:7ss Um homem de Deus profetiza a Amazias para não levar o exército de Israel a batalha com ele
- 25:15ss Um profeta antecipa o juízo contra Amassias, por causa de sua idolatria
- 28:9ss Odede profetiza juízo contra o exército de Israel, se este se recusar a libertar os cativos de Judá

ESDRAS

- 5:1 Ageu e Zacarias profetizam aos judeus que estavam em Judá

JÓ

- 1-2 Perseguição satânica sobrenatural contra Jó, por permissão de Deus

38-42 Conversa de Deus com Jó e restauração de sua sorte

DANIEL

2:1ss Deus revela o sonho de Nabucodonosor e sua interpretação a Daniel
3:1ss Os três amigos de Daniel andam dentro da fornalha de fogo
4:19-27 Daniel interpreta o segundo sonho de Nabucodonosor
4:28ss Deus aflige Nabucodonosor com insanidade
5:5ss A mão de Deus aparece e escreve o julgamento de Belsazar sobre a caiadura da parede
5:17ss Daniel interpreta o escrito
6:1ss Daniel é preservado na cova dos leões
7-12 Visões sobrenaturais dos últimos dias e visitas angelicais são dadas a Daniel

Basta um exame superficial sobre a tabela acima para se constatar que nem MacArthur, nem qualquer de seus seguidores pode expurgar a abundância de eventos sobrenaturais do Antigo Testamento. Os sinais e maravilhas encontram-se espalhados por todo o Antigo Testamento.

Sobre que eventos sobrenaturais estamos falando aqui? A tabela acima pode ser resumida da maneira seguinte:

1. Aparições do Senhor a diversos indivíduos
2. Aparições de anjos a indivíduos e a grupos de pessoas
3. Salvamentos sobrenaturais
4. Livramento sobrenatural de grupos e até da nação toda
5. Dotações espirituais:
    a. força física sobre-humana

b. compreensão profética e palavras proféticas

   c. orientação e direção sobrenaturais

6. Julgamentos sobrenaturais:

   a. destruição de indivíduos

   b. destruição de exércitos

   c. destruição de cidades

   d. destruição da terra

   e. outros juízos sobrenaturais como enfermidades, cegueira, insanidade e pragas

7. Sonhos, transes e visões sobrenaturais

8. Interpretações sobrenaturais

9. Concepções miraculosas

10. Curas miraculosas

11. Interação satânica e demoníaca com os homens

12. Sinais cósmicos: a luz do sol retrocede dez graus, fogo cai do céu etc.

13. Um consistente ministério profético dos dias de Samuel até o fim do cânon do Antigo Testamento.

Esses são os tipos de milagres, sinais e maravilhas que ocorrem por todo o Antigo Testamento. Mas não foi só isso que ocorreu durante esse período. Omiti, por exemplo, a visão de Isaías no dia em que morreu o rei Uzias (Isaías 6:1,13), as estranhas visões e acontecimentos de Ezequiel etc. O ministério profético é, naturalmente, um ministério sobrenatural.

O livro de Daniel devasta a teoria de MacArthur. Mostra que o sobrenatural não está confinado aos períodos de Moisés e Josué e de Elias e Eliseu. Daniel contém, proporcionalmente, mais eventos sobrenaturais que os livros de Êxodo a Josué. Cada capítulo de Daniel é pontilhado de ocorrências sobrenaturais!

MacArthur contestaria a tabela acima apresentada, pois ele define milagre como "um evento extraordinário operado por Deus por meio de uma agenda humana, um evento que não pode ser explicado por forças naturais".[3] Ele não oferece qualquer apoio bíblico para sua definição, baseando-se apenas na *Systematic Theology* [Teologia sistemática], de A.H. Strong. Na realidade, MacArtur não sabe definir o que é o milagre.

Ao definir milagre como algo que deve ocorrer por meio de "uma agenda humana", ele elimina coisas como visitações angelicais, juízos divinos e sinais cósmicos como milagres. Leva-nos isso a não considerarmos o livramento de Pedro da prisão, por parte de um anjo, como milagre. O mesmo se pode dizer em relação ao terremoto do capítulo dezesseis de Atos. O mais ridículo de tudo é que o ponto de vista de MacArthur não nos permite chamar a ressurreição de Jesus Cristo de milagre. E, como sabemos, este é o maior milagre que as Escrituras registram.

Então, como devemos chamar tais coisas? E como devemos classificar os outros fenômenos relatados nas Escrituras que, embora sobrenaturais, não foram ocasionados por alguma agenda humana? MacArthur nada responde. Ele limita-se a arrolá-los como "sinais e maravilhas".[4]

Se é verdade que a expressão "sinais e maravilhas" refere-se a milagres empreendidos por meio da agenda humana, também é verdade que os "sinais e as maravilhas" ou apenas os "sinais" podem referir-se a milagres feitos sem a intervenção da agenda humana. Pedro, por exemplo, refere-se a Jesus como "varão aprovado por Deus diante de vós, com milagres, prodígios e sinais, os quais o próprio Deus realizou por intermédio dele entre vós" (Atos 2:22). Pedro também citou a profecia de Joel: "Mostrarei *prodígios* em cima no céu e *sinais* em baixo na terra; sangue, fogo e vapor de fumo. O sol se converterá em trevas, e a lua em sangue, antes que venha o grande e glorioso dia do Senhor" (Atos 2:19,20, a ênfase é minha). Aqui, *prodígios* e *sinais* referem-se claramente a juízos sobrenaturais sobre a terra, independentemente de agenda humana.

Deus também operou muitas coisas miraculosas sem a agenda humana durante a jornada de quarenta anos de Israel no deserto. Ele guiou os israelitas, mediante uma coluna de fogo à noite, e de uma nuvem durante o dia, alimentando-os com o maná, enviando-lhes pragas para discipliná-los etc. Estevão referiu-se a todas essas coisas como sinais e maravilhas de Deus (Atos 7:36). O rei Dário louva a Deus pelo livramento de Daniel e refere-se a esta intervenção como um dos sinais e maravilhas de Deus (Daniel 6:27).[5] Logo, a definição de milagres, por parte de MacArthur, simplesmente não resiste à luz das Escrituras.

MacArthur poderia, no entanto, apenas qualificar os tipos de perfume dos quais estava falando. Ele poderia alegar que os milagres feitos pela agenda humana eram raros fora desses dois períodos do Velho Testamento que lidam com Moisés e Josué, Elias e Eliseu. Ainda assim, seu ponto de vista continuaria não sendo válido.

MacArthur não aceita como normativos quaisquer eventos sobrenaturais que aparecem na tabela anteriormente. Do livro de Samuel em diante, por exemplo, há uma corrente contínua de palavras proféticas que dão orientação, julgamento, benção, advertência e promessas. Há também visões regulares, sonhos, aparições angelicais, teofanias, aflições e enfermidades enviadas por Deus para causar pânico nos inimigos de Israel, destruição de altares, superforça sobrenatural dada aos juízes, e assim por diante. Algumas dessas coisas feitas por meio da agenda humana, e outras pelo próprio Deus.

MacArthur não quer admitir que essas coisas acontecem ainda hoje. Mas as Escrituras ensinam que esses mesmos eventos sobrenaturais são partes *normais* da vida no Antigo Testamento. Isso não quer dizer que eles são eventos cotidianos, mas ocorrem com certa regularidade a cada geração de crentes no Antigo Testamento.

Isso nos leva a outro ponto.

Quando os fenômenos sobrenaturais deixavam de ocorrer, qual é a atitude dos escritores das Escrituras em relação a sua ausência? Quando há uma ausência do sobrenatural no Antigo Testamento, os escritores não a consideravam como norma do povo de Deus, mas como um sinal do juízo divino.

O Salmo 74, por exemplo, começa assim: "Por que nos rejeitas, ó Deus, para sempre? Por que se acende a tua ira contra as ovelhas do teu pasto?" (v. 1). Então, após descrever o julgamento que caía sobre Israel, o salmista lamenta: "Já não vemos os nossos símbolos; já não há profeta; nem, entre nós, quem saiba até quando" (v. 9). O salmista toma a ausência de sinais e profetas como um julgamento do Senhor.

Há um lamento similar em Salmos 77:7-10. Agora, porém, o salmista recusa-se a aceitar a ausência dos feitos sobrenaturais do Senhor como condições normais de vida do povo de Deus.[6] Sua resposta para este dilema é relembrar os trabalhos sobrenaturais do passado (v. 11). A palavra "relembrar" muito provavelmente significa causar a lembrança ou exaltar a ação. Ele, então, refere-se ao Senhor como "o Deus que opera maravilhas" (v. 14). Ele não diz "o Deus que *operou* maravilhas", mas sim "o Deus que *opera* maravilhas". Ele usa o presente para se expressar, ou seja, significa que Deus ainda está fazendo milagres. O fato de Israel não experimentar esses milagres é um sinal de julgamento divino, não um sinal de que Deus não está mais operando maravilhas.

Os profetas falam o mesmo. Um dos piores julgamentos que poderia vir sobre Jerusalém foi registrado por Isaías: "Porque o Senhor derramou sobre vós o Espírito de profundo sono, e fechou os vossos olhos, que são os profetas, e vendeu as vossas cabeças, que são os videntes" (Isaías 29:10). Não ter os benefícios do ministério dos profetas e videntes era considerado como um juízo desastroso da parte do Senhor.

Aparentemente MacArthur gostaria que acreditássemos que, entre seus alegados períodos de milagres no Antigo Testamento, a vida dos crentes consistia basicamente em estudo bíblico e oração, com pouca ou nenhuma evidência do sobrenatural. Esse cenário simplesmente não se ajusta ao quadro que acima apresentamos.

Mesmo que MacArthur pudesse provar que todas as ocorrências sobrenaturais na Bíblia estiveram confinadas a três períodos: de Moisés e Josué, de Elias e Eliseu, e de Cristo e seus apóstolos, isso ainda não significaria que as Escrituras ensinem que os milagres terminaram com Cristo e seus apóstolos. MacArthur ainda teria de provar que as Escrituras realmente ensinam que os milagres terminaram nesse terceiro período.

As Escrituras terminam com a introdução do Reino de Cristo. Introdução essa acompanhada de milagres e fenômenos sobrenaturais. O único registro divinamente inspirado que temos da vida eclesiástica é que milagres e orientações sobrenaturais eram relativamente comuns. O Reino de Cristo é apresentado com milagres. Mesmo que tivessem havido apenas dois períodos de milagres no Antigo Testamento, isso não provaria que o Reino de Cristo teria apenas um breve período de milagres. Tudo se transformou com a vinda de Cristo e de seu Reino. Ora, todas as coisas são possíveis àquele que confia.

Dons de cura foram dados a toda a igreja. Os anciãos devem ter um ministério regular de curas (Tiago 5:14,16). Se houve um, quatro ou cinco períodos de milagres no Antigo Testamento, isso é irrelevante para se determinar se o Reino de Cristo deve ter milagres como parte normativa da vida eclesiástica. Isso deve ser determinado à base de declarações específicas do Novo Testamento. Na ausência destas, o argumento de MacArthur entra em colapso sob o peso de todos os milagres do Gênesis ao Apocalipse.

NOTAS

A CHAMADA TELEFÔNICA QUE MUDOU MINHA VIDA

1. O termo "cessacionista" descreve aquele que acredita terem os dons miraculosos do Espírito Santo cessado com a morte do último dos apóstolos, ou pouco depois.

SURPREENDIDO PELO ESPÍRITO SANTO

1. Eu ainda tinha preconceito contra os pentecostais. Eu ainda não tinha me reunido com nenhum deles, pelo que conservava todos os antigos estereótipos.

SINAIS E MEMBROS DE WIMBER

1. Quando afirmo que esse ministério está disponível à igreja atual, não quero dizer que seja possível a qualquer crente atingir o nível do ministério de Paul Cain. Esse "repúdio" não subentende os dons de Paul como únicos no Corpo de Cristo, embora sejam excepcionais. Temos vários exemplos de dons em nível excepcional, hoje em dia, como o ministério evangelístico de Billy Graham. Eu acredito, no

entanto, que muitos podem ter dons de evangelismo e de cura junto aos outros dons. Há coisas que o corpo de Cristo pode fazer que irão encorajar e abrir espaço para todos os níveis do ministério evangelístico e coisas que irão atrapalhar o ministério evangelístico em todos os níveis. Isso também é verdade para os dons de cura e milagres, bem como os dons de revelação.

O MITO DA PURA OBJETIVIDADE BÍBLICA

1. Nesses capítulos, há milagres que não foram mencionados pelo estudante. No capítulo dezenove, por exemplo, além da destruição de Sodoma e Gomorra, há o milagre dos anjos que cegaram os sodomitas (vv. 9-11) e o da esposa de Ló transformada em coluna de sal (vv. 24-26). Apesar de haver realmente maior concentração de ocorrências sobrenaturais nos ministérios de Moisés e Josué, e de Elias e Eliseu, há evidências de milagres por todo o Antigo Testamento. O argumento dos "três períodos" é discutido plenamente no apêndice C.
2. J. I. Packer, "The Comfort of Conservatism", em *Power Religion*, editor Michael Horton. Chicago: Moody Press, 1992, p. 286-287.
3. Idem, p. 289.
4. Idem, p. 290.
5. Edward Gross, *Miracles, Demons, and Spiritual Warfare*. Grand Rapids; Baker, 1990, p. 168.
6. Idem, p. 170.
7. Idem.
8. Um número cada vez maior de teólogos reconhece isso, atualmente.

Por exemplo, Oliver R. Barclay escreveu: "Todos nós somos influenciados em nossa maneira de pensar pelas nossas tradições, pela nossa educação e pelo pensamento geral de nossa era. Essas forças tendem a moldar nossas ideias mais do que percebemos, conformando-nos aos modismos de nosso tempo, ou as tradições nas quais fomos criados, e não tanto a verdade revelada" ("When Christians Disagree", em *Signs, Wonders and Healing*, editor John Goldingay. [Leicester: Inter-Varsity Press, 1989], p. 8).

9. Nem mesmo o maior dos eruditos cessacionistas, Benjamim Breckenridge Warfield, pôde construir sua tese baseado nas Escrituras somente. Ele apelou também para "o testemunho de idades posteriores" (*Counterfeit Miracles* [Edimburgo: Banner of Truth Trust, 1918; reimpresso em 1983], p. 6).

POR QUE MUITOS CRENTES NÃO CREEM NOS DONS ESPIRITUAIS?

1. Num sentido restrito, não sabemos se todas as curas neotestamentárias eram irreversíveis, pela simples razão de não dispormos de informações posteriores acerca das pessoas curadas. Doenças causadas por demônios podem ter retornado a pessoas que não tenham se arrependido após a cura (Mateus 12:43-45; João 5:14), bem como as produzidas pela ansiedade, não tenha causa sido tratada.

2. Esse é o ponto de vista de John MacArthur. Ele escreveu: "De acordo com as Escrituras, aqueles que possuíam dons miraculosos podiam usar esses dons à vontade" (*Charismatic Chaos* [Grand Rapids: Zondervan, 1992], p. 215).

3. A Bíblia declara que é Deus quem cura, e ele cura de acordo com a sua soberana vontade, não segundo o querer humano (Salmos 72:18; 103:3; 136:4; Êxodo 15:26). O livro de Atos menciona Estevão, Filipe, Pedro e Paulo a operar milagres, mas no sentido de serem agentes de Deus. Os próprios apóstolos nunca reivindicaram crédito pelas curas. Sempre davam glórias a Deus. Com frequência, Lucas descreve o Senhor a curar "por meio" dos apóstolos (Atos 2:43; 5:12), ou simplesmente refere-se a esses milagres como "feitos por Deus" (Atos 14:3 e 15:12).
4. Por favor, não entenda mal a minha cristologia neste ponto. Creio que Jesus era e é onipotente. Mas estou dizendo que ele, voluntária e continuamente permitia que sua onipotência fosse limitada, pela submissão à vontade do Pai (Filipenses 2:5-11).
5. No capítulo treze de Atos há uma diferente ilustração desse mesmo princípio. Elimas, o mágico, estava se opondo ao testemunho de Paulo a Sérgio Paulo. O Espírito Santo, então, veio sobre Paulo e o encheu. E Paulo pronunciou uma maldição sobre Elimas: "Pois agora eis aí está sobre ti a mão do Senhor, e ficarás cego, não vendo o sol por algum tempo. No mesmo instante caiu sobre ele névoa e escuridão e, andando à roda, procurava quem o guiasse pela mão" (Atos 13:11). Porventura teria Paulo pronunciado a maldição por sua própria vontade? Fosse assim, ele teria um poderoso instrumento para usar em todas as suas disputas com os judeus. A cegueira de Elimas foi uma iniciativa do Espírito Santo.
6. Essa é a sugestão de MacArthur no livro *Charismatic Chaos*, p. 215.

7. Ver as p. 229-231 uma completa avaliação da ideia de que os três "fracassos" de Paulo indicavam que ele perdera o dom de curar.
8. Não há unanimidade quanto à definição da palavra charisma. Das dezessete ocorrências no Novo Testamento, dezesseis encontram-se em Paulo e uma vez em Pedro (1Pedro 4:10). Paulo a emprega de maneira tão diversa que é quase impossível defini-la. Uma das melhores discussões sobre charisma encontra-se em Max Turner, "Spiritual Gifts Then and Now", *Vox Evangelical* 15, 1985: p. 7-64. Turner conclui que as várias listas paulinas de dons "são claramente *ad hoc* e incompletas, sugerindo que Paulo virtualmente considerava charisma tudo o que fosse dado para a edificação da igreja. Quanto a conclusões similares, ver D. A. Carson, *Showing the Spirit*. Grand Rapids: Baker, 1987, p. 19ss; e Wayne Grudem, *Systematic Theology*. Grand Rapids: Zondervan, a ser publicada em 1994, cap. 52.
Grudem oferece a seguinte definição: "Dom espiritual é a capacidade concedida pelo Espírito Santo e usada em qualquer ministério da igreja" (idem, cap. 52). E justifica: "Essa é uma definição do conselho, e incluiria tanto os dons relacionados às habilidades naturais (ensino, misericórdia e administração) quanto os 'miraculosos' (profecia, curas, discernimento de Espírito etc.). Isso porque Paulo inclui os dois tipos de dons espirituais em sua lista (Romanos 12:6-8; 1Coríntios 7.7; 12:8-10,28; Efésios 4:11). Contudo, nem todas as habilidade naturais estão incluídas, visto que o apóstolo é claro em afirmar que os dons espirituais devem estar sob "um só e o mesmo Espírito" (1Coríntios 12:11), os quais visam 'a um fim proveitoso' (1Coríntios 12:7), devendo todos ser usados para a 'edificação' (1Coríntios 14:26)" (idem).

9. Ver infra, p. 138ss.
10. Filipe não é autorizado a fazer sinais e maravilhas, somente sinais (Atos 8:6). Outrossim, em Atos 8:6 temos os únicos exemplos específicos do que seriam esses sinais: exorcismo, cura de paralíticos e coxos.
11. Grudem assim define um milagre: "Milagre e uma atividade divina menos comum, na qual Deus desperta a admiração das pessoas e do testemunho de si mesmo". Ele se justifica apelando para a deficiência de outras definições:

> Exemplificando, uma das definições de milagres é esta: "Milagre é uma direta intervenção de Deus no mundo". Porém, essa definição assume uma posição deísta, onde o mundo continua o mesmo e Deus só intervém no mesmo ocasionalmente. Sem dúvida esse não é o ponto de vista da Bíblia, de acordo com o qual Deus faz a chuva cair (Mateus 5:45), a grama crescer (Salmos 104:14) e de contínuo sustenta todas as coisas por sua palavra e poder (Hebreus 1:3). Outra definição fala de "uma atividade mais direta de Deus no mundo". Porém, tal definição sugere que a providência divina de alguma maneira não é "direta" – e novamente tem-se uma posição deísta.
>
> Outra definição: "Milagre é Deus operando no mundo sem intermediários". No entanto, se Deus operasse "sem intermediários", não teríamos nenhum exemplo de milagre na Bíblia, pois é difícil pensar num milagre ocorrendo dessa forma. Numa cura, por exemplo, algumas propriedades físicas são envolvidas. Jesus, utilizou-se cinco pães e dois peixes para

realizar o milagre da multiplicação. A transformação de água em vinho, naturalmente, precisou do primeiro elemento. Essa definição, pois, parece inadequada.

Há quem defina milagre como "exceção a uma lei natural", ou "Deus agindo contra as leis da natureza". Mas a expressão "leis da natureza", na compreensão popular, implica em qualidades inerentes que operam independentemente de Deus. Para realizar um milagre, Deus precisaria intervir ou "quebrar" essas leis. Essa definição também não explica de modo adequado o ensino bíblico sobre a providência.

Há também quem defina milagre como "um evento impossível de explicar por meio de causas naturais". Essa definição é inadequada porque (1) não inclui Deus na realização do milagre; (2) supõe que Deus não usa causas naturais quando opera de maneira incomum ou admirável e que só ocasionalmente intervém no mundo; (3) resulta em significativa minimização de milagres reais e no aumento do ceticismo, pois nem todos os milagres são "inexplicáveis".

Portanto, a definição original dada anteriormente, onde milagre é simplesmente uma maneira *menos comum* de Deus operar no mundo, parece ser preferível e mais consistente com a doutrina bíblica da providência de Deus. Esta definição não diz que um milagre é um tipo diferente de operação de Deus, mas apenas que é uma maneira menos comum da operação de Deus, e que é feito de modo a despertar a surpresa, admiração ou espanto das pessoas de tal maneira que Deus dá testemunho de si mesmo (*Systematic Theology*, cap. 52).

12. Anos depois de eu ter percebido essa distinção, encontrei algo similar, escrito pelo professor Max Turner:

> Seja como for, os "curadores" têm dado margem aos críticos que insistem não termos hoje o mesmo dom concedido à igreja apostólica. *Lá*, as curas eram instantâneas, sem fracasso, irreversíveis, cobriam toda forma de enfermidades, dependendo do charisma do curador e não da fé do interessado, e, assim sendo, era um sinal aos não evangelizados. Mas talvez esse contraste seja forçado. Não precisamos duvidar de os apóstolos eram marcados por eventos de curas ocasionalmente dramáticos (ver Atos e 2Coríntios 12:12); mas, conforme já advertimos, precisamos relembrar que as curas descritas no livro de Atos são, algumas vezes, *extra*ordinárias (*cf.* 19:11), não "ordinárias". Mesmo lá, entretanto, há poucas evidências de curas frequentes *independentemente* da fé do interessado; pelo contrário. Também são desconhecidas experiências de fracasso ou relapsos pelos apóstolos (2Tito 4:20; Mateus 12:45; João 5:14). Quanto aos dons de cura "ordinários" (1Coríntios 12:10 etc.; *cf.* Tito 5:15), esses podem ter sido menos imediatos e espetaculares... Nós apenas insistimos, por um lado, que a figura idealizada da cura do apóstolo que parte de alguma seção de Atos não deve ser tomada como representativa (certamente não como *charisma do iamaton* operando *fora* do círculo apostólico, 1Coríntios 12:28) e, por outro lado, que o testemunho moderno sério aponta para fenômenos tão congruentes mesmo com algumas experiências apostólicas que

apenas considerações dogmáticas *a priori* podem excluir a possibilidade de que o charisma do iamaton do Novo Testamento tenha paralelos significantes ("Spiritual Gifts Then and Now". *Vox Evangelical* 15, 1985).

13. Refiro-me aqui ao ministério de ensino de Paulo. Naturalmente, as epístolas que ele escreveu revelam a profundidade desse dom.

14. Tenho de admitir que eu nunca havia pesquisado com sinceridade casos reais de curas. Isso também é verdadeiro no tocante à maioria dos cessacionistas que conheço. Muitos afirmam nunca ter visto uma cura espiritual documentada pela medicina. A verdade é que a maioria deles jamais se dispôs a procurar tais comprovações, porque *já sabem* que elas não existem.

    Certa vez, convidei um amigo, também professor de teologia, para investigar um milagre realizado por meio de outro professor do seminário, que recém-começara a crer nos dons miraculosos.

    Um menino havia sido curado dos olhos e dos ouvidos. O pai do menino informou-me que tinha a documentação médica. Meu amigo, porém, recusou-se a investigar. Disse-me que não duvidava que um milagre tivesse ocorrido, mas não acreditava que Deus o tivesse feito! Portanto, não tinha necessidade de investigar. Não quis sequer discutir o assunto!

    Os fatos do caso foram:

    1. Um professor de seminário, que realizou teologia ortodoxa histórica
    2. pediu a Deus em nome de Jesus
    3. para fazer um milagre em uma criancinha
    4. de uma família cristã

5. e o milagre foi realizado imediatamente.

    Mesmo com esses fatos, que meu amigo não contestaria, era mais fácil para ele acreditar que Satanás havia feito o milagre em vez de Jesus! A mentalidade cessacionista muitas vezes impede qualquer investigação sincera.

15. Tenho ouvido muitos relatórios de curas apostólicas em vários lugares ao redor do mundo, mas não as tenho verificado. Só para citar uma, Carl Lawrence, que foi missionário no Sudeste da Ásia por quase vinte anos, relata que os milagres são tão comuns nas igrejas domésticas na China que um livro inteiro poderia ser escrito só com os mais recentes (*The Church in China* [Minneapolis: Bethany House Publishers, 1985], p. 73, n. 7). Até algumas ressurreições têm sido documentadas (p. 75ss). Creio que há muitas curas, hoje, as quais ninguém se deu ao trabalho de documentar.

16. Por exemplo, em dois conhecidos estudos da profecia neotestamentária, tanto David Hill (*New Testament Prophecy* [1979], p. 191) quanto David Aune (*Prophecy in Early Christianity and the Ancient Mediterranean World* [1983], p. 338) concluem que foi a liderança da igreja que abandonou o dom da profecia, e não Deus.

17. Além de raras, as fontes históricas dos primeiros 1500 anos da igreja têm recebido atenção insuficiente por parte dos eruditos. Turner comenta: "*Não* há história crítica acerca de qualquer desses três dons [curas, profecias e línguas] sobre os quais preferimos discutir; embora isso não seja dizer que nos faltem pesquisas semipopulares ou altamente partidárias" (*Vox Evangelical* 15 [1985]: 41). De fato, poucas pessoas realmente possuem as habilidades linguísticas ou críticas necessárias para avaliar muitas das fontes originais. Li várias

revisões anticarismáticas da história da igreja, em que os autores afirmam com confiança que não há evidência confiável na história da existência dos dons após a morte dos apóstolos. No entanto, a maioria desses mesmos autores não possui a capacidade de ler as fontes históricas originais em grego e latim, muitas das quais ainda não traduzidas, nem as habilidades críticas para avaliar essas fontes.

18. *Showing the Spirit*, p. 166.
19. Warfield, *Counterfeit Miracles*, p. 38ss.
20. Idem, p. 37 e 38.
21. Idem, p. 38.
22. Por exemplo, Turner ("Spiritual Gifts Then and Now", p. 41 e 42) observa que o livro de Warfield "muda violentamente de um tratamento confessionalista, e, algumas vezes um tanto evidencialista, ingênuo, quanta aos milagres da era apostólica, para um ceticismo com respeito aos milagres do período *pós*-apostólico. Tivesse ele demonstrado a mesma abertura as reivindicações pós-apostólicas, qual dos milagres não teria merecido a sua defesa e aprovação? E, tivesse manifestado ceticismo quanta aos relatos do Novo Testamento, quão poucos dos milagres dos apóstolos (ou do próprio Senhor) teriam escapado ao Espírito agudo e suas críticas!".
23. Para exemplificar, ver Ronald Kydd, *Charismatic Gifts in the Early Church* (Peabody, Mass.: Henrickson Publishers, 1984; Cecil M. Robeck, Jr., "Origin's Treatment of the Charismata in I Corinthians, 12:8-10', em *Charismatic Experiences in History*, editor Cecil M. Robeck, Jr. Peabody: Hendrickson Publishers, 1985, p. 11-25; Donald Bridge, *Signs and Wonders Today*. Leicester: Inter-Varsity Press, 1985, p. 174ss.; Paul Thigpen, "Did the Power of the Spirit Ever Leave the

Church", *Charisma* 18:2, 1992, p. 20-29; Morton T. Kelsey, *Healing and Christianity*. Nova York: Harper and Row, 1973, p. 129-199; James Edwin Davison, "Spiritual Gifts in the Roman Church: I Clement, Hermas and Justin Martyr" (tese Ph.D., Universidade de Iowa, 1981); e Cecil Robeck, Jr., "The Role and Function of Prophetic Gifts for the church at Carthage, 202-258 d.C." (tese Ph.D., Fuller Theological Seminary, 1985).

REAGINDO AOS ABUSOS ESPIRITUAIS

1. No livro de MacArthur, *Charismatic Chaos*, ele leva os leitores a crer que esses abusos e coisas piores são característicos da maioria dos grupos que praticam os dons do Espírito. A exposição de MacArthur parece ter vindo em grande parte da observação da marca da religião carismática/pentecostal promulgada nos canais religiosos de televião e dos exemplos bizarros que seus pesquisadores conseguiram desenterar enquanto vasculhavam a literatura carismática/pentecostal *procurando* pelo bizarro. O autor parece ter baseado sua exposição nos exemplos mais bizarros da literatura e da televisão. Até onde sei, ele não tem contato regular com movimentos que cultivam os dons do Espírito. Faço comunhão e ministro entre esses grupos. Tenho passado os últimas sete anos viajando pelo mundo, falando em pequenas e grandes reuniões a esses cristãos. Tenho subsídios muito mais sólidos que os de MacArthur e seus pesquisadores, e conheço melhor a literatura pentecostal. Minha experiência leva-me a uma conclusão oposta à de MacArthur. Apesar de os abusos realmente ocorrerem, não é com grande regularidade

na maioria das igrejas onde os dons são cultivados. E esses abusos são corrigidos pelos líderes responsáveis quando ocorrem. Claro, é possível encontrar casos bizarros onde pessoas ou grupos se convertem a doutrinas bizarras. Entretanto, esses representantes são minoria nos movimentos pentecostais, e os líderes responsáveis sempre falaram contra eles.

2. Não significa que a doutrina não importa, quando avaliamos eventos miraculosos. Mas sugere que Deus permitirá consideravelmente mais desvios quanto a questões doutrinárias do que muitos grupos contemporâneos estão dispostos a admitir.

3. Essa é a abordagem de John MacArthur, em *Charismatic Chaos*. Por todo o livro, MacArthur cita exemplo após exemplo de abusos carismáticos contemporâneos. Em vez de examinar mais a sério as Escrituras e os argumentos *teológicos* de seus irmãos pentecostais, ele se contenta em enumerar os exemplos mais bizarros de abusos carismáticos a cada capítulo de seu livro.

Para citar um exemplo dessa prática, o capítulo sete de *Charismatic Chaos* chama-se "Como os dons espirituais operam?" (pp. 152-70). MacArthur nunca responde a sua própria pergunta! Ao invés disso, ele cita abuso após abuso, nomeando ofensores como Benny Hinn, Kenneth Hagin, Fred Price, Maria Woodworth-Etter, John e Carol Wimber, Norvil Hayes e Coríntios cristãos do primeiro século. Esse capítulo deveria se chamar "Como os dons espirituais não operam". MacArthur se deixou levar tanto que ele de fato escreveu: "Em nenhum lugar o Novo Testamento ensina que o Espírito de Deus leva os cristãos a entrar em transe, desmaiar ou ter um comportamento frenético" (p. 158). Estamos lendo a mesma Bíblia? O

Senhor fez cair em transe Pedro, no eirado da casa de Simão (At. 10:10), e Paulo, quando este orava no Templo (At. 22:17). Quanto a "desmaiar", João caiu "como morto" aos pés do Senhor Jesus, em Apocalipse 1:17. E quanto a um "frenesi", os 120, no cenáculo, experimentaram algo parecido, que levou muitos a pensar que eles estivessem embriagados (Atos 2:13-15)! *Charismatic Chaos* é cheio desses tipos de afirmações anti-Escrituras e erros bíblicos. Eles não dão credibilidade à objetividade de MacArthur enquanto um crítico confiável do movimento carismático.

Quanto aos múltiplos abusos listados por MacArthur, ele *supõe* que a própria doutrina pentecostal produza os abusos. No entanto, ele se esquece de um ponto. Ninguém contesta a ocorrência de abusos. A verdadeira questão é a relação entre eles e a doutrina pentecostal. Os abusos, na maioria, não se originam de doutrinas erradas, mas de aplicações errôneas a doutrinas corretas.

4. É interessante que ele não sinta liberdade para confessar seu pecado em sua própria igreja, nem a qualquer de seus amigos cessacionistas.
5. MacArthur escreve como se a imoralidade sexual fosse mais comum na ala carismática da igreja (*Charismatic Chaos*, p. 21, 167 e 253).
6. J. I. Packer, "The Comfort of Conservatism", em *Power Religion*, editor Michael Horton. (Chicago: Moody Press, 1992), p. 286. Nesse artigo, Packer chama a atenção para a crítica que E. J. Carnell recebeu quando "descreveu o fundamentalismo norte-americano como o evangelicalismo que se tornou cúltico" (p. 293).
7. O fundamentalismo autoritário pode ser uma praga tanto para as igrejas que cultivam os dons do Espírito quanta para as tradicionais. A questão, neste caso, não aborda os dons de maneira alguma.

ASSUSTADOS ATÉ A ALMA PELO ESPÍRITO SANTO

1. Conforme citado por Vinson Synan, *The Holiness-Pentecostal Movement in the United States* (Grand Rapids: Eerdmans, 1971), p. 95 e 96.
2. Idem, p. 106.
3. *Journals from October 14th, 1735 to November 29th, 1745*, vol. 1 of *The Works of John Wesley*, terceira edição (Grand Rapids, Mich.: Baker, 1991), p. 204.
4. Idem, p. 210.
5. Jonathan Edwards, "An Account of the Revival of Religion on North Hampton em 1740-1742, as Communicated in a Letter to a minister of Boston", em *Jonathan Edwards on Revival* (Carlisle, Pa.: The Banner of Truth Trust, 1984), p. 150.
6. Idem, p. 151.
7. Idem, p. 153 e 154.
8. Gross, *Miracles, Demons, and Spiritual Warfare*, p. 91.
9. *Teofania* é o termo usado para descrever o aparecimento de Deus a um indivíduo ou grupo. Os teólogos geralmente consideram as teofanias do Antigo Testamento como aparições do Cristo pré-encarnado, e não de Deus Pai, porquanto ninguém jamais viu a Deus – o Pai (João 1:18).
10. A experiência em Daniel 10:1ss é interessante. Somente Daniel pode ver "o homem vestido de linho", mas os homens que estavam com ele experimentaram um temor tão grande, por causa da presença de Deus, que fugiram (Daniel 10:7).

11. É duvidoso que a palavra "tremer" seja usada aqui como figura de linguagem. Quem não tremeria diante do Senhor?
12. Gross, *Miracles, Demons, and Spiritual Warfare*, p. 91.
13. Jonathan Edwards, "The Distinguishing Marks of a Work of the Spirit of God", em *Jonathan Edwards on Revival* (Carlisle, Pa.: The Banner of Truth Trust, 1984), p. 127.
14. Idem, p. 91.
15. Idem, p. 118.

ERAM OS MILAGRES TEMPORÁRIOS?

1. Calvino lamentou que seus oponentes católicos não "cessavam de assediar nossa doutrina, repreendendo-a e difamando-a com nomes que a tornam odiosa e suspeita. Chamam-na de 'nova' e de 'nascimento recente'. Repreendem-na como 'duvidosa e incerta'. E perguntam quais milagres a têm confirmado" (*Institutes of the Christian Religion*, Discurso de Prefácio, 3).
Para uma discussão útil deste período, veja John Ruthven, *On the Cessation of the Charismata: The Protestant Polemic of Benjamin B. Warfield* (Ph.D. diss., Marquette University, 1989). Veja especialmente o capítulo dois, "Histórico antecedentes da polêmica cessacionista de B. B. Warfield", pp. 21-62. A Sheffield Press publicará este trabalho no outono de 1993.
2. Os textos mais usados são Efésios 2:20 e Hebreus 2:3-4. A interpretação cessacionista de Hebreus 2:3-4 é avaliada na nota 6 deste capítulo.
3. Calvino não era tão radical acerca do propósito dos milagres quanto seus seguidores haveriam de tornar-se. Nas *Institutas* ele viu milagres:

provando a deidade de Jesus, porquanto, de modo diferente dos apóstolos, Cristo fazia milagres pelo Seu próprio poder (1.13.13); confirmando o Evangelho pregado pelos apóstolos (PA3); e ele usou os milagres de Moisés para argumentar que os milagres confirmaram a Escritura e vindicaram a autoridade dos servos de Deus (1.8.5).

A ênfase dos reformadores a função autenticadora dos milagres cristalizou-se, em sua forma final, no livro de Benjamim Warfield, *Counterfeit Miracles*. Warfield via o propósito distintivo ou primário dos milagres como a autenticação dos apóstolos como mestres fidedignos da doutrina. Em última análise, o propósito dos milagres seria autenticar a revelação escrita de Deus. Em minha opinião, essa é a melhor tentativa de se provar, pelas Escrituras, que os milagres e os dons miraculosos foram confinados ao período do Novo Testamento.

4. A maioria dos eruditos do Novo Testamento não crê que este ou os doze últimos versículos do evangelho de Marcos tenham sido escritos por ele próprio, mas que a conclusão original do livro se perdeu, e que esses versículos foram adicionados posteriormente por outra pessoa. No entanto, foram escritos bem cedo, na história da Igreja, pois acham-se em vários manuscritos de Tassiano, o *Diatessaron* (170 d. C.). Também foram citados por Irineu (que morreu em 202 d. C.) e por Tertuliano (que morreu em 220 d. C.). Esses versículos, pois, refletem o que a Igreja antiga pensava acerca dos propósitos dos milagres, mesmo se considerados não originais.

5. O verbo "testemunhar", *martureo*, é usado em Atos 15:8 para dizer que os gentios, na casa de Cornélio, "mostraram [isto é, deram testemunho] que ele os aceitara, dando-lhes o Espírito Santo, tal como fizera conosco".

Aqui o ponto, no entanto, não é que ele permitiu que Cornélio e os gentios operassem milagres para autenticá-los como servos especiais, mas sim que ele deu o Espírito Santo a eles e demonstrou que eles eram crentes em pé de igualdade com os cristãos judeus.

6. A palavra traduzida por "confirmar", *bebaioo*, também é usada para a confirmação das promessas que Deus fizera aos patriarcas (Romanos 15:8) e para indicar o fortalecimento que Deus proporciona aos seus servos (1Coríntios 1:8; 2Coríntios 1:21; Colossenses 2:7; Hebreus 13:9). Porém, jamais é usada para indicar milagres que confirmem um servo.

Hebreus 2.3,4 e com frequência usado pelos cessacionistas para provar que os milagres cessaram juntamente com os apóstolos. O autor de Hebreus indaga:

> Como escaparemos nós, se negligenciarmos tão grande salvação? A qual, tendo sido anunciada inicialmente pelo Senhor, foi-nos depois confirmada pelos que a ouviram; dando Deus juntamente a eles, por sinais, prodígios e vários milagres, e por distribuições do Espírito Santo segundo a sua vontade.

O texto de Hebreus, todavia, não está limitando os milagres aos apóstolos, nem afirmando que a mensagem foi confirmada por eles, mas "pelos que ouviram" o Senhor.

Os apóstolos não foram os únicos que ouviram o Senhor. Outros também o ouviram, fizeram milagres e receberam dons do Espírito. O autor parece estar dizendo que tanto ele quanto seus leitores jamais ouviram o Senhor pessoalmente ou presenciaram um de seus milagres.

Eles tinham escutado a mensagem do Senhor Jesus através "daqueles que a tinham ouvido" diretamente, e Deus confirmou-a com a operação de sinais e milagres.

O texto certamente deixa em aberto a possibilidade de Deus confirmar com milagres a mensagem sobre o Senhor Jesus quando for pregada por outros que não ouviram Jesus diretamente.

7. "Sinais, maravilhas e milagres" estão no caso dativo e provavelmente devem ser tomados como dativos de acompanhamento.
8. Ele teria usado o caso nominativo, em lugar do dativo. Ver Ralph P. Martin, *2Corinthians* (Waco, Tex.: Word Books, 1986), p. 436.
9. A palavra, em 2Coríntios 12:12, traduzida por "perseverança", *upomone*, subentende também "em sofrimento". Paulo evoca as revelações do Senhor em defesa de seu apostolado (2Coríntios 12:1-10).
10. Philip Edgcumbe Hughes, *Paul's Second Epistle to the Corinthians*, The New International Commentary on the New Testament (Grand Rapids: Eerdmans, 1962), p. 457. Ele cita 2Coríntios 1:12; 2:17; 3:4ss; 4:2; 5:11; 6:3ss; 7:2; 10:13ss e 11:6,23ss.
11. Alfred Plummer, *Second Epistle of St. Paul to the Corinthians* (Edimburgo: T&T Clark, 1915), p. 359. Ele cita 2Coríntios 3:2 e 1Coríntios 2:4 e 9:2.
12. Martin, *2 Corinthians*, p. 434.
13. Idem, p. 434-436.
14. Idem, p. 438.
15. Eis o que ensina a Confissão de Fé de Westminster:

> A autoridade das Santas Escrituras, pelo que ela deve ser crida e obedecida, não depende do testemunho de qualquer

homem ou igreja, mas inteiramente de Deus (o qual é a própria verdade), o seu Autor; pelo que deve ser recebida, por ser a Palavra de Deus (1:4).

Os teólogos de Westminster apelam para 2Pedro 1:19,21; 2Timóteo 3:16; 1João 5:9 e 1Tessalonicenses 2:13. Calvino faz a mesma coisa em suas Institutas (1:7-5).

16. Consideremos de novo o ensino de Westminster:

> Podemos ser movidos e induzidos pelo testemunho da Igreja a uma alta e reverente estima pelas santas Escrituras; e pela celestialidade da questão, pela eficácia da doutrina, pela majestade do estilo, pelo consentimento de todas as partes, pelo escopo do todo (que é dar toda a glória a Deus), pela plena descoberta que ela faz do único caminho de salvação do homem, pelas muitas excelências incomparáveis e pela sua total perfeição, são argumentos mediante os quais ela se evidencia abundantemente como a Palavra de Deus; contudo, apesar de nossa plena persuasão e segurança da verdade infalível, e da autoridade divina, tudo se deriva da operação interna do Espírito Santo, dando testemunho pela e com a Palavra em nossos corações (1:5).

Quanta a este ponto, os teólogos da Westminster apelam para 1João 2:20,27; João 16:13-14; 1Coríntios 2:10-12 e Isaías 59:21. Calvino estabelece o mesmo ponto nas Institutas (1:7-5).

17. Thomas Edgar, *Miraculous Gifts* (Neptune, N. J.: The Loiseaux Brothers, 1983), p. 263 e 264.

18. *Counterfeit Miracles*, p. 21.
19. Warfield elimina essa explicação como antibíblica (idem, p. 21), e a chama de "inútil", visto que

> a razão que ela dá para a continuação dos milagres pelos primeiros três séculos, se é que ela é válida, é igualmente válida para sua continuação no século xx. O que olhamos como o período da implantação da igreja é determinado pelo nosso ponto de vista. Se a utilidade dos milagres, no plantio da igreja, foi razão suficiente para sua ocorrência no Império Romano e no século III, é difícil negar que possa ser repetida, digamos, no império chinês do século xx. Mas por que ir à China? A igreja não se acha essencialmente na posição de uma igreja missionária em qualquer lugar neste mundo de incredulidade? Quando tomamos uma "visão realmente longa" das coisas, não é uma questão pelo menos debatível se os poucos 2 mil anos que se têm passado desde que o Cristianismo veio a este mundo não são um número ínfimo, e se a era em que vivemos não é ainda a da Igreja Primitiva? (Benjamim B. Warfield, *Counterfeit Miracles* [Edimburgo: The Banner of Truth Trust, 1918; edição reimpressa de 1972], p. 35).

Os anglicanos, aos quais Warfield replicava, mantinham a mesma teoria de Edgar, só que viam os milagres cessando no fim do século III, e não no fim do século I, como defendia Edgar. As objeções de Warfield ainda são válidas, sem importar onde pusermos a cessação dos milagres.
20. Idem.

21. Esse assunto é referido atualmente, nas disciplinas acadêmicas como "teologia narrativa". Os avanços em discussões eruditas recentes de teologia narrativa deveriam eliminar para sempre o argumento de que não podemos usar os evangelhos e o livro de Atos como fontes doutrinárias.

POR QUE DEUS CURA?

1. Os escritores hebreus simplesmente punham essa palavra no plural abstrato *rah^{a}mim*, quando queriam expressar a compaixão de Deus.
2. O verbo mais usado no Novo Testamento para referir-se à compaixão de Deus é *splanxinizomai*. Esse verbo é usado doze vezes. Uma vez, para indicar a compaixão do samaritano pelo homem ferido (Lucas 10:33). Nas outras onze, refere-se à compaixão de Deus. Em duas parábolas distintas, Jesus usa o verbo para referir-se à compaixão de Deus no salvamento e perdão de pecadores (Mateus 18:27; Lucas 15:20). Nas demais vezes em que é empregado, refere-se à compaixão como a principal motivação para Jesus curar e fazer milagres.

Qual é o sentido de *splanxinizomai* quando se refere à compaixão de Deus? A forma nominal da palavra originalmente referia-se às partes internas do homem: coração, fígado e assim por diante. Podia ser usada para indicar as entranhas de um animal sacrificado, mas se tornou comum a referenda às partes inferiores do abdômen – os intestinos e, especialmente, o ventre (*Theological Dictionary of the New Testament*, editores Gerhard Kittel e Gerhard Fridrich [Grand Rapids, Mich.: Eerdmans, 1971], 7:548).

Alguns teólogos acham pesado demais usar uma palavra que indica "intestinos" para referir-se à compaixão de Deus. Entretanto, penso que os escritores do Novo Testamento estavam procurando impressionar seus leitores com o poder e a força da compaixão de Deus. Talvez tivessem em mente um sentimento físico associado à compaixão.

3. Houve uma conexão similar, no Antigo Testamento, entre o miraculoso e a manifestação da glória de Deus (Números 14:22).
4. Mary Garnett, *Take Your Glory, Lord: William Duma His Life Story* (POB 50 Roodepoort, 1725, South Africa: Baptist Publishing House, 1979), p. 40ss.
5. Tecnicamente, a fé levou Jesus a primeiramente perdoar os pecados do homem; então, como prova de que seus pecados estavam perdoados, Ele o curou.
6. Deve-se sempre pedir no espírito de "se assim quiseres". Às vezes as pessoas usam essa expressão para mascarar sua incredulidade, mas ela é a única atitude apropriada a petição.

POR QUE DEUS CONCEDE DONS MILAGROSOS?

1. Escreveu MacArthur: "Os pentecostais acreditam que os dons miraculosos espetaculares foram dados para a edificação dos crentes. A Palavra de Deus dá apoio a tal conclusão? Não. De fato, a verdade é justamente o contrário". Não compreendo como MacArthur pode concluir que não há apoio bíblico para o propósito edificador dos dons espirituais. Ele nunca discute os textos bíblicos relevantes (por exemplo, 1Coríntios 12:7; 14:3-5,26) que derrubam essa teoria.
2. Essa lista não é exaustiva. Provavelmente todas as igrejas do Novo Testamento tinham esse dom em operação.

3. A palavra grega *zeloo* tem várias traduções. Pode significar "esforçar-se após algo", "desejar", "exercitar-se intensamente", "sentir-se profundamente atraído por alguma coisa" ou "manifestar zelo" (W. Bauer, *A Greek-English Lexicon of the New Testament and Other Christian Literature*, editores W. E Arndt e F. W. Gingrich, rev. F. W. Gingrich e F. W. Danker. Chicago: The University of Chicago Press, 1979, p. 338). A NVI traduz *zeloo* por "desejar ansiosamente, a NASB por "desejar anelantemente" e a King James por "cobiçai ardentemente".

MacArthur alega: "Coisa alguma nas Escrituras indica que os milagres da era apostólica tinham por propósito ser contínuos nas eras subsequentes, *e nem a Bíblia exorta os crentes a buscarem quaisquer manifestações miraculosas do Espírito Santo*" (*Charismatic Chaos*, p. 117, grifo meu). Essa é uma afirmação incrível. Paulo claramente exorta os crentes a buscarem as manifestações miraculosas do Espírito Santo, em 1Coríntios 12:31; 14:1,39. MacArthur nem se dá ao trabalho de examinar a sério esses textos. A única razão para MacArthur fazer tal afirmação pode ter sido a ideia de que em 1Coríntios 12:31 Paulo não tinha em mente os dons alistados nos versículos 8-10. Mas certamente essa seria uma reivindicação arbitrária. E ele nega que Paulo esteja exortando os crentes a buscarem a profecia sobrenatural, mas se referindo simplesmente à pregação da Palavra. Obviamente, MacArthur contradiz o caráter sobrenatural é revelador da profecia descrito por Paulo em 1Coríntios 14:24-25 e, especialmente, 14:26. Nenhum estudo exegético ou erudito apoiaria MacArthur em uma afirmação tão arbitrária (MacArthur admite algumas profecias sobrenaturais antes que o Novo Testamento fosse completado, para instruir as igrejas em questões não cobertas pelas Escrituras, mas limitou esse tipo de profecia à era apostólica [ibid., p. 69]).

4. Alguém sugeriu que 1Corintios 14:18 pode ser traduzido como segue: "Agradeço a meu Deus, porque falo mais línguas do que todos vós, juntamente". Ver Archibald Robertson e Alfred Plummer, *First Epistle of St. Paul to the Corinthians* (Edimburgo: T&T Clark, 1911), p. 314.

5. Fee comenta que essa função das línguas "algumas vezes tem sido chamada de 'autoedificação", o que significa que ela é então vista como pejorativa. Mas Paulo não tenciona dizer isso. A edificação de si mesmo não é egocêntrica. A edificação pessoal do crente vem através da oração e do louvor" (1Corinthians, p. 657).

6. A analogia do corpo foi prevista por Isaías, que se referiu aos profetas de Israel como "vossos olhos" (Isaías 29:10).

7. Grudem concluiu que a única explicação plausível para "o perfeito" em 1Coríntios 13:10 é que deve referir-se ao tempo da vinda de Cristo. Richard Gaffin, que é tanto habilidoso exegeta quanto cessacionista, conclui:

> A vinda do "perfeito" (v. 10) e do "então" do pleno conhecimento do crente (v. 12) sem dúvida refere-se ao tempo do retorno de Cristo. A ideia de que essas palavras referem-se à conclusão do cânon do Novo Testamento não é crível exegeticamente (*Perspectives on Pentecost* [Phillipsburgo, N.J.: Presbyterian and Reformed Publishing Company, 1979], p. 109).

8. Quando o Antigo Testamento fala em "ver" a Deus "face a face" refere-se ao Anjo do Senhor, que é o Cristo pré-encarnado. Deus Pai não permitia a ninguém ver o seu rosto (Êxodo 33:20; João 1:18).

9. A tradução da New International Vermino, "plenamente conhecido", reflete acuradamente o sentido do verbo grego *epiginosko*.

POR QUE DEUS NÃO CURA?

1. Essa história figurou no *Baptist Standard*, edição de 7 de fevereiro de 1993, p. 24. O irônico dessa cura é que Duane Miller era um ex-pastor das Assembleias de Deus, que havia deixado a denominação por discordar da sua teologia – do falar em línguas e da cura divina.
2. Mais tarde, Lucas diz que Jesus perdoou os pecados do paralítico, quando ele viu a fé deles (ver 5:20). Antes que houvesse qualquer menção a fé, porém, o autor revela que o poder do Senhor já estava presente para curar.
3. Deus é onipresente. Uso o termo "presença", aqui para referir-me a sua presença benéfica, a sentida, e não a ontológica.
4. Não estou usando o termo "apostasia" no sentido técnico, mas no sentido geral de "cair para trás" ou "desviar-se". Não desejo neste ponto entrar no debate sobre quanto ou que tipo de pecado é possível para os verdadeiros cristãos cometerem. A maioria dos textos que uso nesta seção se refere a crentes genuínos, embora alguns dos exemplos bíblicos possam se referir àqueles que são incrédulos disfarçados de crentes na igreja.
5. O Salmo 74 é atribuído a Asafe, um dos diretores de coro de Davi. No entanto, isso provavelmente significa que foi escrito por um de seus descendentes (cf. *The NIV Study Bible*, p. 860).
6. Não está claro se o julgamento foi sobre a nação como um todo ou somente sobre o salmista.

7. Eis a razão pela qual não se deve condenar apressadamente os milagres, quando ocorrem no meio de um grupo que adota doutrinas erradas, atribuindo-os a Satanás. Na igreja da Galácia ocorriam milagres divinos (Gálatas 3:5), embora estivesse no processo de abandonar o Evangelho (Gálatas 1:6; 3:1). Deus ainda estava dando a eles tempo para se arrependerem. Acredito, no entanto, que se eles tivessem se recusado a se arrepender, Deus acabaria removendo sua presença e poder divinos para que nenhum outro milagre divino ocorresse nas igrejas da Galácia.
8. Isaías 29:10.
9. Ver apêndice A, p. 211.
10. James Boice alega ter sido isso o que Jesus quis dizer em Mateus 12:39-42 ("A Better Way: The Power of the Word and Spirit", em *Power Religion*, editor Michael Horton [Chicago: Moody Press, 1992], p. 125 e 126). Ver apêndice A, p. 211-213.

BUSCANDO OS DONS COM DILIGÊNCIA

1. Gross, Miracles, *Demons, and Spiritual Warfare*, p. 69.
2. Henry Scougal, *The Life of God and the Soul of Man* (Harrisonburgue, Va.: Sprinkle Publications, 1986 reimpressão), p. 17.

PAIXÃO POR DEUS

1. C. S. Lewis, *Reflections on the Psalms* (Nova York: Harcourt, Brace & World, 1958), p. 51.
2. Êxodo 15:20; 2Samuel 6:16; Juízes 11:34. Cf. 1Samuel 18:6-7; Salmos 30:11; 150:4 e Jeremias 31:4,13.

3. *Reflections on the Psalms*, p. 52.
4. Jonathan Edwards, *The Religious Affections* (Carlisle, Penn.: The Banner of Truth Trust, reimpressão 1984), p. 29.
5. Idem, p. 49.
6. Idem, p. 49 e 50.
7. Idem, p. 31ss.
8. *Reflections on the Psalms*, p. 57.
9. *The Oxford English Dictionary*, "paixão", III.6.

DESENVOLVENDO O AMOR E O PODER

1. Quanto aos detalhes e ao pano de fundo de João 12:1-8, ver Rudolf Schnackenberg, *The Gospel According to St. John*, tradutor Cecily Hastings, e outros. (Nova York: The Seabury Press, 1980), II: p. 365-370.
2. Em Romanos 5:5 Paulo diz que o Espírito Santo nos dá uma revelação pessoal do amor abundante de Deus por nós. Se é preciso a operação do Espírito Santo para sentirmos o amor de Deus, quanto mais é o ministério do Espírito Santo necessário para *produzir* o amor a Deus em nossos corações?
3. Essa história é contada com detalhes por Mahesh Chavda em *Only Love Can Make a Miracle* (Ann Arbor, Mich.: Servant Publications, 1990).

APÊNDICE A: OUTRAS RAZÕES PELAS QUAIS DEUS CURA E OPERA MILAGRES

1. Cf. Norman Geisler, *Signs Wonders*. Wheaton: Tyndale House Publishers, 1988, p. 144; e John Woodhouse, "Signs and Wonders

and Evangelical Ministry" em *Signs and Wonders and Evangelicals* (Homebush West NSW, Australia: Lancer Books, 1987), p. 26.

2. Um sinal do céu não seria necessariamente incontroverso, visto que até o diabo, aparentemente, foi capaz de fazer cair fogo do céu (João 1:16).

3. As outras passagens do Novo Testamento que dizem respeito a essa questão são 1Coríntios 1:22, onde Paulo afirma que os judeus buscam sinais, e três passagens do evangelho de João (2:18; 4:48 e 6:30). Para a discussão completa desses textos, veja Gerd Theissen, *The Miracle Stories of the Early Christian Tradition*, transcrito por Francis McDonagh (Philadelphia: Fortress Press, 1983, pp. 295-7). Sobre os dois pedidos de sinais nos Evangelhos Sinóticos, Theissen comenta: "A rejeição do pedido de sinais não é uma rejeição de sinais (Ma. 8:11ss, par.). Pelo contrário, recusar um sinal é uma punição pela incredulidade, o que seria um absurdo se fosse aceito que os signos não tinham valor" (ibid., p. 296). Sobre a declaração de Jesus em João 4:48: "A menos que vocês vejam sinais e maravilhas milagrosos, nunca acreditarão". Theissen comenta: "Acreditar sem ver é o problema de todas as gerações posteriores. Essa não é uma crítica por acreditar em milgares, mas uma crítica ao ceticismo que se recusa a acreditar no que não pode ver" (ibid., p. 297). O pedido de Jesus por um sinal em João 6:30 não é recebido com a dura repreensão dos Evangelhos Sinóticos. Aparentemente, este pedido não foi feito no mesmo espírito dos fariseus em Mateus 12:38 e 16:1.

Também é comum os escritores citarem um texto em que milagres não levam à fé (por exemplo, Mateus 11:20-24) como ecidência do valor muito limitado dos milgares nos tempos do Novo Testamento ou no presente. Theissen responde a esse argumento: "O fato de que os milagres em corazim e Betsaida não levam ao arrependimento não é evidência contra isso [ou seja, o alto valor que o Novo Testamento dá aos milagres]: a palavra automaticamente leva ao arrependimento?" (ibid., p. 297).

4. Em adição à dureza do coração dos líderes religiosos, o Novo Testamento menciona outros que não quiseram confiar, não obstante um grande milagre (Lucas 16:19-31). Por esses exemplos, algumas pessoas hostis ao ministério de curas atual têm concluído que os milagres não têm valor de autenticação. Mas o fato de os fariseus não terem crido significa apenas que existem pessoas tão endurecidas que, por mais evidências que encontrem, ainda assim não confiam. Não é incomum os teólogos diminuírem a função autenticadora do miraculoso sobre outras bases. Em 1741, Jonathan Edwards escreveu este eloquente parágrafo:

> Portanto, não espero a restauração desses dons miraculosos nos tempos gloriosos que se aproximam da igreja, e nem a desejo. Parece-me que isso nada acrescentaria a glória destes tempos, mas, antes, a diminuiria. De minha parte, eu preferiria desfrutar as doces influências do Espírito, que mostram a divina beleza de Cristo, da graça infinita, do amor imorredouro, desempenhando os santos exercícios da fé, do amor divino, da santa complacência e da alegria humilde em Deus por um quarto de hora, do que ter visões e revelações proféticas o ano inteiro. Parece-me muito mais provável que Deus dê revelações imediatas a seus santos, nos tempos negros de profecia, do

que agora, na proximidade do mais glorioso e perfeito estado de sua igreja sobre a terra. Parece-me que não há qualquer necessidade desses dons extraordinários para se introduzir esse estado feliz e estabelecer o Reino de Deus no mundo. Tenho visto tanto do poder de Deus, em uma maneira mais excelente, ao ponto de convencer-me de que Deus pode facilmente agir sem esses dons ("The Distinguishing Marks of a Work of the Spirit of God", em *Jonathan Edwards on Revival*. [Edimburgo: Banner of Truth Trust, reimpresso em 1984], p. 140 e 141).

Essa não é uma visão da qual possam compartilhar Jesus ou o Novo Testamento. Disse Jesus: "Mas eu tenho maior testemunho do que o de João; porque as obras que o Pai me confiou para que eu as realizasse, essas que eu faço, testemunham a meu respeito, de que o Pai me enviou" (João 5:36). João Batista não operou milagres (João 10:41). O testemunho de Jesus, no entanto, foi confirmado por suas próprias obras miraculosas. Isso fez o testemunho de Jesus maior que o de João. Em outras palavras: uma mensagem confirmada por obras miraculosas tem maior confirmação do que uma em que os milagres estão ausentes.

5. Cf. Isaías 42:1-9; 49:1-13.
6. Gaffin argumenta que os milagres "desvendam a essência mesma do Reino, mas que, não obstante, não são a sua essência" (*Perspectives on Pentecost*, p. 45). Ele usa a ressurreição de Lázaro como exemplo da relação entre os milagres e o Reino. E afirma:

> Esse evento não aponta simplesmente para a regeneração ou renovação interior e purificação do pecado, mas, antes,

mostra que a reivindicação de Jesus ("Eu sou a ressurreição e a vida", v. 25) tem a ver com o homem inteiro, que a salvação em Cristo diz respeito à restauração dos pecadores em sua inteireza psicossomática. A ressurreição de Lázaro aponta para a ressurreição glorificada e espiritual dos crentes, por ocasião do retorno de Cristo. Mas – e aqui está o ponto – através do milagre, Lázaro não recebeu aquele corpo glorificado; eventualmente ele morreu, foi sepultado e, com outros crentes mortos, aguarda a ressurreição [...] Neste sentido, pois, as várias operações do Espírito são provisionais e, em algumas instâncias, funcionam como sinais (idem).

Por amor ao argumento, eu me sentiria feliz em admitir que as curas e bênçãos terrestres são provisionais. Também me sentiria feliz em aceitar que os milagres têm uma função de sinal, entre outros propósitos. Vista à luz da eternidade, a atual forma do Reino é provisional. O evangelismo, para exemplificar, não será necessário no estado eterno. Mas isso não quer dizer que o evangelismo não seja parte essencial do Reino. Sendo o governo de Jesus essencial ao Reino de Deus, não se pode negar que o poder sobre os inimigos de Deus, dos quais o principal é o diabo, também é essencial para o Reino.

7. Max Turner argumenta esse mesmo ponto: "O mais assustador é que Warfield e os que nele se espelhavam tenham deixado de perceber que, para os escritores do Novo Testamento, as curas não eram sinais confirmatórios externos, mas parte do escopo da salvação anunciada, que, além do espiritual, atingia o psicológico e o físico. O alvorecer da salvação, considerado holisticamente, foi o começo do

retrocesso da opressão de Satanás (Lucas 4:18-21; 7:20ss; Atos 10:38 etc.). Como tal, as curas continuavam sendo consideradas como revestidas de uma função legítima no tocante a Jesus e aos apóstolos (em torno de quem eles se juntaram com especial intensidade). Mas, essencialmente, eram parte das primícias do Reino de Deus e da mensagem de salvação que a igreja anunciava. Assim, havendo enfermos na igreja, Tiago esperava que a oração de fé dos anciãos lhes trouxesse a cura (Tiago 5:15), o que sugere que os escritores do Novo Testamento não consideravam as curas independentes da mensagem do Evangelho" ("Spiritual Gifts Then and Now", *Vox Evangelical* 15 [1985: 38]).

APÊNDICE B: OS DONS ESPIRITUAIS CESSARAM COM OS APÓSTOLOS?

1. Benjamim B. Warfield, *Counterfeit Miracles* (Edimburgo: The Banner of Truth Trust, 1918, reimpresso em 1972), p. 235 e 236.
2. Idem, p. 6.
3. Peter Masters, *The Healing Epidemic* (Londres: The Wakeman Trust, 1988), p. 69 e 70.
4. No caso de Filipe, a palavra maravilhas não é usada, mas é evidente, pelo contexto, que seu ministério não foi menos miraculoso que o de Estevão ou o dos apóstolos.
5. O livro de Atos não menciona quaisquer poderes miraculosos dados aos outros cinco homens sobre os quais os apóstolos impuseram as mãos. De acordo com Atos 6:1-6, o propósito da imposição de mãos não era conceder poderes àqueles homens, mas os separar para o ministério.

6. O termo "literatura de narrativa" refere-se às porções das Escrituras que contém histórias, como os livros de Reis, no Antigo Testamento, ou os evangelhos e o livro de Atos, no Novo Testamento. É interpretada de modo diferente da poesia (os Cantares de Salomão), dos hinos (os Salmos), da sabedoria (Provérbios e Eclesiastes), da literatura didática (as epístolas do Novo Testamento) e da profecia (o Apocalipse).
7. Masters, *The Healing Epidemic*, p. 69. Não entendo por que Masters insiste em chamar Barnabé de "deputado" de um apóstolo, quando as Escrituras, claramente, o chamam "apóstolo" (Atos 14:14).
8. Lucas usa a mesma expressão para descrever Paulo sendo cheio com o Espírito Santo e os apóstolos (Atos 2:4). Warfield protesta: "Atos 9:12-17 não constitui exceção, conforme alguém disse; Ananias operou um milagre sobre Paulo, mas não lhe conferiu poderes de operação de milagres. O poder de Paulo era original, como o de um apóstolo; não lhe foi conferido por ninguém". Não obstante, Ananias é uma exceção a teoria de Warfield de que somente os apóstolos e aqueles a quem os apóstolos impuseram as mãos receberam os dons miraculosos. Ananias estava exercendo os dons de curas e profecia, sem que qualquer apóstolo lhe tivesse imposto as mãos. Outrossim, quando foi que Paulo obteve poder para realizar milagres, senão no momento em que foi cheio com o Espírito?
9. Masters tenta diminuir o exemplo de Ananias a curar Saulo, no capítulo nove de Atos, mas não convence ninguém.
10. De acordo com Peter Masters, Paulo não se referia aos milagres que Deus estava fazendo através dos membros das igrejas da Galácia, mas aos milagres que ele fizera em sua visita recente àquelas igrejas (*The*

Healing Epidemic, p. 134). Se esse ponto de vista estivesse correto, Paulo não teria usado o particípio presente para descrever a situação, mas teria dito: "Aquele que vos deu o seu Espírito e *operou* milagres entre vós fá-lo porque vós observais a lei, ou porque credes no que ouvistes?". Porém, Paulo não usa o tempo passado. Deus estava operando milagres entre as igrejas da Galácia, durante a ausência de Paulo.

Alguém poderia alegar que é Deus quem opera os milagres, e homens dotados por ele. No Novo Testamento, porém, Deus é sempre o sujeito final quando há a manifestação de milagres. Por exemplo, imediatamente antes de fazer a lista dos charismata, Paulo escreve que Deus "é quem opera [*energon*] tudo em todos" (1Coríntios 12:6). Seria normal, no tempo em que Paulo escreveu Gálatas, imaginar que 3:5 refere-se ao dom de operação de milagres. Burton argumenta que a linguagem de Paulo "subentende que o apóstolo tinha em mente, principalmente, as manifestações carismáticas do Espírito" (Ernest De Witt Burton, *The Epistle to the Galatians* [Edimburgo: T&T Clark, 1921, p. 151]. Lightfoot chama a nossa atenção para a similaridade do particípio *energon*, em Gálatas 3:5, a energemata, palavra usada para descrever o dom de operação de milagres em 1Coríntios 12:10. Assim, a epístola demonstra que havia uma larga distribuição dos dons miraculosos do Espírito por toda a Igreja do Novo Testamento. Não estavam esses dons confinados aos apóstolos e seus associados mais íntimos.

11. Warfield, *Counterfeit Miracles*, p. 21 e 22.
12. Ver a p. 236.
13. Timóteo também recebeu um dom adicional mediante imposição de mãos de Paulo (2Timóteo 1:6). Alguns podem alegar que as duas

passagens referem-se ao mesmo dom. Porém, desconheço qualquer evidência que comprove essa ideia. Outrossim, também não há a menor evidência de que Paulo tenha imposto as mãos sobre todos quantos possuíam dons espirituais em Corinto (1Coríntios 12:14), em Roma (Romanos 12:6), em Tessalônica (1Tessalonicenses 5:20), em Éfeso (Efésios 4:11) e na Galácia (Gálatas 3:5). Portanto, o argumento de Warfield não somente é baseado no silêncio como também contradiz fatos específicos do Novo Testamento.

14. Gross, *Miracles, Demons, and Spiritual Warfare*, p. 49.
15. Gross, Miracles, Demons, and Spiritual Warfare, p. 46.
16. Note que Lucas não faz qualquer menção a dons espirituais em conexão com o ministério de João e Pedro entre os samaritanos (Atos 8:14-25). A ênfase claramente recai sobre o recebimento do Espírito Santo. O Espírito Santo é mencionado cinco vezes, em seis versículos (14-19), mas os dons são mencionados uma única vez nos versículos 14-25.
17. Max Turner, "Spiritual Gifts Then and Now" p. 37 e 38.
18. Gross, *Miracles, Demons, and Spiritual Warfare*, p. 48.
19. Alguns têm apontado em 2Coríntios 12:7-10 mais um exemplo do retrocesso dos dons de Paulo. Entretanto, tudo o que sabemos com certeza é que um Espírito atormentador por trás desse problema (v. 7). Não sabemos dizer, porém, se o atormentador estava provocando alguma enfermidade ou uma oposição ao ministério de Paulo – por exemplo, a perseguição da parte dos judaizantes. Em consequência, essa passagem é irrelevante para se discutir a permanência ou não dos dons espirituais na vida de Paulo.
20. Geisler, *Signs and Wonders*, p. 136 e 137.

21. Idem, p. 137.
22. Idem, p. 136.
23. Efésios, Filipenses, Colossenses e Filemom são chamadas "as epístolas da prisão". Suas datas não são precisas. Alguns acreditam que foram escritas de Éfeso, entre 53 e 55 d.C.; outros, em Cesareia, entre 57 e 59 d.C., mas o consenso parece indicar que foram escritas de Roma, entre 60 e 61 d.C. As epístolas de 1Timóteo e Tito, teriam sido escritas entre 63 e 65 d.C., depois de Paulo ter sido solto de seu primeiro aprisionamento em Roma. Conforme se crê, 2Timóteo foi escrita no fim da vida de Paulo, durante seu último período de aprisionamento em Roma, entre 66 e 67 d.C.
24. Na realidade, em Efésios Paulo não menciona o dom de profecia quando diz que profetas são dados à Igreja (Efésios 4:11), um texto que Geisler convenientemente negligenciou. Ao formular seu argumento, ele foi cuidadoso em omitir que não se tem registro de profecias entre 60 e 68 d.C.
25. Notemos que Lucas inicia o livro de Atos referindo-se ao seu evangelho como "relatando todas as cousas que Jesus fez e ensinou" (Atos 1:1). O evangelho de Lucas é o começo dos feitos e ensinos de Jesus, e o livro de Atos é a sua continuação.
26. MacArthur tem uma maneira similar de manipular as Escrituras. Ele escreve, acerca de Paulo:

> Embora ele, há certo tempo, aparentemente possuísse a capacidade de curar a sua vontade (Atos 28:8), ao se aproximar do fim da vida parece não demonstrar evidência desse dom. Ele aconselha Timóteo a tomar um pouco de vinho por causa

do estômago, uma maneira comum de tratar enfermidades naqueles tempos (1Timóteo 5:23). Mais tarde, já no fim da carreira, deixa um irmão doente em Mileto (2Timóteo 4:20). Por certo o teria curado se pudesse fazê-lo.

Nas primeiras páginas de Atos, Jerusalém estava repleta de milagres. Após o martírio de Estevão, porém, não houve mais registro de milagres naquela cidade. Algo estava mudando (*Charismatic Chaos*, p. 125-126).

Será que MacArthur quer nos fazer acreditar que os dons miraculosos do Espírito Santo começaram a desaparecer após o sétimo capítulo de Atos? Paulo nem se havia convertido ainda, e os dons já estavam sendo retirados dos apóstolos, em Jerusalém?

A começar pelo martírio de Estevão, Lucas introduz o que veio a tornar-se conhecido como "narrativas de estrada". A cada uma dessas narrativas, há um gradual afastamento de Jerusalém. No capítulo oito, para exemplificar, o eunuco etíope converte-se em uma estrada já distante de Jerusalém. No capítulo nove, Paulo converte-se em uma estrada distante de Jerusalém. E no capítulo dez, Pedro viaja por uma estrada que partia de Jerusalém a fim de anunciar o Evangelho aos gentios. Sim, naturalmente, "alguma coisa estava mudando", mas não era a retirada dos milagres. Lucas estava habilmente demonstrando o começo do cumprimento de uma predição de juízo do Senhor contra Jerusalém.

27. Outrossim, a ideia de que Deus retirou o dom de curas de Paulo pode contradizer a própria declaração paulina, em Romanos 11:29: "Porque os dons [*charismata*] e a vocação de Deus são irrevogáveis" (NASB).

28. Grudem concorda que "apóstolo" é um ofício, e não um dom espiritual.
29. Alguém poderia objetar, contudo, que Paulo refere-se aos apóstolos como dons espirituais, porque em Efésios 4.11 apóstolos, evangelistas, pastores e mestres aparecem como exemplos de "dons" mencionados anteriormente, em Efésios 4:8. Entretanto, a palavra traduzida por "dom", em Efésios 4:7, não é a mesma que Paulo usa para indicar os dons espirituais. De fato, em Efésios 4:11 Paulo não estava descrevendo os dons espirituais (*charismata*), mas cinco ministérios diversos, cuja função era equipar os santos para fazerem a obra de Deus.
30. Gordon D. Fee, *The First Epistle to the Corinthians*, New International Commentary on the New Testament (Grand Rapids, Mich.: Eerdmans, 1987), p. 620.
31. Alguns não aceitam que este versículo mostre claramente Tiago como apóstolo, entretanto, o texto grego praticamente exige essa interpretação. Ver Grudem, *The Gift of Prophecy*, p. 272.
32. Não é provável, porém, que ele esteja vendo Timóteo como apóstolo, em 1Tessalonicenses 2:7. Ver Grudem, idem, pa. 272-275.
33. Entretanto, há várias interpretações para esse texto. Ver Fee, *First Corinthians*, p. 731-732. Epafrodito (Filipenses 2:25), alguns irmãos anônimos e, talvez, Tito (2Coríntios 8:23) também são chamados apóstolos. Entretanto, a maior parte dos eruditos pensa que, nestes casos, devemos pensar no uso não técnico do termo, dando-lhe o mero sentido de "mensageiro".
34. Essa observação foi feita há muito tempo por Robertson e Plummer, *First Epistle of St. John to the Corinthians*, segunda edição (Edimburgo: T&T Clark, 1914), p. 279.

35. Naquilo que se tornou um dos ensaios clássicos sobre o apostolado neotestamentário, Karl Rengstorf sustenta que "com um encontro pessoal com o Senhor ressurreto, sua comissão pessoal parece ter sido a única base do apostolado" (TDNT 1:431).
36. Alguns, entretanto, argumentam que os profetas mencionados em Efésios 3:5 e 2:20 devem ser identificados com os apóstolos.
37. MacArthur, *Charismatic Chaos*, p. 123-125. Thomas Edgar afirma que 1Coríntios 15:8 é também um argumento para a cessação dos apóstolos. Paulo estava enumerando uma lista de pessoas que tinham visto ao Senhor Jesus ressurreto, quando escreveu o versículo 8: "E, afinal, depois de todos, foi visto também por mim, como por um nascido fora de tempo". Edgar utiliza-se desse versículo para afirmar que Paulo foi o último a ver o Senhor Jesus ressurreto e, portanto, o último dos apóstolos (*Miraculous Gifts*. Neptune: Loizeaux Brothers, 1983, p. 60-62). Mesmo que fosse essa a correta interpretação, não significa que Jesus não pudesse aparecer a outros e nomear outros apóstolos. Paulo havia sido o último a ter visto ao Senhor Jesus na época em que a epístola foi escrita. Todavia, essa não é a única interpretação possível, e nem mesmo a provável (Fee, *First Corinthians*, p. 732 – 734).
38. MacArthur, *Charismatic Chaos*, p. 124.
39. Idem, p. 125.
40. Gross, *Miracles, Demons, and Spiritual Warfare*, p. 53.

APÊNDICE C: HOUVE SOMENTE TRÊS PERÍODOS DE MILAGRES?

1. MacArthur, *Charismatic Chaos*, p. 112-114. Foi Warfield quem popularizou esse argumento. Todavia, ele foi mais cauteloso do que MacArthur, ao proferi-lo. Para Warfield, houve quatro períodos de revelação. Ele acrescentou aos três o período de Daniel. Ver B. B. Warfield, "Miracles", em *A Dictionary of the Bible*, quarta edição, J. D. Davis, editor (Grand Rapids: Baker, 1954), p. 505.

2. MacArthur ouviu a gravação de uma mensagem minha sobre esse ponto. Ele atirou-se contra a minha interpretação da seguinte maneira:

> Deere está tão determinado em achar apoio bíblico para um contínuo ministério de sinais e maravilhas que leu mal Jeremias 32:20 [...] Deere acredita que Jeremias estava dizendo que sinais e maravilhas continuaram no Egito e em Israel, após o êxodo, e reconhecendo a existência dos sinais em seus dias. O que Jeremias escreveu, naturalmente, foi que Deus fizera um nome para si mesmo por meio dos sinais e maravilhas que realizou no Egito, e que seu nome era reconhecido "até este dia", tanto em Israel como entre os gentios. Qualquer um familiarizado com a história do Antigo Testamento sabe que os milagres do êxodo foram ímpares, e que os israelitas sempre os relembravam, como evidência da grandeza de seu Deus (*Charismatic Chaos*, p. 113).

Basicamente, MacArthur tem criticado meu uso de Jeremias 32:20, afirmando que todos sabem que Jeremias estava se referindo aos sinais e maravilhas do passado, e não de seus dias.

Ao que tudo indica, MacArthur pensava ser essa assertiva suficiente para explicar Jeremias 32:20 e como refutação ao uso que fiz dessa passagem. Mas ele não faz referenda ao texto da epístola aos Hebreus que sublinha a expressão "até este dia".

Embora, na opinião de MacArthur, eu não esteja qualificado como "familiarizado com a história do Antigo Testamento", ainda assim gostaria de sugerir que se tome a declaração de Jeremias literalmente, por algumas razões. Em primeiro lugar, isso é exatamente o que uma interpretação literal do texto hebraico significa. A frase traduzida por "até este dia", quando usada sobre costumes ou outras atividades, refere-se à continuação daquela atividade pelo menos até o tempo de quem escreveu (cf. Josué 9:27; 13:13; 15:63; 16:10;23:8,9 e B. D. B, p. 401, quanto a muitos outros exemplos). Em segundo lugar, o Espírito da profecia continuava na terra, no tempo de Jeremias. A profecia é tanto um sinal como uma maravilha, de acordo com a Bíblia. Consideremos a declaração de Isaías:

> Eis-me aqui, e os filhos que o Senhor me deu, para sinais e para maravilhas em Israel da parte do Senhor dos Exércitos, que habita no monte de Sião. (Isaías 8:18, NASB)

À luz da tradição profética, a própria presença e o ministério de Jeremias na terra são condições suficientes para a compreensão literal de "até este dia".

Em terceiro lugar, temos o ministério de Daniel (605 a 537 a.C.), cronologicamente muito próximo do de Jeremias (626 até depois de 586 a.C.), repleto de sinais e maravilhas. O ministério de Daniel justificaria – ou mesmo exigiria – uma interpretação literal das palavras "até este dia". MacArthur não apresenta qualquer razão linguística, contextual ou histórica para ter considerado as palavras de Jeremias em seu sentido normal. Em vez disso, motivado pelo preconceito, simplesmente faz uma paráfrase das palavras de Jeremias, criando um axioma teológico que apenas lembra vagamente as palavras do texto original.

3. MacArthur, *Charismatic Chaos*, p. 106.
4. Idem, p. 107.
5. Jesus também faz referenda a julgamentos cataclísmicos feitos sem a intermediação do homem, como os sinais (Lucas 21:11,25).
6. O $k^e thib$ do texto massorético tem *zakar* na raiz de *hiphil*. Ora, em *hiphil*, *zakar* significa "trazer à mente" ou "mencionar", podendo ser usado até mesmo no sentido de louvar ou exaltar o Senhor e as suas obras (Francis Brown, S. R. Driver, e Charles A. Briggs, *A Hebrew and English Lexicon of the Old Testament* [Oxford: Clarendon Press, 1907], p. 271).

Esta obra foi composta por Maquinaria Sankto Editorial na família tipográfica FreightText Pro e FreightSans Pro. Capa em cartão triplex 250 g/m² – Miolo em Pólen 70 g/m². Impresso pela gráfica Exklusiva em março de 2022.